# 第四次國家革命

## 重新打造利維坦的全球競賽

# THE Fourth Revolution

## THE GLOBAL RACE TO REINVENT THE STATE

約翰·米克斯威特、
亞德里安·伍爾得禮奇——著
區立遠——譯
新新聞周報總主筆 顧爾德——專文推薦

John Micklethwaite
& Adrian Wooldridge

獻給

湯姆，蓋，愛德華

艾拉與朵拉

# 目錄
# Contents

Contents
目 錄

## 第一部
# 三個半革命
# THE THREE AND A HALF REVOLUTIONS

## 第二部 從西到東
## FROM THE WEST TO THE EAST



## 第三部 改變之風
## THE WINDS OF CHANGE

Contents
目 錄

# 推薦序

顧爾德 ─ 新新聞周報總主筆

一八一五年，英國國會通過《穀物法》（Corn Laws），透過高關稅壁壘，來限制進口的低價穀物。這是一部重商主義精神的法案，國家介入經濟活動，在海外與其他國家進行貿易競爭、累積金銀財貨，對國內市場則實行保護主義。國家在這個主導經濟活動的過程中，進一步增強了自己的政治權力。

不過，《穀物法》在國內分配上造成了不公平：生產糧食的地主階級因為保護政策獲利；另一方面，高糧價拉高了維生費用──也就是工資水準──進而讓工業生產成本無法下降，這對從事生產與貿易的工商界不利。所以兩個階級為了《穀物法》的存廢而引發了激烈爭辯。

這時候有一個英國商人威爾森（James Wilson）積極鼓吹撤銷《穀物法》，他為此還在一八四三年創辦了一份報紙（事實上是七天出一次的週刊），積極鼓吹自由貿易，反對保護主義，批評《穀物法》增加平民負擔。這份報紙叫《經濟學人》（*The Economist*）。在它報頭下面有一行字「政治、商業、農業和自由貿易的刊物」。

《經濟學人》創刊後兩年多，《穀物法》在一八四六年初正式廢除了，這也代表了主張市場經濟與自由貿易者的一大勝利。《經濟學人》則持續存活至今，從一份英國媒體發展成全球備受信賴的媒體。一百七十多年來，世界經濟變化鉅大，但《經濟學人》一以貫之，依然堅持著當年創刊時的自由經濟的主張。

《經濟學人》的前任總編、二〇一五年剛跳槽到彭博新聞（Bloomberg News）的約翰・米克斯威特，和他在《經濟學人》的副手亞德里安・伍爾得禮奇，也繼承了《經濟學人》的精神，十多年來出了多本書，從全球化談到國家，其一以貫之的精神也是自由主義、支持市場競爭，歌頌小政府。

最近一本是二〇一四年出版的《第四次國家革命——重新打造利維坦的全球競賽》。就像一百七十多年前他們的前輩一樣，政府到底該進行多少管制？國家到底該做些什麼？是這兩位記者關切的主題。這兩位作者認為，西方世界之所以能在過去三百年內領先全球的重要原因在於政府這個機制。「歐洲的秘訣在於各國正處在一個很有利的狀態：一方面力量強到能提供秩序，但又輕巧到允許創新。」不過，現在政府出了問題，一方面因為財政與人口老化的壓力，另一方面則遭遇新興國家的競爭——

他們也在努力建構一個有效率、能解決問題的政府機制——因此，西方政府到了非改革不可的地步。

於是兩位作者檢視過去三百年西方政府的發展與轉變。他們舉了四位思想家或理念宣傳者做為政府觀念轉變的代表人物：第一位是提出社會契約論的霍布斯，第二位是提倡自由主義國家論的彌爾，第三位是創倡福利國家的碧亞翠斯．韋伯；第四位則是美國經濟學家米爾頓．傅利曼。

霍布斯認為，個體要避免不斷衝突，就得讓自己臣服於國家這個最高統治者，因為國家提供法律與秩序。在霍布斯《利維坦》一書中，卷頭插畫是個強大的國王，下面是無數渺小的個人堆疊起來。「在這隻『利維坦』裡，沒有反對派的餘地，因為那有可能讓人們返回『無治理狀態的悲慘生活』。」

十七世紀霍布斯的理論為歐洲強大有效率的民族國家建立基礎，但就如文章開頭提到重商主義之弊，特權壟斷階級興起，也對資本主義進一步發展造成限制。法國大革命瓦解了國王、貴族與教士的統治權，宣示人生而平等，他們接受了盧梭的社會契約，認為利維坦要在「普遍意志」(general will) 的控制之下。而到了十九世紀的英國，對抗「舊腐敗」的抗爭在展開。彌爾鼓吹自由貿易，崇尚小政府，認為政府要降低對個人的限制，讓個體自由地追求私人利益，如此整體社會也將獲得最大利益。

自由放任政策卻造成新的社會不平等，貧窮、健康衛生與教育問題愈見嚴重，於是主張國家積極介入這些領域的呼聲又起。十九世紀中期出生的碧亞翠斯・韋伯與夫婿就鼓吹國家要用專業的各種社會工程改善不平等，夫婦倆並創立倫敦經濟學院以訓練社會工程師。韋伯的奔走宣揚促成英國在二十世紀最初十五年間陸續開辦了貧困學童的免費午餐、老人年金和國民健康與失業保險等重要措施。

兩位作者把霍布斯、彌爾與韋伯其理念形塑的不同國家典型稱為「三次國家革命」。而第三次革命以國家力量矯正市場失靈，但也造成了政府膨脹：官僚體系的管制愈多、效率愈差，以致個人自由的限制愈多，民間日漸失去競爭力。「二十世紀的政府在霍布斯的秩序理想與彌爾的自由理想之上，又添加了一連串的理念：我們現在對於何謂平等，以及公民身分所包含的權利，有了遠遠更為寬泛的理解。寬泛到了過頭的地步。」

誰來發動下一場「國家革命」匡正這些問題？兩位作家說傅利曼是這場革命的司令。

在經濟學上，傅利曼是貨幣學派大師，主張積極的個人主義，政府愈小愈好，人民選擇愈多愈好；在社會思想上把他和霍布斯、彌爾放在一起，似乎有點高估傅利曼的思想深度。作者也承認傅利曼的芝加哥學派「智識關懷比較狹窄」，他常「過度簡化問題」，但這位攻擊火力猛烈的理念宣傳家卻有兩個好信徒：美國總統雷根和英國首相柴契爾，這兩位二十世紀後半葉重要的保守派領導人，各自在他們的國家掀起私有化、大砍社會福利的政治革命。作者說：「在一九七○到八○年代裡，『歷史的大勢』把傅利曼從一個犀利的討厭鬼變成了一股真正的力量。」

不過作者把傅利曼的革命只稱為「半個革命」，因為政府持續膨脹、財政持續惡化，遊說團體把持政策制定，工會影響力超乎想像的教師等中產階級才是最大獲利者，而非真的需要照顧的中下階級。作者洋洋灑灑地舉了加州政府如何肥大，來說明美國政府如何失能，「加州是民主危機的終極例證。」作者說：「民主之所以面目全非，是由於我們做了不實際的預期與提出互相矛盾的要求。」

作者對第四次國家革命不悲觀，他們從瑞典這個老牌福利國家成功改革福利政策看到出路，也從李光耀的新加坡模式看到另一種政府的典範，甚至不吝於稱許中國官僚在威權體制下改進政府效能的努力。兩位作者對專業菁英有很大的期待與肯定；另一方面，他們也認為網路科技的進步可以鬆綁過度集權的政府，讓參與式民主有更多實踐的機會。

兩位作者宣稱：「我們希望這場第四次革命將能趕走最後一個舊政府的禍害，在某種意義上，就是舊政府其他禍害的總和：政治守舊主義。」不過整本書對「第四次國家革命」的藍圖並未清楚描述。他們看到一些改變的契機，但這些契機似乎又提供相互矛盾的出路。網路民主會不會和技術菁英扞格？網路民意一定會朝自由主義的方向走嗎？還是更傾向社會民主？而當作者在稱許北京與新加坡努力改進創新政府職能時，似乎忘了他們最先提出的一個問題：國家的目的何在？作者們在激賞有效能的政府時，似乎把其終極關懷，「自由」，暫拋一旁。忘了自己說的：「自由主義者於是起而為那需要捍衛的事業而奮戰：那事業就是自由。」

本書聰明地選了四個理念家做為國家典範的代表，這有利於鋪陳其論述，但也讓歷史演變流於直線，尤其未探討國際政治因素對國家形塑的影響，而這卻是國家重要面向之一。

不過作者是非常好的說故事者，在介紹幾位引燃「國家革命」火種的理念家時，鮮活地結合他們的生平故事，讓讀者更容易親近，其中包括作者學生時代如何巧遇傅利曼，邊洗三溫暖邊聽大師談經濟理念。

# 導論
## Introduction

中國浦東幹部學院座落在上海郊區一處不起眼的地方，接近煙霧彌漫的內環線。院區佔地廣大，看上去像一個軍事機構：圍牆上架設了刀片刺網，大門口有衛兵看守。但是開車從前程路（這個路名有點耐人尋味）進入院區後，眼前展開的卻是一個彷彿由「諾博士」[1]重新打造的哈佛大學景象。校地正中央是一座鮮紅色、造型像一張桌子的巨大建築，旁邊站著一個同樣宏偉的紅色墨水瓶。在這棟主建築周圍的四十二公頃校地裡，零散分佈著人工湖、樹林、圖書館、網球場、一座體育中心（內有健身房、游泳池與桌球設施），還有一系列低矮、棕色的宿舍建築，外觀設計成一本本打開的書。浦東幹院把這一切稱為「校園」，但是這個機構無論從紀律嚴明、階

1 諾博士（Dr. No），一九六二年第一部００７電影《第七號情報員》的反派主角，父親是德國傳教士，母親是中國人，與蘇聯合作，在牙買加外海的小島基地上利用核能驅動的電波干擾美國發射火箭。

級化或高效率的方面來說，都不像是一所大學。當地人稱這裡為「幹部訓練營」還比較準確。這是個致力於稱霸世界的組織。

在這所幹部學院就讀的學員，是中國未來的統治者。宿舍區外觀給人平等主義的印象，裡面卻嚴格執行尊卑分別，有專供北京來的高層官員住宿的高檔套房。此外，就跟中國在其他方面爭取全球霸權的努力一樣，這裡也彌漫著一種復仇的氣息。浦東幹院的工作人員提醒訪客，在一千三百年前，中國建立了一套帝國的考試制度，以挑選最優秀的年輕人擔任公職。幾個世紀以來，這些中國官吏經營著世界上最先進的政府；然而到了十九世紀，英國與法國（以及後來的美國）從中國偷學了這套系統，並加以改善。從那時候起，優秀的政府才成為西方重大的優勢。現在中國要把這種優勢扳回來。

當二〇〇五年這所幹部學院成立的時候，國家主席胡錦濤清楚地說明了學院的宗旨：「實現全面建設小康社會的宏偉目標，不斷開創中國特色社會主義事業新局面，迫切要求我們大規模培訓幹部，大幅度提高幹部素質。」不同於專注思想灌輸的黨校，浦東幹院與另外兩所規模較小的井岡山幹院和延安幹院把重點放在實際的地方，包括使技能得到更大的發揮、強化全球思維視野，以及改善呈現與陳述的能力。一切的設計都在補充黨校裡所欠缺的東西。然而中央黨校在北京，浦東幹院設置於上海，這一點給兩校之間增添了一點競爭與摩擦。一位在浦東受訓的學員說，黨校關注「為什麼做」的問題，浦東幹院則關注「該怎麼做」的問題，哪一個問題對中國的未來比較重要，對他來說是十分明顯的。如果浦東幹院有校訓，那麼亞歷山大·波普的一對句子會非常合適：「政府的形式留給愚人去爭論／最好的治理才是一切的重點。」

由於渴望「最好的治理」，每年約有一萬人到這間學校來上課，其中九百人是新生。有些人來受訓是職務養成的一部分：如果你是剛接任一間國營企業的負責人，或者新任的省長，或者即將出任新職的大使，就會被派來浦東上進修課程。（依照慣例，大使會送給圖書館一本可以表徵其新職的出版品作為感謝。說起來，那位送《走馬看花玩尼泊爾》的先生可得好好解釋一下。）一般說來，到幹院進修已經成為任何有企圖心的官員都想獲得的獎勵。所有中國公務員每任滿五年都需接受三個月的訓練，或者換算成每年大約一百三十三個小時。在浦東幹院，登記課程的人數是招收名額的三倍；其中最大多數來自省部級副職，也就是中國官員級別裡的第四級。[2]

2 中國公務員級別共分十級，在省部級副職（如中共中央紀委常委、各省委副書記）之上的是第三級省部級正職（例如各省委書記、省長）、第二級國家級副職（例如中共中央政治局委員、國務院副總理）、第一級國家級正職（例如中共中央總書記、國務院總理）。

一位幹院教師說，學員最常提出的問題是：「什麼辦法最有效？」以及「可以用在這裡嗎？」典型的課程由三個部分構成：首先是課堂講授；然後很快進入實地考察，官員們需要研究出某個可行的辦法；最後則是討論該如何實現。主題範圍很廣，有的規模相對較小，比如在進行基礎建設時，如何拆毀房屋最容易；也有的題目很大，比如設計出最合理的退休金制度。他們對各種構想都需求若渴：不管是來自當地企業（長江三角洲就有兩百個實地研究中心，包括在崑山的一個迷你浦東幹院）、來自各個國立大學，或者來自西方的管理學大師。

當中國一開始進行經濟現代化，就向西方尋求啟發；幹院到今天仍會派員前往矽谷去考察創新。但治理又是另一回事。有人說浦東幹院是「中國的甘迺迪學院」。前哈佛大學甘迺迪政府學院院長約瑟夫．奈伊也曾在浦東幹院發表演說。但也有人暗示說，哈佛對中國當前所需是太理論了一點。歷史個案的研究不是當前要務，至於那些宣揚民主制度優點或軟實力的歷史案例就更不用說。浦東幹院的重點是如何為此時此地提供有效率的治理、低廉的醫療照護以及紀律嚴明的學校。從這個觀點來看，比起陷入僵局的美國，他們有更好的觀摩對象，特別是新加坡。

這個城市國家也許非常小，卻提供了世界級的學校、有效率的醫院、法律與秩序、產業規劃，這些絕大多數中國人希望政府能提供的事物，而且公部門的規模正好是美國的一半。對中國人來說，新加坡就是政府治理界的矽谷。就連浦東幹院的核心理念，訓練一支菁英的公職幹部隊伍，也是建立在新加坡模式上，儘管中國人宣稱他們的課程要求更為繁重。所以幹院自豪地展示資深人員到新加坡出席會議以及新加坡國父李光耀參訪幹院的照片，也就不令人驚訝了。

幹院有時候也顯得有點好笑。官員把自己用繩子綁起來，以便解釋為什麼有些牽涉到政府的事情在外國運作良好，比如民主制度與言論自由，但在中國由於「文化因素」卻不可行。一位幹院教師引用諺語指出，有些橘子「只在河的南岸才會甜」。[3] 他們大聲地痛斥華盛頓的貪污案，卻無視北京人大最有錢的五十名代表已公佈的財富總和是九百五十億美金，六十倍於美國最有錢的五十名國會議員的財富總和，而且美國國會的財產監控還嚴格得多。[1] 上海本地的網站多的是低效行政與賄賂的故事。確實，浦東幹院之所以存在，就是因為中國人知道他們必須做得更好。

然而整體來說，任何來拜訪浦東幹院的西方政治人物會產生的合理反應，就跟二十年前一名西方製造業者來參觀上海工廠時一樣：他會感到驚嘆，甚至或許還有一點害怕。中國在幾十年前開始有計劃地從頭掌握資本主義的運作，同樣地，今天

3 橘踰淮為枳，出自《晏子春秋》。

他們試著從頭掌握治理技術。其間的主要差別在於，中國人認為今天他們能從西方政府學到的，遠不如當年從西方資本主義學到的多。

## ❖利維坦及其不滿

浦東幹院也許令人驚奇，但是並非獨一無二。世界各地的聰明政客與官員，南自聖地牙哥北到斯德哥爾摩，都在四處尋找想法。理由很簡單：下一個十年他們所面臨的最大政治挑戰將是如何修正政府。在《聯邦論》一書中，亞歷山大．漢彌爾頓敦促他的美國同胞決定一件事：「由人組成的社會是否真有能力憑藉反思與抉擇來建立良好的政府，或者，是否他們注定永遠仰賴意外事件與暴力來決定他們的政治體制。」[2]他這番話在今天也同樣為真。能夠建立良好政府的國家，將很有機會給國民提供一個夠水平的生活。無法建立良好政府的國家，則將陷入衰敗與失能，就像中國從前經歷過的那樣。

政府即將改變，革命已經迫在眉睫。一方面是受到資源逐漸耗竭所驅使，一方面是由民族國家間重啟競爭的邏輯所致，一方面則因為這是一個可以把事情做到更好的機會。這個對政府進行的第四次革命將會改變世界。[4]

為什麼說是第四次革命？主要是提醒我們，政府的改變可以非常劇烈。我們在西方的大多數人都只認識一種模式：這個從二戰結束以來直到現在都主宰我們的、不斷擴張的民主政府。然而，在二戰之前的歷史是很不一樣的。事實上，歐洲與美國之所以一路興盛，關鍵正是不斷改變：西方政府一直都忙於進行改善。回顧從前，其他人也許能辨識出十幾個小革命，比如英國的湯馬斯・克倫威爾在都鐸時期的「政府革命」，或德國十九世紀俾斯麥的退休金改革。在這本書裡我們的說法比較簡單：我們主張西方政府在近代經歷過三次半重大的革命。

第一次發生在十七世紀，當時歐洲的王侯建立了中央集權的國家，開始領先世界其餘地區。在一六四〇年代，當一位名叫湯馬斯・霍布斯的中年保王派於逃亡途中以英國內戰為背景做出他對國家的解剖分析時，那時的人們很有理由相信未來將是屬於中國或土耳其的天下。霍布斯相信，面對人類的惡毒與殘暴以及人生的短暫，

4「政府即將改變」的「政府」在原文是「state」；「這個對政府進行的第四次革命將會改變世界」的「政府」在原文是「government」。兩位作者在本書中經常混用「state」與「government」兩字，「state」通常出現在描述英國與歐陸，「government」則出現在描述美國與二十世紀下半葉。雖然從現在的意義來看，兩者指涉的內涵都是「政府」，但涉及到霍布斯的民族國家、彌爾的自由主義國家、韋伯的福利國家、以及海耶克的「國家與社會」等歐洲思想家的論述時，本書則中譯為「國家」。

建立國家是唯一的解決辦法；於是他決定用一個聖經中的怪獸來稱呼它：「利維坦」（Leviathan）。結果這隻怪獸是多麼成功啊！在歐洲的怪獸們彼此競爭的網絡中，催生了一套不斷改善的政府體系：各個民族國家先是成為貿易帝國，然後再變成有企業精神的自由民主體制。這些為了政治與經濟卓越所做的爭鬥常常是血腥與混亂的，比如英國幾乎對西歐的每一個國家都宣戰過，但是這種爭鬥也確保了西方能領先世界其餘地區。

第二次革命發生在十八世紀晚期與十九世紀。開端是美國與法國的革命，最終擴散到整個歐洲：自由派的改革者把皇家恩庇網絡，當時英國人稱之為「舊腐敗」（Old Corruption），改換成更依據英才政治原則也更向人民負責的政府體制。我們把焦點放在這場革命的英國版，一部分是因為另外兩個更著名的現象談起來比較容易失焦：法國大革命惡化成一場血洗屠殺；美國革命則有一個特殊的優點，需要對一個大陸級的國土發揮影響。另一部分則是因為，維多利亞時代的革命似乎與今日比較相關。英國的自由派人士接下一個年久失修的體制，藉由重視效率與自由，從內部進行改革。他們「偷竊」了中國以考試任用公務人員的辦法，抨擊任用親信的作法，開放市場，並且限制政府破壞自由的權利。他們以約翰·史都華·彌爾為首，所提出的「守夜人國家」更小也更有能力。即便英國人口從一八一六到一八四六年成長了將近百分之五十，而且這些維多利亞時代的政治家改善了大量的公共服務（包括設置了近代第一支警力），政府所徵收的稅額仍然從八千萬英鎊降到六千萬英鎊。[3]較晚的改革者比如威廉・格萊斯頓也還是一直想辦法「省下蠟燭頭與乳酪屑，以增進國人的福祉」。

然而就像時常發生的那樣，一個革命會引發另一個革命。到了十九世紀下半葉，自由主義開始質問他們小政府思想的根源：彌爾跟他的追隨者心想，對一個沒有受過教育、沒有醫療照護的工人來說，（政治）自由有什麼意義？而如果這樣一個人（以及最終說來這樣一個女人）值得享有投票權，而且自由主義無論如何也必須認同這一點，那麼廣泛且大規模的國民教育就有其必要。如果各國政府是處在彼此競爭之中——當時正值俾斯麥把普魯士打造成一個強國，於是英國人逐漸採取了這個觀點——那麼給予工人最好教育的國家就會勝出。

就這樣，為每一個公民提供更好的生活也被納入與利維坦訂定的契約之中。這為共產主義的偏差鋪平了道路，也為第三次重大革命開啟了大門：現代福利國家的發明。這個福利國家後來發展到一個地步，跟創始者碧亞翠斯・韋伯與希德尼・韋伯夫婦的構想很不一樣了；但這就是今天我們西方人勉強奉行的制度。在西歐與美國，這套制度從二次世界大戰起就沒有遭受過挑戰，除了一九八〇年代，當柴契爾夫人與隆納德．雷根因為受到古典自由主義思想家如米爾頓．傅利曼的啟發，短暫地遏制了政府的擴張，並且將經濟的關鍵部門予以私有化。我們把這部分稱為半個革命，因為這個革命雖然類似於第二次「自由主義」革命的某些創始理念，但是最後卻沒能做出任何事情來扭轉政府繼續擴大的走向。

每一次革命都牽涉到相當複雜的轉折，如我們接下來所將見到的。然而很清楚的是，在過去五百年裡，歐洲與美國一直迸生出關於政府的新理念。並不是每個理念都能用，但是即便是在最詭異、最偏離正道的法西斯主義與共產主義裡，西方仍然，至少在理論上，極力想打造未來。世界上的其餘地區只能追隨。中國人與俄國人追隨了馬克思主義。印度在一九四七年獲得獨立時擁抱了英國的「費邊主義」[5]，即便當時印度對英國的帝國主義是強烈反抗。在拉丁美洲，儘管民間對北方的美國佬愛恨交加，但是當二十年前這個區域的經濟開始向前猛衝的時候，多數國家都是擁抱「華盛頓共識」的（由約翰．威廉森提出的一種說法，指稱一套結合市場開放與審慎經濟措施的理論）。就連浦東的人們也承認，西方模式直到不久以前都還是代表現代性的黃金標準。

自由與民主一直是這個領先的核心因素。西方國家的興起不只是設置個有能力的公務部門那樣簡單。就連霍布斯的怪獸，如我們即將看到的那樣，即使由一個保王派提出，也有被視為自由派的危險，因為利維坦是建立在由統治者與被統治者之間締結的一個社會契約之上。維多利亞時代的自由主義者把運作良好的國家視為個人解放的前提。他們費邊主義的後繼者把福利國家視為個人實現的前提。在擴張的過程中，西方的政府傾向於給予人民更多的權利：投票的權利、受教育的權利、以及獲得健康照護與社會福利的權利。像大學教育這種東西在一個世紀之前被視為是白人、男性、富人的特權，今天卻被視為一種公共服務，某些情況下甚至每個人都有資格免費獲得。

然而西方政府現在常常讓人聯想到的是另一個特徵：膨脹。從統計數字可以看到問題的一部分。美國政府支出佔國內生產毛額（GDP）的比例，在一九一三年是百分之七點五，一九三七年是百分之十九點七，一九六〇年是百分之二十七，二〇〇〇年是百分之三十四，到了二〇一一年則達到百分之四十一。在英國，這個比例從一九一三年的百分之十三上升到二〇一一年的百分之四十八；十三個富國的平均比率在同時期從百分之十攀升到百分之四十七上下。[4]不過這些數字還不能完全說清楚，政府已經多麼深入我們生活的基本結構。美國的政府巨獸自認有權規定你在

5 費邊主義（Fabianism）主張不靠革命而是漸進地實現社會主義。

佛羅里達需要學多少時間才能當一名理髮師（兩年），以及有權監看你的電子郵件。這隻巨獸同樣要求美國的醫院遵守十四萬項治療疾病的準則，其中包括規範被烏龜撞傷該怎麼治療。政府從前是我們生活中偶爾出現的伙伴，是霍布斯社會契約的立約人，彌爾理論中負責警戒的守夜人。但是在今天，政府是一個無處不在的保姆。歷史學家A・J・P・泰勒曾經寫道，在一九一四年，「一個明智、守法的英國人可以一輩子幾乎感覺不到政府的存在，除了郵局與警察以外；他喜歡住哪裡就住哪裡，喜歡怎麼過日子就怎麼過……大致說來，政府只在救助那些無法自助的人時才採取行動，至於成年的國民是完全不管的。」但是今天一個明智、守法的英國人無法一個小時不感覺到政府的存在，更不用說一輩子。

曾經也有人試著阻止政府不斷擴大。一九四四年，弗德里希・海耶克在《到奴役之路》一書中提出警告：政府的存在雖然由社會賦予，卻有壓垮社會的危險。從那時起，這就成為保守派政治人物的重要論點。現任加州州長傑瑞・布朗曾在一九七五年，他上次擔任此一職務時，宣佈開啟一個「限制的年代」(era of limits)。這種對「限制」的思維在接下來的十五年裡深刻地影響了對於政府的思考。在一九九〇年代，不論左派還是右派，都認為全球化將讓政府瘦身：比爾・柯林頓就宣示大政府的時代已經結束。然而實際上這隻巨獸只是停下來喘口氣而已。政府很快又恢復原先的增長。小布希讓美國政府增長的程度超過自從林頓・詹森以來的任何總統，同時全球化只是提高了人們對社會安全網的渴望。即便把最近的遏制考慮進來，現代的西方政府比起歷史上任何政府都更強大，力量也遠遠超過任何私人公司。沃爾瑪也許擁有世界上最有效率的供應鏈，但是並不擁有監禁人民或徵稅的權力，也不能監聽人們的電話。然而這個現代政府能在世界另一端殺人，而且只要按一個按鈕，還能即時監看。

許多人相信政府會繼續成長，是依據人口統計與經濟方面的重要理由。隨著人口老化，政府的福利方案也會增加。有些經濟領域由政府主宰，比如健康與教育，而這些領域的生產力是很難改善的。但是政府的擴展另外還有政治的原因。左派跟右派都縱容自己的好胃口，前者為廣設醫院與學校高歌禮讚，後者為擴充監獄、軍隊與警力演奏小夜曲，兩者都像灑五彩紙屑那樣制定大量法規。他們說「總得做點什麼」，意思是必須再制定一套規範或一個部門；起頭的常常是《福斯新聞頻道》或《每日郵報》，但是BBC跟《紐約時報》也不遑多讓。即便人們擔心會有「福利寄生蟲」跟「社福女王」，但是中產階級才是政府支出最大部分的接受者，當中有許多是保守派。選民總是投票支持政府提供更多服務，差別只是有些人比另外一些人更怨恨必須為此繳稅。在一次茶黨大會上有一幅流傳很廣的抗議標語寫道：「大政府別插手我的醫療照護！」這句話總結了許多美國人在政府問題上的虛偽態度。

不論是好是壞，民主政治與政府肥大一直是攜手並進。我們的政治人物一直忙於給我們更多我們想要的東西：更多教育、更多醫療照護、更多監獄、更多退休金、更多社會安全、更多福利方案。然而矛盾的是，我們對此並不高興。

在對政府做了過多要求之後，選民們為政府的表現之差十分憤怒。從西雅圖到薩爾茲堡，人們都憂慮這套過去在西方運作如此良好的系統已經失能了。用民調機構的說法來說，人們憂慮事情「走錯了軌道」，我們的孩子將過著比我們更施展不開的生活。在美國，聯邦政府的支持度比獨立革命時代的英王喬治三世還低：只有百分之十七的美國人對聯邦政府表示信賴，低於一九九〇年的百分之三十六，更只有一九六〇年代的百分之七十的四分之一。[5]國會得到的民意認同度通常只有百分之十。政黨的黨員人數已經崩跌。在英國，只有百分之一的人口擁有政黨的黨員身分。保守黨成員從一九五〇年代的三百萬減少到今天的十三萬四千人。換成是一家私人企業，這種績效早就破產了。在美國，表明為獨立選民的人比表明支持共和黨或民主黨的人還多。唯一還懷著滿腔熱血的政治人物看起來都是走極端的人：他們有的根本不要政府，有的拒絕改革，有的則是把一切問題都歸咎於移民、華爾街或者歐盟頭上。

既然權力核心無能認清與接受現實，這種向極端靠攏的趨勢也就不令人驚訝。以西方政府兩個最大的危機為例，美國的金融危機跟歐元的潰敗，你會看到第一線政治人物的表現就像鴕鳥一樣。前一個例子，大多數經濟學者認為若要解決問題，需要結合裁減支出與加稅兩種手段。不同的經濟學者可能對恰當的比重意見不一。在大多數其他國家「成功的調整案例」裡，裁減支出的功效是最大的，但是從來不能是唯一手段。然而在上一次總統大選時，每一個共和黨候選人都拒絕了任何的加稅措施。「一毛錢也不能加」被他們反覆地掛在嘴上。民主黨人在堅決反對減少福利的時候，錯亂程度也只比共和黨人輕微一點而已。

你會說，或許美國人還有一點時間來逃避財政現實；然而另一方面，歐元危機已經是完全攤在眼前了。可是歐元區三大經濟體的選舉是什麼光景呢？法國的二〇一二年大選是一場否認現實的演習，無論尼古拉．薩科吉還是弗蘭索瓦．歐蘭德都沒有裁減支出的構想，即便法國已經成為歐陸上最臃腫的政府。在二〇一三年，就算國家遭遇了自二戰以來最嚴重的危機，義大利人還是有四分之一沒興趣投票，去投票的人當中，過半數不是投給貝培．格里羅，一位退休的喜劇演員，就是投給貝魯斯科尼，一位天生的小丑（見第五章）。沒有人會說梅克爾是馬戲班小丑，但是她在二〇一三年德國大選裡輕易獲勝，代表了德國上下都拒絕面對現實，彷彿歐元危機只是一個南歐的局部問題，而節儉的德國人不得不來扭轉局勢，同時卻沒有人提到，德國的銀行之所以還沒倒閉，正是因為那些在南歐的借款者得到了金援。

這種往理性邊緣游移的趨勢有一些技術面的原因。在美國，不公正的選區劃定讓許多國會選區成為強硬派的囊中物，而歐盟的治理體系是一座有權無責的迷宮。但是攤在眼前的事實是，不論是巴伐利亞人憤怒地抗議義大利人用德國的歐元過著舒適奢華的生活，還是希臘人憤怒地抗議梅克爾總理的撙節政策，那都是選民們對體制表達的挫折與沮喪。他們氣得不得了。他們再也不能忍受。西方已經對當前的治理方式不再信賴。

新興國家也有同樣的問題。在新興市場連續十年的驚人成長之後，許多國家開始為治理體制展開辯論。中國的紅二代了解到，若要繼續發展，不能只是靠拓展市場，而是取決於改善政府。就跟印度的情況一樣，他們也得面對市場自由化的後果：受過教育的中產階級對落伍的、通常是腐敗的政府越來越沒有耐性。[6]在巴西，示威的焦點是腐敗：每四個巴西人就有一個表示曾經行賄。在土耳其，民眾的抱怨是總統艾爾段過於專橫，行事更像一個蘇丹而非民主人士。敏銳的印度評論家達斯指出，在沒有很久之前，他的國人還願意主張「就算政府睡著了，印度在半夜也會成長」；但是現在他們了解到，只要他們的學校還是這麼差勁、道路還是到處破洞，印度就無法繼續成長。[7]就連中國也不能免疫：在廣州，你能感覺到人們對破敗的學校極其不滿，就像你在開羅的解放廣場或聖保羅的貧民窟一定也能感受到的那樣。

所以不論在西方還是在新興國家，政府都遭遇困難。然而很多人認定，不太可能出現急遽的改革，這真是一件奇怪的事。事實上，維持現況才是最不可能的選項，正如美國經濟學家赫伯特・史坦恩諷刺地說：「如果一件事情無法永遠維持下去，就將會停止。」政府在接下來的數十年內將不得不劇烈地轉型。在新興國家，半夜也能繼續成長的時代已經結束。在西方，政府越管越多的時代也到了盡頭。第四次革命的時刻已經來到。

## ❖改革為何勢在必行

這次為什麼可以例外？由於失敗、競爭與機會三股力量的匯聚，把利維坦巨獸控制好將會是全球政治的核心問題。西方必須改革，是因為即將失敗。新興世界需要改革，才能繼續成長。這是一個全球競賽，參賽者不只有願景，也有憂慮，項目則是把政府改得更好。

債務與人口結構意味著富裕國家的政府不得不改變。在雷曼兄弟倒閉之前，西方政府就已經入不敷出了。美國政府從一九六〇年代起財政盈餘只出現過五次。法國從一九七四至七五年以後連一次都沒有。財政困難只會把債務推高，因為各國政府總有正當理由借錢。到二〇一二年三月時，政府公債的發行總量有四十三兆美元，[8]相較於二〇〇一年時只有十一兆。而這只是西方各國政府真實債務的冰山一角，如果你把退休金與醫療照護考慮進來的話。許多地方政府的數字甚至更悽慘：加州的聖貝納迪諾以及密西根州的底特律都申請了破產保護，原因都在這資產負債表外的支付責任。

誰來為這些債務買單呢？在「舊歐洲」，舉例來說，勞動人口在二〇一二年達到最高峰，有三億零八百萬人，預計在二〇六〇年會減少到兩億六千五百萬人。這些人將必須扶養越來越多的老人：老年依賴比率（六十五歲以上人口除以二十到六十四歲人口比）將從百分之二十八上升到百分之五十八，這還是假定歐盟每年會接受一百萬年輕移民的前提下。[9]在大西洋的另一岸，美國繼續徵收小政府水平的稅，但是花大政府水平的錢，同時用一種會讓馬多夫瞠目結舌的手法來隱藏其真實債務。隨著嬰兒潮世代邁入老年，國會預算辦公室估計，光是醫療給付的開支在接下來十年裡，就將增長百分之六十。這項差額現在還在可處理的範圍，但是美國政府得面對一個抉擇：要麼縮減福利、大幅提高稅率，要麼就得在一次又一次的危機中跌跌撞撞。

每六個月國際貨幣基金都會發佈一次財政監督報告，其中統計圖表13a的標題很刺激，叫作「先進經濟體：依據長期債務目標取得的調整需求」，表上最後一欄是一項預估：在計入年齡相關的開支之後，各國政府還需要裁減多少開支或提升多少收入，才能在二〇三〇年把債務降低到合理的水平。美國的數字是國內生產毛額的百分之十一點七，日本是百分之十六點八，G20先進國家總平均是百分之九點三。國際貨幣基金對特定國家的要求並非沒有爭議。比如說，有些經濟學家認為該組織對美國要求太嚴格。他們認為，國際貨幣基金把政府債務的目標設定在降到國內生產毛額的百分之六十是過高且沒有必要；他們指出，不管成長率或稅率的微小變動，都會給美國的經濟前景造成巨大的改變。[10]但是過去二十年的美國政治史讓我們看到，任何對這個國家加稅的能力抱持希望的想法都是愚蠢的。而且就算最後支出與收入可以達成平衡，在公部門沒有重大改革的前提下，美國將變成一個「由一支龐大的常備軍隊保護的保險集團」，[11]所有的錢都將用於支付福利方案與國防需求，教育或任何其他服務將被排擠殆盡。

在可預見的未來，西方政府將會持續裁減服務，其範圍遠超過一般人的理解。在某些政府財政特別糟糕的地方，比如像希臘以及部分美國城市，裁減的程度已經很驚人了：在聖貝納迪諾，市檢察長建議民眾「把門鎖上，把槍上膛」，因為市政府已經請不起警察。即便是歐洲最重視共識的政治人物也認識到，有些事非改不可了：梅克爾最愛提起的統計數字是，歐盟佔全世界人口的百分之七，佔全世界國內生產毛額的百分之二十五，佔全世界社會支出的百分之五十。[12]然而推動改革將是殘酷的，將使政府與選民對立起來：政府因為現金短缺，必須裁減各項服務，而心懷不滿的選民想維護他們的社福權利；推動改革也將使納稅人與強大的公務員工會對立起來：納稅人希望所繳的稅更值回票價，公務員工會則想要保護自己的特權。如果只因為薩科吉總統把退休年限從六十歲提升到六十二歲，數百萬法國人就要走上街頭，那麼當歐蘭德或他的繼任者哪一天不得不把這個年限提高到七十歲時，天知道那會發生什麼事。

這場戰鬥將會直接衝擊民主制度的核心。西方政治人物喜歡標榜民主的優點，也督促從埃及到巴基斯坦等走上歧路的國家擁抱這個制度。他們主張，一人一票可以解決從貧困到恐怖主義的任何問題。然而西方世界的民主實踐卻與理想漸行漸遠，美國國會受金錢與黨派鬥爭的污染，歐洲各個國會染上苟且放任的惡習，一般大眾的不滿也日漸升高。一個難看的真相是，因為大多時候都在發放福利，西方民主制度已經變得相當破敗且無能。利益團體（包括許多受政府聘僱的人）綁架政府向來都出奇地成功。舉一個嚇人的例子：日本。數十年來日本無法修正僵化的政治制度，即便經濟萎縮也一樣。歐盟似乎正要走上類似的道路。

如果失敗是第一道催促西方改變的警鐘，那麼競爭就是第二道。在新興國家，儘管人們對政府也感到各種挫折，但是也漸漸產生出一些嶄新的構想；在這過程中，西方的競爭優勢則逐漸消失。如果你尋思醫療照護的未來，那麼印度把大量生產的技術應用在醫院的嘗試，會是答案的一部分，就好像巴西採用的「有條件現金補助」會是社福體系未來的一部分一樣。不過這還不是一切。面向華人的亞洲提供了一種新的治理模範，挑戰了西方最珍視的兩種價值：普選，以及政府對人民應該慷慨。這種「亞洲替代模式」是一種威權主義與小政府的古怪混合，最顯著的代表人物就是長期統治新加坡的李光耀。他向來嚴厲批評西方不受拘束的民主政治與福利政策；他把後者比做吃到飽自助餐：那些本來應該針對窮人發放的福利，比如大學免學費以及老人醫療照護，卻成為中產階級的權利，既臃腫也難以負擔。而中國在社會福利與民主問題上試著學習的對象正是新加坡而非西方。中國在過去兩年裡又擴大實施了退休金制度，新納入了兩億四千萬鄉下居民，遠比美國的公務員退休金制度涵蓋的人數要多，不過中國也明顯想要避免美國過度發放的問題。

要在這種亞洲模式裡找漏洞非常容易，我們在這本書裡就挑了一大堆。新加坡非常小。中國政府的效率在地方層級是不上軌道的。目前新興世界還沒抓住科技帶來的新機會，以向前超越。巴西正走向的退休金危機，相形之下希臘跟底特律只能小巫見大巫。印度也許有一些世界上最創新的醫院，但是也有世界上最破敗的道路跟最懶惰的政治人物。不過請不要因此誤以為新興世界還落後十萬八千里。浦東幹院的官員說得對：關於聰明治理，西方壟斷發言權的時代早就過去了。

這又指向了第三道推動力：「把治理做得更好」的機會。西方政府的危機與新興國家政府的擴張都出現在一個很有利的時間點上：新科技提供了大幅改善政府的機會。不過重新提出古老的問題也同樣有幫助：「國家的目的何在？」就像從前的革命一樣，當前的威脅非常明白，是破產、極端主義以及隨波逐流。然而機會也是明白地擺在眼前：我們讓一個體制負擔了過多的職責，現在有機會把它現代化。

## ❖為什麼關鍵在於構想

為什麼政府必須改造？我們認為不管怎麼回答，都會牽涉到兩件事：實用主義跟政治原則。實用主義的回答不外乎改善管理方式與運用科學技術，特別是資訊科技。這個回答無論是抱持哪種政治信念的人都應該能夠掌握。五十年前，各大公司都發生了今天政府患有的肥大症。從那時起，商業界展開了顯著的轉型，包括瘦身、聚焦以及簡化層級，這些都是政府也能做的事。今天的政府仍然留在垂直整合思維的時代，比如亨利·福特認為他的汽車坐墊會用到羊毛，所以車廠也需要擁有羊群。成功的構想很難在政府間擴散。加州的學校沒有理由比芬蘭或新加坡的學校差那麼多，特別是加州平均在每個學生身上還花了更多的錢。如果美國所有高中都像麻薩諸塞州的高中那麼好的話，那麼二〇一二年的PISA測驗美國應該是閱讀第四，數學第十，而不是第十七與第二十六。在義大利，特倫多的數學分數屬於世界最高的一群，但是卡拉布利亞學生的數學程度卻落後特倫多兩年。政府也非常不擅長自我控管：只要想一下幾千頁的陶德—法蘭克金融改革法案就好。[6]或者只要看看一些數字：根據英國國家統計局，私人服務部門的生產力在一九九九年與二〇一三年之間提升了百分之十四。相對地，公部門的生產力在一九九九年與二〇一〇年之間下降了百分之一。各個政府亟需學習更好的作法，就像一九八〇年代許多一度肥大的私人公司從豐田汽車的生產方式學到教訓一樣。

科技帶來的潛在效益比管理方式更大。網際網路給所觸及的一切都帶來革命，

6 陶德—法蘭克金融改革法案（Dodd-Frank financial reforms），歐巴馬總統於二〇一〇年簽署的華爾街金融改革法案，厚達兩三千百頁。

從新聞事業到零售業。如果這件事不能給政府也帶來革命，就很奇怪。資訊科技革命從政府手中奪走了一個很大的權力來源：在這以前，政府擁有的資訊比任何人都多出太多。這場革命也可能協助治癒所謂的「鮑莫爾成本病」（Baumol's cost disease）：威廉．鮑莫爾是美國經濟學家；他認為縮減政府規模是不可能的，因為政府集中負擔了勞力密集的領域，比如醫療照護與教育；這些領域的支出增長速度會一直高於通貨膨脹。公部門的生產力一直以來確實很糟糕。但是電腦與網際網路漸漸開始為服務業負擔一些工作，就像機器曾經為農業與工業所做的那樣。現在你可以在自己的iPad上免費收看世界上最好的大學課程，而不用付一大筆學費在通風不良的講堂裡聽一些打混的老師講課。

支持更好的管理方式應該是完全不分黨派的。誰會認為讓小孩子有個良好的人生起跑點是壞事？誰會反對老年人應該有像樣的退休生活？但是這些事情是很難實現的，因為政府現代化的首要絆腳石常常是公務員工會，不管是美國的教師工會或者法國的鐵路工人工會。這些組織總是跟左派政黨緊密結盟。事實上，政府的管理得到改善，左派獲得的利益比右派還多，原因很簡單，因為左派更寄望於提升政府的能力，以便改善人們的生活，尤其是窮人的生活。一方面相信政府的善意，一方面又阻止政府僱用最有能力（或開除表現最糟）的人，或者允許政府機器由既得利益者來操作，這是完全說不通的。請考慮一件嚇人的事實（這是在美國全國激烈討論歐巴馬推行健保法案時被指出來的）：聯邦政府過去十年裡推動的資訊科技計劃有百分之九十四已經失敗，其中超過一半遭到延誤或超出預算，百分之四十一點四則是徹底失敗。五角大廈在兩個醫療照護系統上投注了超過三十億美元，但是這兩個系統從未正常運作。這些計劃之所以失敗，部分是因為政府僵化的僱用法規使得相關單位請不到資科專家，部分是因為更為僵化的發包法規使得政府採購淪為少數供應商的禁臠，因為沒有多少公司有足夠的資源在聯邦採購法規厚達一千八百頁的法律語言裡自由遊走。如果左派捍衛政府反對裁減是玩真的，首先就應該試著讓政府盡可能有效率。

然而，關於政府的未來，有比更好的治理更重要的事。到了某個時候，我們得做一個更重大的決定。不管你讓現存的政府運作多麼好，你都得回答一個問題：選擇這種政府正確嗎？國家的目的何在？有一個古老的爭論就圍繞在這個問題上，但是在現代民主政治的「吃到飽」階段裡，這個爭論就消失了。對霍布斯而言，利維坦的存在是為了提供安全。對彌爾跟基進的湯馬斯．潘恩，答案是自由。對費邊黨人來說，目的是人類的福祉。不過這些思想家全都認為，你必須先回答這個大問題，然後才能進入細部的實踐。然而現在這些問題的討論都是以零碎的方式進行。現代的政治人物就像這樣一種建築師：他們爭論著一棟搖搖欲墜的房子裡個別房間的狀況，忙著衝去這裡修理一扇窗戶或跑去那裡補上一層新漆，卻從來不考慮整棟建築的設計。我們必須仔細觀看整個結構的設計，也必須努力思索政府在一個快速變遷的社會裡應該扮演怎樣的角色，就像維多利亞時代的改革者在現代民主開始成型的時候所做的那樣。

在這場重大的討論裡，我們得承認我們懷有鮮明的偏見。我們來自一家根植於古典自由主義（classical liberalism）的報社，而古典自由主義一般說來非常重視個體自由（而且這套思想碰巧也是在上述的維多利亞時代裡奠基的）。原則上我們偏好小政府。我們認為，認清問題的一部分，就是認知到政府不能太肥大，認知到政府常常是一個很鈍的工具，以及，如果你放任不管的話，它會不顧一切地擴張。不過這個偏見也必須接受事實檢驗，並不是一個盲目的信條。

所以我們並不接受自由至上主義（libertarian）的觀點，他們認為政府充其量只是必要的惡。太少的政府管治比過度更危險：腦袋正常的人不可能寧願住在一個失敗國家，比如剛果，而不選擇一個運作良好的大政府國家，比如丹麥。一個缺少利維坦的地方，人的生活會真正變得「惡劣、殘酷和短命」。透過教育與醫療照護等公共支出，政府可以提升效率與社會福祉。跟瑞典的公立健保比較起來，美國號稱的「私人」健康保險花費美國納稅人更多的錢，提供的醫療服務也較差。德國為什麼遠比希臘成功，原因之一就是德國有一個成功的政府；這個政府有能力收到稅、提供服務以及讓國民尊敬。同樣的對比也適用於新加坡對馬來西亞、中國對俄羅斯，或者智利對阿根廷。

所以，政府可以是一種文明的工具。但是我們不接受進步陣營的那種觀念：他們相信沒有什麼政府的問題是不能靠「更大的政府」來解決的。也許短期來說，用公共支出來防止經濟陷入衰退是務實的作法，但是中期而言，你不可能迴避馴服這隻利維坦的問題。現在這種負擔過重的政府對民主已經構成威脅：利維坦扛起的責任越多，履行的績效就愈差，民眾也就愈憤怒，結果只會讓民眾要求更多救助。這就是進步政治的惡性迴圈。更根本的問題是，這種現代政府也對自由構成威脅：如果政府拿走你全部生產的一半、強制以綁髮辮為職業的人也要支付昂貴的特許費、指定你可以僱用什麼種族與性別的人、召喚殘酷的力量來對恐怖主義、超速的重機騎士以及大麻宣戰——如果政府這麼做的話，那它就不再是一個僕人，而變成主人了。利維坦必須被馴服。我們必須讓它在控制之下。

「就算有新調子我們也不隨之起舞了。但是你能在空氣中聞到改變的氣息」，凱因斯曾經這麼形容另外一場重大變革。[13]今天也是如此。西方民主國家有絕佳的機會來回應這種改變：民主機制賦予政府更大的彈性，也讓政府傾聽民眾。這是一場走向更大自由的改變，而民主也是自由度最高的治理形式。不過西方同時也面臨一個最大的風險：西方何以變得如此超載，原因之一正是傾聽民眾，而且政治人物總是傾向讓政府扛更多的義務。此時的民主政治有時候好像在挖自己的墳墓。至於西方會聽從它內心最好或最壞的聲音，將決定第四次革命會有怎樣的結果。

# PART ONE
# 第一部

## 三個半革命
## THE THREE AND A HALF REVOLUTIONS

CHAPTER 1

# 湯馬斯・霍布斯與民族國家的興起
# Thomas Hobbes and the Rise of the Nation-State

西方為什麼在過去三百年裡領先世界其他地區？為什麼現代世界裡這麼多特有的東西是由西歐開創，這個僅僅佔據廣大的歐亞大陸西端一個小角的地方？歷史學家為這個問題提出各式各樣的答案，從確立了財產權的羅馬法，到孕育了道德普世主義的基督宗教。但是最關鍵的答案其實在於政府的機制。

如果要寫一部詳細的歷史來解釋，西方如何在打造政府這個項目上取得領先，將會是巨大無比的工作：撒母爾・費納[1]死前未能完成他偉大的政府史，但該書已經厚達一千七百零一頁。[1]這裡我們完全不嘗試做巨細靡遺的敘述，而是打算把焦點放在三個曾經重新定義西方政府的偉大創新上，並透過剖析三個偉大思想家來觀察這

1 撒母爾・費納（Samuel Finer, 1915-1993），英國政治學者、歷史學家，最有名的作品是未完成的《政府史——從遠古到現在》（*The History of Government from the Earliest Times*），在他死後以三大卷的形式出版。

些創新。這三位是霍布斯（他對民族國家進行了解剖，為自由主義國家開創了道路），彌爾（提出自由主義國家的哲學家，也是福利國家思想的先驅），以及碧亞翠斯·韋伯（福利國家的教母，同時也是過度福利的代表人物）。在第七章我們將檢視米爾頓·傅利曼所推動的半個政府革命；雷根與柴契爾夫人的政策受到他很大的影響。在理論與實踐的光譜上，這些思想家各站在不同的位置。霍布斯想要提出一套政治哲學。韋伯夫婦想要改變世界。彌爾與傅利曼站在兩者之間，兩人都寫出影響深遠的政治經濟學著作，而且也積極地參與了政治。彌爾是國會議員，傅利曼則擔任許多總統與總理的顧問。霍布斯的哲學理論最終對政府的本質產生重大影響，而韋伯夫婦不屈不撓的行動又是建立在堅實的哲學信念上。所有這四個人（或者說四個半，如果我們把希德尼·韋伯算半個的話）對本書的核心提問：政府的目的為何？給出了極為不同的答案。

對於我們集中討論的都是思想家這一點，我們不打算向讀者致歉。不過有一點我們得請讀者諒解，因為這些思想家的前三位都是英國人，第四位則與一位英國首相密切相關。英國不只給這部分的故事提供了敘事骨幹，也是許多理念與構想的先行者，不論好或壞。在過去四百年裡，沒有第二個國家比英國更能展示西方政府的各種變化。

## ❖「利維坦」的誕生

為任何重大變革設定一個起始日期都是困難的。維吉尼亞．吳爾芙在一篇探討現代主義到來的散論裡，把這一點說得很透徹：

在一九一〇年十二月裡或前後，人性的特質發生了改變。我並不是說就像有人走出家門，比如說到園子裡走走，在那兒看到玫瑰開花，或者看到母雞生了一顆蛋那樣。那改變不是突然發生、也不是那麼確定的。可是不管怎麼說，改變確實發生了。到頭來人總是要拿定主意的，那麼，就讓我們把日期設在一九一〇年前後。[2]

讓我們以相同的方式，把一六五一年五月設定為一個政治思想發生改變的時刻。[3]因為那是湯馬斯．霍布斯出版《利維坦》的時候。隨著《利維坦》問世，現代民族國家的概念就此誕生。

霍布斯不是第一個依照冷酷現實的人性觀點來建立政治理論的人，拔得頭籌的是馬基維利。他也不是第一個靠推理演繹來提出理論的人，湯馬斯．阿奎那比他早得多。他同樣不是第一個把關注的焦點設定在國家（而不是城邦或基督教世界）之上的人，那是尚·博丹。但是霍布斯是第一個把這三點整合在一本書裡的人。而且他也是第一個提出「統治者與被統治者間的社會契約」這個爆炸性觀念的人。如果現代國家是人類心智最偉大的創造之一，那麼，我們可以恰當地說，為其奠定基礎的文獻就是《利維坦》。

《利維坦》的核心概念是，國家首要的職責在於提供法律與秩序。這是最終的公共福祉，人類藉此逃離悲慘處境，人類文明也才成為可能。霍布斯是透過冷酷的邏輯推論達成這個結論的。他把社會拆解成各個組成部分，就好像一個機械技師把一部汽車拆開那樣，以便找出其運作方式。他問自己，如果在「自然狀態」（state of nature）下，人的生活會是怎樣的景象。霍布斯反對亞理斯多德「人天生是社會動物」的觀點。正好相反，他認為人天生是一個像原子一樣的自我，受到各種恐懼與貪婪的驅使。他也拒絕接受封建的觀點，不認為人的社會角色是上天預先注定的，生得好可以發號施令，生得不好就得砍柴挑水。他指出，人與人彼此連結，既不是因為互相喜歡，也不是階級隸屬，而僅僅是因為恐懼與尋求安全。在霍布斯的自然狀態裡，人們不斷地試著贏過他人，深陷在一場「每個人對每個人的戰爭」裡，注定要過著「惡劣、殘酷和短命」的生活。「那樣的人類描繪並非『美醜並陳』」，美國保守派評論家喬治・威爾[2]說，「根本就是全盤醜陋」。[4]

霍布斯認為，要避免不斷地打內戰，唯一的辦法就是放棄你愛做什麼就做什麼的天生權利，並且人為地建立一個最高統治者，也就是一個國家，其功能為行使權力，其合法性為行事效率，其意見為真理，其命令為正義，簡單說，就是披著哲學家外衣的老大哥。在這隻「利維坦」裡，沒有反對派的餘地，因為那有可能讓人們返回「無治理狀態的悲慘生活」。人們唯一還保有的權利，是在極端狀況下拯救自己性命的權利：既然國家存在的目的是保護人的生命，你不能允許國家消滅你。

儘管邏輯嚴明，霍布斯的論證也有情緒的成分，這跟他的個人經歷有關。他非常明白，一個有秩序的生活多麼輕易就能崩解為野蠻與混亂。霍布斯於一五八八年出生的時候還未足月，因為當時有一個強烈的風暴，又有謠言說西班牙艦隊即將登陸，把他的母親嚇壞了。（霍布斯在自傳中寫道，「那時我的母親是如此地害怕，以至於她產下了一對雙胞胎，也就是我跟我的孿生兄弟：恐懼。」[5]）他的父親沒有受過良好教育，在威爾特郡擔任神職人員，薪俸極低，平時待在酒館裡的時間比在教堂裡還多，最後也不得不「為此而逃跑」。[6]伊莉莎白時代的英國隨時處在威脅之下：

2 喬治・威爾（George Will, 1941-），美國政治評論家，普立茲獎得主，共和黨支持者，但在二〇一六年共和黨初選中卻屢次批評川普，最後退出共和黨，登記成為獨立選民。

菲利浦二世的艦隊就是證據。由宗教衝突煽起的無端恐懼在詹姆士一世登基之後也仍持續著：證據是一六〇五年的火藥密謀[3]。一六四〇年斯圖亞特王朝的專制統治因財務捉襟見肘而崩潰。隨後查理一世與他在國會的清教徒仇敵發生了內戰，結果是王室遭戮與獨裁統治，英國人民為此喪命的數目佔總人口比例比第一次世界大戰時還高。喪失性命的人當中也包括希德尼・高德爾芬，霍布斯最親近的朋友之一；《利維坦》一書就是獻給希德尼的兄長。[4]

在這種兵荒馬亂的局勢裡，霍布斯的對策是依附有權勢的贊助者。從牛津畢業後不久（在那裡，據他自己的說法，大多時候都在用乳酪做陷阱抓烏鴉而不是在讀書），他在卡芬迪希家族那裡找到一個私人家教的工作。這讓他能過著貴族般的生活：帶獵鷹出獵、陪伴他的學生威廉・卡芬迪希在歐洲各大城市旅遊。事實上就是在一六二八年，當他們在國外旅行的時候，時年四十歲的霍布斯拿起了一本歐基里德的《幾何學》（今天通稱《幾何原理》），而且正好翻到第四十七條命題：被稱為畢達哥拉斯定理的幾何謎題（這項定理也一直受到共濟會人士的喜愛）。書上畫了三個正方形圍出一個三角形的空間。「我的天」，霍布斯大喊，「這怎麼可能！」[7]他完全被吸引了。這個本來毫無目標的半吊子成了一個發展成熟的哲學家。他寫道：「我在研究中獲得的極大快樂，勝過了我其他任何渴望。」[8]

從一開始，霍布斯的理念就引發爭議，也因此是有危險性的。他支持君主主義，但是對君王統治的合法性來源持有異端的見解；他傾向專制統治，卻又喜歡顛覆性的思想。一六四〇年時，在已經比當時英國平均壽命多活十年之後，霍布斯從英國逃到巴黎，在那裡待了十一年，生計是為流亡當地的英國保王派人士當家庭教師；他的學生包括這群人當中最尊貴的一位，未來的查理二世。之後，當他在一六五一年終於出版了《利維坦》，他又得逃回奧立佛・克倫威爾統治下的倫敦，原因是他對宗教的蔑視如此明顯，得罪了太多擁護英王的人。直到查理二世一六六〇年重新奪回王位時，霍布斯才獲得安全；查理二世對他年邁的老師甚為寵愛，不但原諒他與克倫威爾短暫的接觸以及反教會權威的譏諷，還賜給他豐厚的養老金一年一百英鎊，甚至通令屬下，霍布斯可以「自由晉見國王」。

乍看之下，《利維坦》跟我們的時代完全格格不入：看似一名流亡者，在生活既殘酷又短暫的時代，為專制權力辯護所寫的書。但是不要被這個印象給愚弄了。這

3 火藥密謀（Gunpowder Plot），一六〇五年十一月五日天主教人士企圖炸死詹姆士一世跟上議院的行動，結果因洩密而失敗。

4 希德尼・高德爾芬（Sidney Godolphin, 1610-1643），保王派的下議院議員，死於英國內戰。他的兄長法蘭西斯・高德爾芬（Francis Godolphin, 1605-1667）也是保王派國會議員，在查理二世復辟後受封為爵士。

本書之所以歷久不衰，跟它之所以引發爭議，都來自同一事實：《利維坦》是一本徹頭徹尾的現代著作。

霍布斯是第一個把政治理論建立在社會契約這項原則上的思想家。他反對君主主義者的論述，認為權力來自神權所授或者由王朝繼承而來。他認為利維坦不論採取國會還是君王的形式都可以；利維坦的核心是一個民族國家，而不是祖傳領土的集合。在霍布斯的世界裡，主要的角色是理性的個人，他們試圖在對自由的渴望與對毀滅的恐懼之間找到一個平衡。而這些個人達成這件事的辦法，就是透過一個社會契約：他們放棄較小的權利，以便確保最重要的權利，也就是自我保存不受侵害。這個國家最終來說是為了從屬於其下的人（the subjects）而存在，而不是從屬於其下的人為了國王而存在。《利維坦》的卷頭插畫是一個強大的國王，而這個國王是由成千上萬渺小的人堆疊起來的。

霍布斯給個人自由留下的空間之大令人驚訝。[9]統治者或許有權利選擇要制定什麼法律。但是權利並不意謂著義務或優先。明智的統治者會以輕巧的手腕進行管治，行事起來彷彿受一個開明的憲政秩序所約束。政府並不需要告訴人們他們可以做什麼事。人們會自發地組織起來以解決糧食供應的問題。霍布斯認為，在一個商業社會裡，國家需要提供兩種協助：一個是法律，以便商業交易可以順利進行並防止詐欺;另一個是最低限度的福利政策,以照顧社會的傷殘者。

看在君主主義者眼裡,霍布斯也是一個危險的平等主義者。「自然狀態」就像在社會階級上潑硫酸一樣:有些人的頭銜或許比別人好聽、衣著比別人花俏,但是在自然狀態裡,他們或多或少都是平等的。最小的可以用狡計殺死最大的。此外霍布斯還是一個徹頭徹尾的唯物主義者;他拒絕宗教為現狀提出的任何辯護。「宇宙是有形體的」,他在《利維坦》中寫道,「一切真實的東西都是物質的,而一切非物質的都不是真實的」。國家的合法性在於有能力提升人們的物質利益:其他一切都是幻覺。

霍布斯在方法的使用上也很現代。自從那次接觸到歐基里德之後,他就試著用科學推論,事實上,是數學演繹,來建立自己的政治理論,而不是像馬基維利那樣用偶然的經驗論。「建立並維持國家的技術必須依循特定的規則,就像算數與幾何一樣」,霍布斯說,「而不是像打網球那樣只靠實際去做」。《利維坦》的目的不是為侍臣提供指南,像馬基維利以及同代的卡斯帝里歐尼所做的那樣。而是要提供一套政治理論,就像當時最好的科學家為物質或運動提供理論那樣。結果這本書引起了很多麻煩。霍布斯對法律與秩序的偏好讓他成了議會勢力的眼中釘,而他對社會契約與世俗主義的擁抱則使他成為君主主義者的敵人。霍布斯死時九十一歲;死後不久,牛津大學就譴責他的著作是造反,並且在博德利圖書館的四方院裡予以焚燒。然而今天《利維坦》如果被譴責，更可能是因為被視為為壓迫辯護，而不是因為實行造反。雕塑家安尼希・卡波爾就把他巨大的PVC（聚氯乙烯）作品《利維坦，紀念碑二〇一一》獻給中國的異議者艾未未。[5]在二〇一二年美國總統大選時，自由至上黨參選人容恩・保羅製作了一個痛批《利維坦》的競選廣告，廣告裡帶到《利維坦》著名的卷頭插畫並質問：到底是哪一門子的「社會契約」使得一個人得以統治所有其他人？意思是說，保羅要是選上總統，就不適用這個該被譴責的概念嗎？[6]

## ❖打造利維坦

當霍布斯發表《利維坦》的時候，不是只有英國飽受內戰之苦。「這是一個動盪的時代」，一位英國傳道士耶利米・惠特克在一六四三年警告，「而且這種動盪無所不在：包括帕拉丁領地[7]、波希米亞、日耳曼、加泰隆尼亞、葡萄牙、愛爾蘭……。」[10]在十七世紀上半葉，歐洲國家沒有互相戰爭的時間只有一年（一六一〇年），下半葉只有兩年（一六七〇年與一六八二年）。在殘酷的三十年戰爭裡（一個光是名字就值得細思的事件），德語人口減少的比率介於百分之二十五與百分之四十（都市與鄉村地區的數字有別），或者說減少了六百萬到八百萬人之間。

最先進的文明都在東方。北京是世界最大的城市，居民超過一百萬。南京緊接其後。另外六個中國城市人口超過五十萬，二十個左右人口超過十萬。印度有三個城市人口在四十萬以上，十萬以上的有九個。伊斯坦堡有八十萬人。歐洲城市只有三個：倫敦、那不勒斯以及巴黎，人口超過三十萬，其他十萬人以上的只有十個。[11]歐洲來的旅行者對氣勢宏大的奧圖曼土耳其帝國深感敬畏，特別是博斯普魯斯海峽旁令人眩目的首都。當蘇萊曼大帝（在位時間自一五二〇至一五六六年）給自己長長一串的稱號添上「歐洲之主」（Lord of Europe）時，他並沒有脫離現實太遠；蘇萊曼的其他稱號還包括「諸王之王、全球君主冠冕的頒授者、上帝在地球上的影子」。[12]奧圖曼土耳其帝國只是伊斯蘭國家所構成的弧形地帶的一部分；這條弧線從土耳其與阿拉伯世界一路延伸到巴爾幹半島、非洲、印度、東南亞以及中國西北部，基督

5 安尼希・卡波爾（Anish Kapoor, 1954-），生於孟買的英國裝置藝術家，代表作包括芝加哥千禧年公園的《雲門》、為倫敦奧運設計的《阿塞洛米塔爾軌道塔》等。《利維坦，紀念碑二〇一一》展示於巴黎大皇宮美術館。

6 自由至上黨（Libertarian Party）成立於一九七一年，雖然是美國第三大黨，但從未贏得任何國會席次。政治主張包括減稅、降低國債、裁減福利政策、支持多元成家與廢除死刑、支持美國民眾擁槍權利等。保羅於一九八八年代表該黨參選美國總統，得票（普選票）數僅有四十三萬一千七百五十票，得票率〇・四七％。

7 帕拉丁領地（Palatinate），神聖羅馬帝國萊茵河帕拉丁侯爵領地。

教世界相形之下顯得渺小。[13]中華帝國甚至更為先進。這個「居中之國」大約跟歐洲一樣大，卻是一個統一的國度，有廣大的運河體系把各大江河連結到各個人口稠密的區域。政府看起來也以類似的方式構成：這個國家至少在地理上跟歐洲一樣多樣化（地形包括大草原與熱帶叢林，種稻的梯田與喜馬拉雅的高峰），卻僅由一位「天子」予以統治。在中國的世界地圖上，這個「居中之國」由許多藩屬國家圍繞，更外圍則是連名字都不配擁有的蠻族。

「我們以為世界上的知識都聚集在我們這裡了」，約瑟夫．赫爾一六〇八年在一次中國旅行之後寫道，「但是他們對此只是譏笑，而且很有理由，因為他們斷言世界上只有他們有兩隻眼睛，埃及人只有一隻眼睛，所有其他人則是全盲。」[14]中國以一種比歐洲更為巨大的規模進行運作：北京的皇城人口達三十萬人，除了皇族之外，還有官員、太監、侍衛、商人以及其他隨從。那支讓霍布斯的母親如此恐懼的西班牙艦隊，跟鄭和在十五世紀初期率領前往印度、好望角、霍姆茲海峽的「寶船艦隊」根本不能比。[15]十七世紀的西方將知識系統化的嘗試令霍布斯如此著迷，但一跟明朝永樂皇帝（1360–1424）推動的《永樂大典》比起來，就要黯然失色了：後者徵用了兩千多名學者的心力，規模超過一萬一千冊。這部世界上最大的百科全書直到二〇〇七年才被維基百科超越。

然而在霍布斯的年代裡，東西力量的均衡有了劇烈的改變。一六八三年，霍布斯死後四年，土耳其人不得不解除他們對維也納的第二次圍困，此後逐步衰弱終至成為「歐洲病夫」。亞洲強國甚至更向內看。日本將自己封鎖起來，躲進一種自足自滿的自我關注裡。印度的蒙兀兒帝國在霍布斯死後的一個世紀裡，衰敗到東印度公司的幾千名僱員就能征服這個地區。鄭和的功績標誌了中國在前現代的高峰，但自從一四三三年鄭和去世開始，明朝皇帝進一步強化禁海令並摧毀所有能航行遠洋的船隻，甚至連記錄鄭和功績的檔案也失蹤不見，這個世界上最強大的國家就轉而向內了。

相較之下，新的歐洲國家開始向海外探索。歐洲的探險家遍及世界各地：英國人、法國人與荷蘭人到了北美洲，西班牙人與葡萄牙人到了南美洲。歐洲的科學家探索天空。歐洲的船隻航向大海。歐洲的公司主宰了印度與遠東。在一五〇〇年時，只有瘋子才會打賭世界的未來屬於歐洲。到了一七〇〇年的時候，只有瘋子才會打賭世界的未來屬於歐洲以外的任何國家。

歐洲的秘訣在於各國正處在一個很有利的狀態：一方面力量強到能提供秩序，但又輕巧到允許創新。歐陸各國王室逐漸讓貴族與教會這類足以和他們相庭抗禮的權威，在各自的國度裡臣服於王室。臣服的程度各國不盡相同。新教國家把原屬於教宗的神聖光環移轉到國王身上。不過許多信奉天主教的君主，從西班牙的費迪南與伊莎貝拉到法國的法蘭西斯一世，也都成功地建立了國內的教會。法國比其他任何國家更著力在讓貴族聽命於國王。但各國國王也越來越喜歡重用影響力強大的官員（英國有湯馬斯．克倫威爾，法國有黎胥留主教，西班牙有奧利瓦雷斯侯爵－公爵），這些人擴大了中央政府的權力，建立了更有效率的收稅機制，並梳理了各地方雜亂不堪、從中世紀遺留下來的各種通行費、規定與限制。

這使歐洲得以躲過那個讓印度文明注定孱弱無力的問題，也就是：國家如此地衰弱，或者用貢納．默爾達的話來說，這樣的一個「軟政權」，[8]社會不斷地分裂為許多無足輕重的小邦國，而這些小邦國無可避免地被強大的入侵者掌控，不論來的是穆斯林或英國人。在此同時，即便是歐洲權力最大的君主也遠遠沒有中國皇帝的權力那麼大，因為皇帝手下有建制龐大的官僚體系（都是嚴格的科舉制度從全國挑選出來的菁英），沒有任何地方諸侯或城市中產階級足以構成反對勢力。

實際上，歐洲的君王除了與地方勢力分享權力之外別無選擇。只要這些地方勢力，不管是來自城市、公司或者貴族，同意不挑戰王室的最高權力，就能享有可觀程度的自治，以為交換。雖然專制的路易十四宣稱「朕即國家」，但是其他許多君王漸漸將自己視為國家的僕人，正像霍布斯所指出的那樣。腓特烈大帝曾說，一個王冠不過是「能裝雨水的帽子」；他視統治者為國家的「第一人」。「這個人得到很好的待遇，以使他能維持自己職位的尊嚴。但是他必須有效地為國家福祉而工作，以作為回報。」[16]歐洲各國政府遵循依法統治的理念，而不是一時的高興：「不是臣服一人，而是臣服上帝與法律。」（non sub homine sed sub Deo et lege.）他們也容許代表民意的機關存在，如三級會議與國會；這些機關時而面臨嚴厲的考驗，特別是君王試圖獲取越來越大的權力時，但最終總能倖存下來並重新主張它們的利益。

在霍布斯的前半生，歐洲的民族國家也成功防堵了一個幾乎讓它們四分五裂的威脅，那就是宗教戰爭。一六四八年的西發里亞和約不只終結了血流成河的三十年戰爭，還宣示了一項歐洲事務的新原則：「誰的領地就信誰的宗教。」（cuius regio eius religio.）關於宗教問題，君主只在自己的領土範圍內享有最高權力，不得干預其他王國境內的宗教事務。這份和約最終確立「國家利益」（raison d'état）成為歐洲外交的指導原則。當然，宗教戰爭並未就此消失：英國內戰直到查理二世於一六六〇年復辟才結束，而愛爾蘭的新教與天主教之爭甚至從那個時代延續到今天。不過教派的衝突再也不是歐洲民族國家對外政策的核心要件了。它們不再尋求把宗教真理擴散到

8 貢納·默爾達（Gunnar Myrdal, 1898-1987），瑞典經濟學家，於一九七四年與海耶克同獲諾貝爾經濟學獎。「軟政權」一詞來自默爾達所著的《亞洲戲劇》（*Asian Drama*）一書，指涉常見於東南亞國家的不受法制和紀律約束的無序狀態。

國境之外，而是把焦點放在為世俗霸權而相互競爭。

幾個世紀下來，歐洲進行了可觀的整合：從中世紀結束時大概有四百個主權實體，到第一次世界大戰開始時只剩下大約二十五個。[17]然而沒有任何一個國家強大到能夠支配整個歐洲，就像土耳其或中國那樣；相反地，歐洲的統治者只是不斷地爭取霸權，這使得他們非常關注治國能力與經濟發展。

對安全感的需求會促進創新。中國也許可以自視為「居中之國」，但是歐洲君王總是痛苦地注意到四周都是敵人或者潛在的敵人。他們打造軍事機器，迅速地在戰爭中採用火藥，而同一時間中國的火藥仍然只用於娛樂。歐洲人把大型帆船改造成「各方向都配備成排快速火砲的浮動城堡」，中國人卻最終完全放棄了戰船。如果「戰爭產生國家，國家產生戰爭」，[18]如查爾斯．蒂利所指出，那麼歐洲人比任何其他人更善於打仗，也就比任何其他人更善於打造政府。歐洲人也發展出外交機器，以便持續觀察其他國家的內部情勢。本土的競爭讓各國尋求不只在歐洲這個小戰場上，而且也要在大海上勝過對手。歐洲的大帆船征服了北美洲與南美洲，締造了勢力龐大的帝國，從印度一路延伸到東南亞。

歐洲不只在軍事上、也在貿易競爭上勝過對手。各國政府需要金錢來支付士兵與水手的薪餉，而金錢的來源最終依賴的是健全的經濟，或者正如十七世紀英國商人與政治家約希亞·柴爾德爵士所說，「利潤跟軍力應該放在一起考慮。」[19]在這一點上，英國佔領導地位，歐洲其餘國家尾隨在後。英國士兵與水手不只在絕大多數的領土衝突中勝出，也在英國商人擴展到越來越遠的海外時提供了支持。世界上最早的責任有限公司是由英國人創辦的（拜卡芬迪希家族之賜，霍布斯也入股了兩家公司：維吉尼亞公司與索莫斯島公司）。[20]

把利潤與軍力放在一起的思考促進了重商主義政策：就連英國這個一般來說最支持貿易自由的強權，不僅容許東印度公司壟斷東印度的貿易，也提供英國海軍完整的支援，因為英國相信這間公司可以提升國力。但是歐洲的重商主義通常與財產權（包括專利）緊密連結，而不是取決於某個蘇丹的偏好或某位皇帝的心血來潮。而且普遍來說，在歐洲做貿易比在伊斯蘭或亞洲帝國要自由得多。

中國皇帝總是在拔金鵝毛跟殺死金鵝之間變來變去：今天他們從貿易中收取豐厚的租稅，但是明天又以危害社會秩序之名完全禁止貿易。一六六一年康熙皇帝下令中國南部沿海所有居民向內陸遷徙五十里9，那裡無論在當時還是現在，都是中國貿易最興盛的地區。[21]治理中國達一千多年的文官階層深信，以買賣維生的下階層人

9 約今日二十七公里。

民應該要嚴加管理。兼有匈牙利與德國血統的法國漢學大家白樂日曾經指出，這個彷彿摩洛神[10]般的政府，與它對各種繁文縟節的偏執，長期而言，使中國喪失了一切與歐洲競爭的可能：

> 舉凡如何穿衣，如何興建公共建築與私人建築（房屋的規模尺寸），如何配戴顏色，如何聽音樂，如何舉行節慶，一切都受到規範。出生有規矩，死亡也有規矩，這個奉天承運的國家不厭其煩地監管著臣民從搖籃到墳墓的每一個腳步。那是一個由公文與擾民組成的政權，無盡的公文與無盡的擾民。[22]

對中國的優越所感到的驕傲，無可挽回地僵化為對外國喪失一切興趣。一七九二年七月，喬治三世派出一個貿易使節團，由喬治・馬戛爾尼勛爵率領，帶了豐厚的禮物來到中國，禮物包括望遠鏡、時鐘、氣壓計、有彈簧避震的馬車以及空氣槍。中國的乾隆皇帝先是讓使節團等了幾個月；等到他終於願意接見來使的時候，就給出了那段充滿鄙夷的名句：

> 天朝……從不貴奇巧，並無更需爾國製辦物件。是爾國王所請派人留京一事，

於天朝體制既屬不合，而於爾國亦殊覺無益。[23] 11

這不只是對「奇巧物品」抱持不同的態度，而是對我們今天所謂的產品開發全無想像與熱情。中國最早的發明排列起來十分可觀（包括世界上最早的時鐘、望遠鏡、火藥等），但是這些發明從來沒有好好地加以利用。果真，後來的皇帝們陷入如此嚴重的智識怠惰，以至於來到中國的耶穌會傳教士必須為他們的中國東道主建造望遠鏡和其他「天文儀器」。同一時間，伊斯蘭國家也越來越以宗教之名痛斥科學，鼓勵神職人員焚燒書籍，讓學校專注於強迫學生學習古蘭經。賽繆爾・杭廷頓說過，「在伊斯蘭，上帝是凱撒。在中國，凱撒是上帝。在東正教，上帝是凱撒的小夥伴。教會與國家的分離以及反覆的衝突是西方文明所特有，在其他文明裡從未出現。」[24]

十七世紀下半葉歐洲有個智識革命：新哲學生根茁壯，王侯們成為新思想的贊助者，科學成為一種專門職業，有能力質疑越來越多的原理。[25] 歐洲的統治者們對宗教正統已經非常疲倦。他們也了解到，如果輸掉這場大腦競賽，他們將在與鄰國的殘酷競爭中被淘汰掉。他們開始爭相成為各種思想的贊助者，跟他們一度爭相表現

10 摩洛神（Moloch），舊約聖經中要求兒童血祭的神靈，泛指讓他人做出重大犧牲者。
11 乾隆皇帝一七九三年敕諭英吉利國王書。

為宗教正信的擁護者十分相似。一六六〇年查理二世決定成立皇家科學院；這件事很快就在歐洲造成流行。

不只科學思想快速抬頭，政治理念發酵的盛況也不遑多讓。《利維坦》只是一場激烈的、關於權力本質的政治爭論裡較早發出的砲火。約翰．洛克在《利維坦》出版後一年才開始讀牛津大學；他同意霍布斯社會契約的說法，但是在許多方面修正了霍布斯令人不寒而慄的意象。洛克認為自然狀態是和諧的，而不是充滿鬥爭。上帝賦予人類才能與技巧，並提供一個資源豐富的世界讓他們去施展。洛克指出，國家不是問題的解答，而是爭端的來源：放眼看去，現存所有社會的歷史都充滿了由統治者的野心挑起的戰爭與衝突。洛克認為，人們把權力交給統治者不光是出於恐懼，而是為了方便，所以人們遠遠不該交出那麼多權力。比如說，為什麼要讓國家全權決定要課你多少稅，或者干預你怎麼處置財產？「……私有財產的保全本是政府存在的目的」，洛克如此論述。[26]

英國一六八八年的光榮革命是歐洲遏阻統治者野心最成功的一次。信奉天主教的詹姆斯二世試著奪回君主制在英國內戰期間喪失的一部分權力。他也試圖讓英國跟歐洲最大的天主教強國，法國，締結更緊密的盟友關係。結果光榮革命讓詹姆斯二世下台，繼位的是奧蘭治的威廉，他信仰新教，而且十分合宜地娶了同樣信奉新教的詹姆斯女兒瑪莉，登基條件是同意縮限王室的權力。一六八九年二月國會向威廉提交了一部權利法案，其中列舉了英國人「自古以來享有的權利與自由」，並提醒他，如果他想加稅、廢止法律或建立常備軍隊，需要經過國會的同意。財產權，以及有產菁英的權利，開始蓋過國王的權力。洛克於一六八八年隨瑪莉從流亡中返回英國。他非常熱切地支持新政權，在新政權於一六九四年建立英格蘭銀行時，他也是投資者之一。英格蘭銀行是這個新政權最重要的成就；英國日後成為世界金融的超級強權就是奠基於此。[27]

光榮革命是現代自由主義國家發展的轉捩點。英國自此已沒有可能照法國的榜樣成為一個專制國家，這讓激進人士有了控訴英國政府過度揮霍的餘地。[28]要衡量一個十八世紀的英國人有多激進，有一項很好的標準，那就是他願意付出什麼代價來限制這隻利維坦巨獸。有些思想家認為政府是次要的，如亞當・斯密（1723–1790）相信，市場才是推動進步真正的力量，所以政府最好不要介入市場。斯密的蘇格蘭同鄉大衛・休姆（1711–1776），則把焦點放在權力分立與法之統治上。湯馬斯・佩恩（1737–1809）對政府提出更直接的攻擊：他相信人民天生就能合理地安排自己的事務，除非被教會欺騙或被統治者霸凌。在《常識》（美國獨立革命前夕在美國出版）與《人之權利》（法國大革命不久前在英國出版）兩本書中，佩恩斥責政府就像寄生蟲。

「社會是應我們的需要而生，而政府是應我們的惡劣而生。前者藉由連繫我們的情感，正面地促進了我們的福祉，後者藉由限制我們的惡性，從反面增進我們的幸福」，這是佩恩一個有名的段落。「社會在每個國家裡都是一種好事，但是政府在哪怕是最好的國家裡也是一個必要之惡」，這是佩恩的另一句名言。[29]佩恩認為政府不過是個工具，功能是向社會其他人徵稅，然後用這些稅支持富人的鋪張與宮廷的浮華。

在歐陸大多地方，關於政府規模的爭論都是插曲。（只有）荷蘭人與斯堪地那維亞人的憂慮與英國人相同。少數歐陸自由派做出類似的呼籲，要求積極抵抗。但是在絕大多數情況下，重量級思想家關注的焦點都落在他們認為最重大的議題上。盧梭在《社會契約論》（1762）裡全盤推翻了霍布斯的主張，認為「人天生是自由的；但是他到處都被束縛。」對盧梭來說，政治根本的目的不在限制利維坦，而是要確保利維坦在「普遍意志」（general will）的控制之下。這使盧梭成為一個比洛克更具民主意識的思想家。但是這個想法也模糊了解放（liberation）與極權（totalitarianism）之間的界線，從而產生了災難性的後果。湯馬斯．卡萊爾說得最好：《社會契約論》第二版，是用那些嘲笑過第一版的人的皮所裝訂的。[30]

這些理念遠不只是無聊的玄想。佩恩相信「我們有能力讓世界重新開始」，[31]而且在十八世紀中好幾十年的時間裡似乎也是如此。在美國，開國元勳從英國的自由派傳統裡為他們的新國家找到一個範例。他們接受霍布斯的看法，認為人不是天使，但是他們得出與霍布斯相反的結論：與其把權力集中到一個統治者手裡，你更應該把權力盡可能地分割，允許不同派系的存在，好讓他們互相制衡。他們也接受洛克的觀點，認為政府最重要的目的是保護個人過自己生活的權利，特別是個人的生命、自由與幸福，而這一切當然都跟保護財產權不能分開。新成立的美國最獨特的地方，就是統治權的分割：分給不同部門以及不同層級的政府。

這是很激進的東西。美國革命的結果以最完美的方式體現了自由的理念。美國是「屬於未來的國度；在將來的時代裡，世界歷史的重擔將在那裡自我展現」，如黑格爾後來所形容。但是在十八世紀晚期，美國還是一個人口稀少、處在文明世界邊陲的國家。文明世界的中心仍然在歐洲；在那裡，美國革命被一個更加血腥的事件蓋過去了。

法國大革命深深動搖了歐洲的根基。這個事件強力且正面地襲擊了舊歐洲之所以成立的基礎：國王與貴族對世俗事務的統治以及教士對宗教事務的支配。法國大革命宣示一套完全不同的根本原則：所有的人生而平等，以及一切論述應該接受理性的檢驗。盧梭是他們擁抱的最重要哲學家，就像俄國革命擁抱馬克思那樣：一七八九年的《人民和公民權宣言》有一些段落是一字不改從盧梭的巨著裡引用出來的，巴黎也有一個區被命名為「社會契約」(Contrat Social)。

這場革命席捲了歐洲。但即便在擴散途中，革命的根本原則就從內部崩壞了。理性的統治變成斷頭台的統治，人民的統治變成狂熱分子的獨裁。依照一位革命人士的描述，在一七九二到九三年的恐怖統治期間，大革命連自己的孩子都照樣吞噬。於是人們希望找到一種更能長久維持的秩序。結果拿破崙把自己變成了皇帝，並且把皇室頭銜賜給自己的兄弟姊妹。一八一四年的波旁王朝復辟完成了這個回到現狀的過程。與美國開國元勳不同的是，法國的革命人士從未面對限制國家權力的問題。他們只是砍掉舊制度(ancien régime)，用新的官員取代國王與貴族而已。

為了了解快速發展的自由主義革命，我們將跳過美國與法國，回到世界最強大的帝國中心以及工業革命的漩渦本身：英國。英國的哲學激進派在某些面向上就跟美國革命的發動者一樣特別：他們面對一個被層層的歷史傳統包覆的古老國家，然後依照效率與公開競爭的自由主義原則將之改頭換面。維多利亞時代的自由主義者全盤掃除了加諸在個人活力上的限制。他們根除一切可能限制個人自由的異常因素，特別是在經濟自由上；他們把英才統治灌注到政府的骨子裡。霍布斯式的國家向它更為自由的後人敞開了大門，而這些人又鋪了一條路通往福利國家。

這些過程都體現在一個維多利亞時代的人身上。

CHAPTER 2

# 約翰．彌爾與自由主義國家 John Stuart Mill and the Liberal State

約翰．史都華．彌爾是歐洲進步的一個鮮活例證。生於一八〇六年，霍布斯死後一百二十七年，他所處的英國已經非常不同；散發出改善、改良與樂觀，而不是充斥著失能、恩庇與恐懼。彌爾不需要像卡芬迪希家族這樣的貴族贊助人。他的父親詹姆斯本身也是一位出色的思想家，詹姆斯把約翰養育成一個神童，讓他可以靠自己行走世界。彌爾的職業生涯相對現代：他在公司任職（東印度公司），出任代表（倫敦）西敏寺區的國會議員，也是一個公共知識分子（在當時大多數主要報刊上發表文章）。彌爾沒有經歷過內戰或流亡：他在自傳的開頭處向讀者道歉「只能講述像我這樣如此缺乏起伏的生平」。[1]彌爾寫到的唯一戰鬥，是三歲時為了克服希臘文、八歲時為了掌握拉丁文而做的奮戰。他唯一見過的革命，是一次和平的權力移轉：從思想狹隘的領地貴族轉移到包括彌爾家族與卡芬迪希家族這樣眼界遠為開闊的智識菁英。

彌爾的這種生涯也反映在他的思想裡。他主要的政治關切不是如何從混亂中創造秩序，而是如何確保秩序的受益者可以把能力發展到極致，並因此達成幸福。他的焦點在於如何移除自我實現的障礙，並由此提升日後以賽亞．柏林所稱的「消極自由」(negative liberty)。但是這把利維坦放在哪裡呢？一開始彌爾認為答案很簡單，就是一個最小的、不干預的政府，即「守夜人國家」(這個說法彌爾從未使用過，但是可以總結他的意思)。不過隨著年紀漸長，他開始修正自己的想法。一個讓窮人沒有機會受良好教育的國家，難道不也是限制了他本來可能獲得的幸福與自由嗎？要說明西方自由主義的核心爭論，彌爾是最佳的範例：一開始是純粹的小政府自由主義者，後來卻逐漸接受大政府有其必要。

彌爾是由一群維多利亞時代的知識分子所養成，這群被稱為「哲學激進派」的人，畢生致力於讓英國由領地貴族與英國國教教士所把持的舊制度中改頭換面。其中也包括對彌爾產生最重大影響的一個人：他的父親。詹姆斯．彌爾生於蘇格蘭的一個貧窮家庭，但是靠著才華與努力在顯赫的東印度公司得到一份令人羨慕的工作。他完成了一項關於英國如何涉入印度的經典研究，並兼差當報紙的自由供稿人以養活他新組的家庭，也把他的長子約翰．史都華訓練成一名極其出色的知識分子。詹姆斯的最重要格言是「自由」、「理性」與「努力」，而且他相信英國傳統的封建領主對這三者構成威脅。[2]如果無所事事的地主靠著其他人的勞力成果過著豐碩的生活，工業如何可能興盛？如果無知的教士決定人們的思想，科學理性如何進步？約翰·史都華回憶，他在童年學到的非常重要一課，就是宗教改革是「一場為了思想自由而對教士的暴政所進行的重大且關鍵性的爭鬥」。[3]他也沒有忘記家裡的晚餐桌上關於普遍選舉權的辯論，儘管所謂的「普遍」仍然以三十歲以上的男性為限。

詹姆斯之所以讓兒子接受這樣超乎尋常的教育，出於一個實際的動機：他希望兒子成為「世界的改革者」，[4]一個瞄準舊制度而且火力超強的武器。他把這位年輕的改革者引介到一個名副其實的茶黨裡。[1]在這個由支持小政府的名流所組成的團體當中，約翰·史都華的教父傑瑞米·邊沁是效用主義（Utilitarianism）的創建者，而且依照小男孩的說法，這位「一切曾經活過的人裡面實際上最慈善的人」教導他，所有制度面對的真正考驗並不是能夠存續多久，而是能不能給最大多數人帶來最大的福祉。英國當時頂尖的經濟學家大衛·李嘉圖，教導小彌爾財富是可以透過人的努

1 這裡的茶黨（Tea Party）指的並不是歐巴馬總統上任後，反對給汽車業紓困、反對推行健保法案、反對增加政府開支以刺激經濟成長的茶黨運動，而是一七七三年十二月十六日為了抗議英國政府徵紅茶稅但北美殖民地在國會卻沒有代表權的波士頓茶黨。

力而加倍的東西，而不是以土地的形式固著不變的東西。這個早熟的小彌爾所遇到的每一個人都同意，成功的秘訣在於把私人的事業從國家僵死的手裡釋放出來，並且給自由的心靈與自由的市場盡情發揮的空間，也就是讓人有思考與發聲的自由，有探索與發明的自由，以及有低價買入與高價賣出的自由。

這些哲學激進派是一個更廣泛的運動的前鋒，針對的是威廉·科貝特所痛批的那個「舊腐敗」。[2]約翰·韋德編纂了一本《異常黑皮書》，[3]從一八一六年初版之後又再版多次；書裡揭露了數以百計的貪腐情事，有安插人事、年金、掛名乾薪、裙帶關係與不當兼職，範圍遍佈宮廷、教會、政府部門、殖民地總督府、市營公司、公會、互助團體、司法界、軍方等不一而足。一八三〇年一份激進刊物指出，光是格倫維爾與鄧達斯兩個家族，[4]「在過去四十年裡靠掛名乾薪獲得的金錢，就足以在相同時間裡讓整個美國政府維持運轉。」[5]當時有一首流行的打油詩，開頭兩行是：

上院貴族是什麼？是個無用的東西，
是個昂貴的玩具，儘討國王的歡喜……

這首詩接下來形容貴族是「聖誕樹上閃亮的裝飾品」，是「俗豔的展示品」，「沉重的負擔」，「不工作的雄蜂」，也是「啃吃國庫的窮人」。小說家也加入揭發貪腐的行列。狄更斯在《荒涼山莊》（1853）裡把英國的司法體制諷刺地形容為一種荒誕的時間浪費，又在《小杜麗》（1857）裡創造了「紆迴推托辦公室」：一個致力於阻礙進步的政府部會。

彌爾的一生與霍布斯時代以來英國政府最重要的改變密不可分：一場由特權、恩庇與買官構成的舊制度改換成資本主義國家的寧靜革命。從一八一五年到一八七○年的歷屆政府廢除了一連串與貨物自由貿易原則相抵觸的法令，包括關閉東印度

2 威廉・科貝特（William Cobbett, 1763-1835），出身農家的記者，對於腐敗的既得利益階層深惡痛絕而主張激進的國會改革，他的努力促成了一八三二年的改革法案，使得中產階級有機會進入下議院，包括他自己。科貝特所痛批的舊腐敗，指涉一七八○到一八六○年間，英國政府運用年金、閒缺、乾薪等手段收買攏絡人心的時代。

3 約翰・韋德（John Wade, 1788-1875），英國作家，曾為《旁觀者》週刊撰稿長達三十年，最有名的代表作為《黑皮書，或揭發腐敗》（*The Black Book, or, Corruption Unmask*）。《異常黑皮書》的完整書名則為《異常黑皮書：教會、國家、法院、代議機關、市府與企業組織濫權大觀》（*The Extraordinary Black Book: An Exposition of Abuses in Church and State, Courts of Law, Representation, Municipal and Corporate Bodies*）。

4 格倫維爾（Grenvilles）與鄧達斯（Dundases）是英國兩個顯赫的政治世家。格倫維爾家族出過四任英國首相：喬治・格倫維爾、老皮特（女婿）、小皮特（外孫）、威廉・格倫維爾（孫子）。來自蘇格蘭的鄧達斯家族則活躍於國會、法界和海外殖民地。

公司（1874）、取消進口西印度砂糖的優惠關稅（1846）、廢止〔不准使用外國船舶以及與外國進行貿易的〕航海法案（1849）以及〔不准進口外國穀物或課以關稅的〕穀物法（1846）。這些歷屆政府也禁止了一連串違反英才政治的作為。過去有權勢的英國人常把政府官職視為自己能任意買進賣出的私人財產，或者當成施予恩庇的工具，或者乾脆自己佔缺卻什麼事也不做。據一七八四年某位好事者抱怨，財政部職員名單上有兩位法務人員，其中一個從一七四四年起就沒有再來上過班。[6]

維多利亞時代的改革者要求，公職的任用必須根據個人才能而不是家族關係。後來又更進一步，他們堅持政府要解決問題而不是收稅不辦事。於是擴展中的城市有了下水道系統與巡警隊（當時的警察被稱為「伯比」，bobbies，來自發明這個制度的羅伯特．皮爾爵士）。鐵路得以建造、道路重新鋪設，「白廳」[5]被整頓一新。選舉權擴大適用。當彌爾出生時，只有擁有資產並加入英國聖公會的男性（大約七分之一的男性）才可以投票，而且全國到處都有「腐爛選區」（指那些被勢力強大的恩庇主所控制的國會選區）。一連串的改革法案與解放立法擴大了選舉權的適用，以至於到了一八八四年，每三名男性就有兩名可以投票。

這些維多利亞時期的改革產生了非同小可的影響：即便要面對快速工業化的社會所帶來的問題，但英國政府的規模縮小了。早期的維多利亞改革者，藉由不從事對外戰爭以及對「舊腐敗」進行短暫攻擊，為小政府打下了基礎。從一八一六年到一八四六年這段期間，即使人口增加了幾乎百分之五十，來自各種稅徵的歲入總額仍然從將近八千萬英鎊下跌到六千萬英鎊以下。[7]到了維多利亞時代中期，藉由強化政府對國庫的管理能力以及追求「和平、緊縮」政策，改革者又進一步擴大成果。威廉·格萊斯頓是這第二階段改革的核心人物。他先是於一八五二至一八五五年以及一八五九至一八六六年擔任財政大臣，然後一連當了四屆首相。他熱切地相信錢「要留在人民的口袋裡才會有豐碩的結果」，也懷抱著要把所得稅降到零的夢想（這個夢雖然沒能實現，但他還是在一八六〇年代連續三年成功減稅，把每鎊所得的稅額從七便士降到四便士）。他也盡其可能地減輕勞動階級的負擔：廢除對生活必需品的稅目。對於憲章運動者[6]的訴求「沒有民意代表就不繳稅」，他相信最好的回應不是增加民意代表，而是降低賦稅。

格萊斯頓跟其他維多利亞時代的「撙節開支者」迫使中央政府盡可能地樸素簡

5 白廳（Whitehall）本是倫敦中心的一條街，如今泛指英國政府所在地。

6 憲章運動者（Chartist），憲章運動是一八三八到五八年由英國勞動階級所發起的普選運動，他們在一八三八年的《人民憲章》中要求：凡年滿二十一歲的成年男子都有選舉權、秘密投票、無需財產限制、國會議員應該支薪、選區劃分要符合人口比例、一年選舉一次。

約。他們把政府的基本功能削減到不能再少，然後再在這些最低限度的項目上厲行節約。格萊斯頓自豪於「省下了蠟燭頭與乳酪屑，以增進國人的福祉」，如他自己所形容。他從未停止為打擊貪腐與鋪張而奮鬥。他甚至命令政府各部門使用比較便宜的書寫用紙。他對抗浪費最重要的武器是透明：帳目清楚明白，攤開來一目了然。有鑑於十八世紀的財政事務基本上難以理解，格萊斯頓跟他的同僚投注心力，讓人們盡可能容易地看出政府的收入來自哪裡，又花到哪裡去。[8]透明成了節約的守衛，正如同混亂曾經是鋪張的幫手。

這些撙節開支的人相信，「任何事情，如果民間自發可以做得更好或做得同樣好，就不應該由政府來做」，如格萊斯頓在一份政黨宣言裡寫道。他們讓民間自發創辦的醫院負責醫療照護，讓工會負責失業保險。他們盡可能讓地方政府負擔更多的職責，因為地方政府更容易發現哪裡浪費，也較不可能容忍浪費。他們廣泛地使用評鑑與獎勵，以便從公共支出裡擠出最大的效益。政府還頒佈了一套強調讀、寫、算數能力的全國課程標準，即「一八六二年修訂課綱」，同時透過全國性的教學視察以及薪資反映教學成效等辦法，以確保這些課程內容能灌輸到小學生的腦裡。

維多利亞中期的改革者也強化了英才統治的重要性。一八五四年斯塔福特·諾斯科特爵士與查爾斯·特里維廉爵士兩人，提出一份以漂亮的字跡寫在短短二十三頁紙上的計劃，建議公務部門應以公開競爭為基礎予以重新組織。這項計劃影響非常深遠。[9]「大型的公共事業不斷增加」意味著英國需要一個新政府來面對新時代。舊的恩庇體系讓貴族們得以濫用公職來收容才能低劣的家族成員，包括「懶惰的、沒用的、愚昧的、肺癆的、整天懷疑自己患病的以及有發瘋傾向的」。[10]諾斯科特與特里維廉指出，在運作良好的行業裡，「有能力與有活力的人會向上爬升，愚笨與無效率的人會留在底層。但是在公家機關裡的通行規則卻是，所有人一起晉升。」[11]他們提出的解決辦法是，根據公開考試的成績來招募新人，然後根據他們的績效來決定升遷。公開考試測驗的是一般智力而不只是考生的學院成績。諾斯科特與特里維廉的主旨不只是行政績效，也有道德革新的意味。他們想要提倡勤勞工作與自立自主的美德，並掃除依賴與貪腐等「道德疾病」。彌爾熱切支持這一切；他非常期待「這場偉大且有益的道德革命」能夠實現，讓國家「給予獎勵時是根據表現的優劣而非人情的好惡」。[12]許多屬於舊秩序的人對英才統治興趣不高，在保守派不斷阻撓之下，諾斯科特與特里維廉的改革方案直到一八七〇年才終於在公務部門中完全實現。然而不管用哪種標準，跟從前的政府比起來，維多利亞時代的英國政府是一隻瘦削得多、效率也高得多的巨獸。

這種堅定不移地讓國家的角色從各種事務中退出的努力，讓這些維多利亞改革者同時顯得嚴酷又顯得寬容。一方面，窮人如果丟了工作，就喪失了自由。你彷彿可以聽到詹姆斯・彌爾（說是李光耀也可以）對懶惰的訓誡。丟掉你的工作，反映的是你道德的失敗，而不是市場的失敗。窮人會被剝奪投票權，而且被發派到形同懲罰的勞動濟貧院，以阻卻他們的懶惰習性，並提供給他們好好工作與儲蓄的動機。但是另一方面，對那些尋求庇護的外國人，維多利亞改革者卻更有同情心，特別是在歐洲的一八四八年革命失敗之後。當一八四四年英國政府決定拆閱朱塞佩・馬志尼（義大利民族主義者，刻正在倫敦流亡）寄出的信件時，輿論為之嘩然。之後英國政府便廢除拆閱私人信件這項古老措施，接下來的三十年間，政府完全停止對本國國民或外國人的監控，即便歐陸的革命一觸即發，而且英國社會正經歷史上最劇烈的改變：數以百萬計的人從鄉下湧向城市；成千上萬的人為爭取擴大選舉權而走上街頭。[13]皮爾堅持他的警隊要穿上制服，以便跟便衣密探有所區隔；便衣在當時的歐陸非常普遍。

維多利亞改革者認為，小政府的自由主義就是歷史發展的終點。哈莉葉特・馬蒂諾寫了一部英國史來主張，這些進步的動力，就在於實用邊沁主義。另一位同樣激進的歷史家喬治・葛羅特認為，古希臘人就是哲學激進派（即使這個概念當時尚未誕生），因為他們的世界展現了小政府與自由個人主義的美德。一八五一年的萬國工業博覽會，普遍被解讀為展示自由貿易的神奇力量。這股力量同樣催生了大英帝國。

十九世紀中葉橫掃歐洲的自由主義運動同時擁抱了小政府與西敏寺模式。[7]一八四八年革命代表的是對貴族統治與其浮華浪費所發出的抗議與怒吼。對歐陸的現代化革命者來說，訊息很簡單：如果連世界上最強國家的治理者都專心致志於把政府變小，那他們為什麼要忍受任何其他選項？而且英國不是唯一的榜樣。在大西洋彼岸的美國同樣傳來自由主義的迴響：托克維爾曾於一八三〇年代到美國巡迴拜訪；他的結論是：美國的憲政民主運作地如此良好，以至於這個國家完全用不著政府，只要鄉鎮會議（town meeting）就能解決一切。（第七任美國總統）安德魯·傑克森認為政府是一種「敵人」，專門幫有權有勢的人鞏固他們的特權與補助。[14]《民主論評》（1837–1859）則於一八三八年清楚表明，「最好的政府就是管治最少的政府」，並且把經營郵政、瘋人院與檢查麵包坊列為無論用什麼理由政府都永遠不該插手的項目。「一個強大且積極的民主政府，在一般意義下來說，是一種惡，跟一個強大的暴君體制相比，只有程度與手段的差別，但本質是一樣的……政府應該盡可能不介入人民的一般事務與利益。」[15]

7 西敏寺模式（Westminster model）指的是依循英國國會體制的議會民主制。

彌爾是這場全球運動的核心人物。他在《政治經濟學原理》書中是如此旗幟鮮明地鼓吹自由貿易，以至於一名美國評論家給他取了「邪惡自由貿易陛下」的綽號。[16]彌爾的《論自由》(1859)即使在今天也還是小政府鼓吹者的聖經。彌爾認為，如果要介入其他人的生活，唯一合理的理由是防止他們製造傷害。若非如此，就不該對他人橫加干預。這種對自由的激進觀點，不只讓個體獲得以自己的方式追求私人利益的自由，也讓社會整體從其組成分子的旺盛活動中得到利益。彌爾最熱切擁護的是智性的自由。他相信，不受限制的意見衝撞，能同時促進三大美德：汰除低劣的觀點，從而獲致真理；迫使統治者為所做的決策辯解，從而促進良好治理；以及，鼓勵人們更積極地參與集體事務，從而助長自我發展。

對於二十一世紀的激進派來說，要為一個權力過大又表現不佳的政府找出改革之道，十九世紀的英國是個絕佳的起點。維多利亞時代的自由主義者創造了一個成本更低、規模更小但表現遠遠更好的政府。但是在某位共和黨國會議員開始考慮把「甘迺迪機場」(JFK)改成「彌爾機場」(JSM)之前，還有一個問題要注意，那就是：自由主義並不是一直都奉持小政府信條。隨著十九世紀的進展，自由主義也擴大了目標。而彌爾本人，這位宣揚自由的使徒，正是此項轉變的核心人物。

## ❖大政府自由主義？

彌爾也有另外一面。他是行動派，喜歡干預，甚至好為人師。他的小政府原則一直帶有一種非常英國式的實用主義，更不要說帶有一定程度的個人利益。彌爾能過上優渥的生活，受益於恩庇與壟斷這對邪惡雙胞胎。他的父親為他在東印度公司安插了一個直屬部下的職位（後來則讓他接下自己的位置）。[17]這家公司本身就是舊秩序一切錯誤的示範：由於是獨佔事業，這家公司把世界上可觀的財富移轉到屈指可數的英國人口袋裡；而這些人的貪婪與鋪張浮華給英文留下了「nabob」（從印度發大財後返國的英國富豪）以及「loot」（劫掠）兩個字。雖然主張自由貿易，彌爾卻總是給自己的僱主開脫。雖然信奉自由主義，彌爾卻總是對帝國主義有好話可說。當李查・柯柏登與約翰・布萊特抨擊帝國主義是上層階級的「院外救濟」系統時，[8]彌爾卻為

8 李查・柯柏登（Richard Cobden, 1904-1865）和約翰・布萊特（John Bright, 1811-1889），曼徹斯特自由主義運動的代表性人物，強力支持自由貿易的下議院議員，兩人共同參與了「反穀物法同盟」與「柯柏登—夏佛利耶合約」，分別成功地在一八四六年廢止了穀物法以及在一八六〇年簽署了英法自由貿易協定。「院外救濟」（outdoor relief）指的是英國濟貧法當中對於無須進入濟貧院安置（indoor relief）的窮人給予金錢、食物、衣物的協助。柯柏登與布萊特藉此批評英國的上層階級到海外殖民地作威作福，形同給了他們院外救濟。

之辯護，說這是白人文明使命的一部分。

彌爾開始進行一場又一場的智性探險。他對父親理所當然的放任主義抱持越來越批判的態度，並且日漸傾向溫和的社會學。如果笨蛋被送去讀伊頓公學，而天才被送去清洗煙囪，你要如何判斷個人的貢獻與價值？如果社會對於其成員能否獲得一個良好的人生起跑點不在乎也不介入，那麼一個人要如何充分發揮他的可能性？邊沁認為，所有社會都可以用同一個抽象的標準，最大多數人的最大福祉，來予以評價；現在這個信念受到彌爾的質疑。對古代埃及人有益的事情，就必然對現代英國人有益嗎？對一個社會來說，讀詩應該比玩「推圖釘」[9]這樣的通俗遊戲好得多吧？國家有責任讓大眾更為文明。

更廣泛的投票權、更多的國家干預，彌爾向左跨出這一步並不容易。由於擔心民主會變成無知愚民的暴政，他相信大學畢業生應該享有額外的選票（牛津、劍橋以及少數幾所英國大學畢業生直到一九五〇年為止也確實享有兩票的特權）。但是彌爾找到越來越多他認為國家應該做的事情。他的門生之一亨利．西奇威克注意到，彌爾的《政治經濟學原理》，曼徹斯特自由主義運動的聖經，到了第三與第四版時變成了集體主義的辯詞。古典自由主義最重要的捍衛者之一A．V．迪西[10]，擔心彌爾的效用主義不只變得稀薄了，還轉變成新的修正版：「人們應該願意追求自己的利益

（以及由此而來的福祉）」這個核心理念走樣了，變成「人們應該願意犧牲自己的福祉，以便保障其他人的福祉」。[18]

在這些問題上，彌爾都順著輿論的潮流走。光靠自由貿易不能回答一個快速工業化社會所遭遇的許多實際問題，比如控制傳染病、提供國民教育等。越來越多人把快速擴張的文明所帶來的痛苦歸咎於自由的個人主義。湯馬斯·卡萊爾痛斥自由放任主義有如「機械般」與斷喪人性。伊莉莎白·加斯克爾在小說《瑪莉·巴頓》（1848）中對罷工的勞工有同情的描述。對於狄更斯這樣的社會改革者來說，效用主義比「舊腐敗」好不到哪裡去；他在《艱難時世》（1854）書中把效用主義當成了冷酷算計的代名詞。查爾斯·金斯利在小說《阿爾頓·洛克》（1850）中將政府干預等同於基督教道德；書中對進行罷工的憲章運動者也表達了同情。

教育是新舊版自由主義開始會合的領域。改革者們先是把焦點放在開放競爭之上，作為一種對抗「舊腐敗」的武器。成立於一八五〇年的「皇家牛津與劍橋入院評

9 推圖釘（push-pin）是一種英國孩童玩的遊戲，兩個人（或更多人）把圖釘放在桌上，先後向前推，誰先把自己的圖釘壓在別人的圖釘上，誰就贏了。這個字後來被引申為「沒價值的娛樂」。

10 A·V·迪西（1835-1922），英國憲政專家、法官，是最早把「法之統治」（rule of law）一詞予以普及化的學者。

議委員會」主張，過去限制新成員只能來自特定地區、學校與家族，導致牛津與劍橋充斥了笨蛋跟貪圖享受的傢伙；這些人成天坐在那裡喝酒，而不是教書。「一些資質本來適合當鄉村牧師的人，只因為生在拉特蘭郡的某個教區，也就在引誘之下留在牛津當教員，結果這些人不但不適合當牛津教員，而且什麼別的事都不會做」，如委員會成員弗雷德里克・坦普爾所抱怨。[19]唯一的解決辦法是把學院裡的職位「對優秀者開放，而且只對他們開放」。另一個公學（即私立中學）入學評議委員會也痛斥這些學校所辦的教育。亨利・西奇威克，當時還是劍橋一位年輕的哲學家，直斥伊頓公學「令人深惡痛絕」，「是古老時代無用的殘餘，修道院生活的遺跡；理想上住的應該是克己忘我、專事研究的學者，實際上加入的卻常常是奢侈浮華又沒文化的懶惰蟲」。[20]隨著英國歷史悠久的學校對有才華者開放之後，改革者們又開始把重點放在教育機會的普及上。西奇威克關注菁英學生的姊妹們也要受教育，便在劍橋大學創立了紐納姆學院[11]。馬修・阿諾德、威廉・福斯特以及羅伯特・洛韋則提倡國民教育。他們想要建立一套小學系統，讓所有人獲得基礎教育；他們也想打造一個機會的階梯，讓才華出眾的人，哪怕是出身最卑微的學校，也能登上最高貴的職位。洛韋在格萊斯頓的內閣裡也許是個減稅的財政大臣，但是他也認為國家必須投資更多錢來「教育我們的主人」。在維多利亞晚期的英國，這個苗條、自我節制的政府開始擴張。它的任務不再只是開放自由貿易，它也開始想辦法教化這個「黑暗的惡魔工廠」(the dark, satanic mills)[12]。

## ❖向左看

彌爾於一八七三年死去的時候，作為維多利亞極盛時期自由主義代表作的《論自由》，卻受到來自四面八方的批評。憂心國家尊崇不再的政治人物，憂心憐憫之情不再的教會人士，憂心正義何在的哲學家，以及憂心下水道該怎麼辦的實務派，當然還有憂心資本主義肆虐的社會主義者，這些人全都感到不滿。

這時還剩下的純粹自由主義者已經不多。赫爾伯特・史賓塞可以說是一八七〇與八〇年代最顯赫的公共知識分子；他持續在主流報刊（包括提供他居所多年的《經濟學人》）上發表文章，也撰寫了如《國家權力與個人自由》這樣的暢銷書。史賓塞不只是個毫不妥協的自由市場捍衛者：他相信，任何對市場的干預，哪怕是立法防

11 紐納姆學院（Newnham College），創立於一八七一年，是劍橋大學專收女子的學院。
12 出自英國詩人威廉・布萊克（William Blake）長詩《米爾頓》（*Milton, a Poem*）的自序，「黑暗的惡魔工廠」指的就是工業革命。

止八歲小孩被送去清洗煙囪，也無可避免將導致社會主義。他援引達爾文來支持自由市場：大自然裡的生存競爭（他用「齒爪都染著鮮血」這樣強烈的語詞來形容）就跟經濟裡的生存競爭一樣。社會改革無可避免要導致國家民族的退化，因為這種改革會懲罰值得尊敬的階級，同時獎勵那些恣意放蕩的窮人以及他們成群的小孩。

格萊斯頓也堅持初衷：「我們這個時代傾向於認為政府應該做各種事，認為政府對一切都有義務」，他於一八八九年如此警告。[21]「一個人本來自己該做的事情，如果讓政府替他做了，那麼政府給他施加的損害，將會大於他從政府得到的利益。」這還是出自一位偉大的社會改革者之口。

然而到了十九世紀即將結束時，這些純粹的自由主義者不再是主流了。格萊斯頓死於一八九八年；備受尊敬，但被視為另一個時代的人物。史賓塞死於五年之後，死時被認為是一個冷血的怪人。越來越多的國家干預成為常態，特別是在歐陸，那裡的專制傳統比英國強大得多，古典自由主義的傳統則相對衰弱。法國創造了一個菁英文官階層，讓他們以社會團結之名掌管國家。德國於一八七一年在俾斯麥手上完成了統一大業，由普魯士人打造了歐洲最強有力的國家，歐洲最好的一般學校與大學，最先進的年金制度，最井然有序的行政管理，也建立了一支能輕鬆打敗法國的軍隊。

德國的崛起讓黑格爾從一個邊緣的角色——叔本華奚落他的話「一個噁心、廢話連篇、虛假、腦袋平庸的三流作家」十分出名——搖身變成新時代的先知。黑格爾（1770–1831）跟彌爾的父親（1773–1836）是同時代人，但是黑格爾所擁抱的，卻是這位偉大的蘇格蘭思想家所鄙視的一切：黑格爾重視形上學而非常識，重視國家崇拜而非市場運作。他認為國家不外乎是理性與進步的化身（用他自己的話來說，是「上帝在地上的行軍」），而官僚（特別是普魯士的官僚）則是一種普遍的階級，其任務在於增進一般人的福祉，以凌駕只顧自身利益的資本家與勞工之上。隨著維多利亞自由主義的西山日薄，黑格爾在英國與他國得到了不少追隨者。在牛津，T．H．葛林把黑格爾的形上學跟巴利奧爾學院的崇高情懷結合起來，讓絡繹不絕的聰明青年服用他精釀的干預主義思想，比如赫伯特．阿斯奎斯，未來的自由黨首相，以及R．H．托尼，一九二〇與三〇年代極具影響力的知識分子。守夜人國家突然變成昨日遺跡，普魯士的「國家」（Reich）則成了衡量一切現代事物的標準。

到了十九世紀晚期，越來越多英國人開始提出一些不易回答的問題。新的強權國家，比如歐陸的德國以及大西洋彼岸的美國，都在蓬勃發展，英國工業化的優勢也逐漸喪失，那麼英國還能在世界上當老大嗎？從一八八三年到一九一三年之間，英國的工業製品佔世界貿易的比重從百分之三十七下跌到百分之二十五。[22]英國在一八九九至一九〇二年間的波爾戰爭中遭遇挫敗，更使這些焦慮浮上檯面。如果英國連一小群孤立的南非人都不能打垮，那麼一旦遭遇更強大的敵人，會發生什麼事呢？政治人物也擔憂英國人口孱弱的品質。比如說，在曼徹斯特，一萬一千名志願者當中，有八千人因為不適合兵役而被請回，不適合的原因包括：近視、雞胸、扁平足、佝僂、太矮、患病，或其他不合格的條件。自由放任的「落伍政策」使英國處在德國下風；德國有高關稅、有大企業、有正在萌芽的福利制度，這些都是英國不能比擬的。勞合．喬治在擔心英國靠「九流」的人口無法維持「一流」的帝國時，可說是總結了英國國內的這種情緒。[23]

英國最早嘗試的福利政策全都是針對這個問題。「學校醫療服務」，即英國「國民保健署」的原型，創立於一九〇七年，旨在逆轉高貴的英國種族所產生的劣化。向學校發放免費牛奶、免費餐點、建立強制性的健康檢查以及成立婦幼福利醫院，出發點都在於相信「民族的前進要靠兒童的腳步」。

自由主義的英國在十九世紀下半葉擁抱了積極國家論（state activism），而這股風潮也吹到大西洋的彼岸。亞伯拉罕．林肯的政府支持人口向西部擴張（一八六二年的公地放領法案）以及設置新的科技與農業大學（一八六二年的土地撥贈法案）。林肯認為，「政府的正當目標在於為社會人群做一切他們為了自己本來應該要做、但是依照他們分別與各自的能力，要麼根本做不到，要麼不能像政府做得那樣好的事。」[24]林肯的繼任者們，在面臨大型工業集團的興起以及勞工不滿日漸擴大的時候，又強化了這種積極國家論。

所以，從一八七〇年代起，利維坦強力地向左轉了。但是有一個大問題，它能向左轉多遠。在極左派最有力的聲音，當然，是卡爾·馬克思，一位留著大鬍子、受到那些開明的難民法律保護的人，他因此得以在大英圖書館辛勤工作數十年。你也許會認為馬克思是贊同大政府的，但是事實上他對於國家的規模或管轄範圍沒有多少興趣。在他看來，推動歷史的力量在於生產力，而不是在理念或憲政體制這類次要現象。擁有生產手段的人與出售勞動力的人之間的利益衝突，導致了永恆的階級鬥爭。國家不過是階級統治的一種工具：正好佔上風的階級——以馬克思的時代來說，是資產階級——所組成的一個委員會，以經營他們自己的共同事務。國家同時是統治階級的一種壓迫工具，用來讓勞動者無法抬頭。所以一旦你消滅了階級，國家就會「自行消亡」。由於不再需要統治（與壓迫）人們，國家的功能將僅僅是「管理一些事物」而已。

結果馬克思的理念對「國家」這個他如此貶抑的機關未來的發展產生了極大的影響。在往後的數十年中，這個世界總有一半人口不是生活在這種馬克思主義政權、就是生活在那種馬克思主義政權下。甚至到了今天，統治中國的共產黨仍一面宣誓對馬克思主義效忠，一面卻又擁抱市場機制。事實是馬克思的國家理論並不扎實，而且是一種特別危險的不扎實。

問題並不只是馬克思對於政府該如何組成幾乎沒有著墨。他主張「政治形式無關緊要」也是錯誤的。一個自由的倫敦跟一個威權的柏林之間有著巨大的差別。前者允許他在圖書館裡流連忘返，後者則讓他成為通緝犯。此外馬克思也沒有注意到，國家自身也可能成為一個利益團體，就像後來許多宣稱受他庇佑的國家以極端的形式所發生的那樣。然而他最大的錯誤是，他拒絕接受霍布斯的偉大洞見：要和平處理所有的人類事務，國家是不可或缺的。

馬克思對國家的天真看法奇怪地跟茶黨相似：只要來一場光榮革命，就再也沒人需要政府了，而問題就會自動消失。這個幼稚的觀點讓多少人喪失了性命。藉由把國家視為僅僅是階級控制的工具，他為獨裁統治鋪平了道路。在一個專門「管理事物」的國家之下，人們也被當成僅僅是事物來對待。如果德國政府不曾在一九一七年年初把列寧裝進一列密封的火車，並把他像一帖致命的毒藥那樣送到芬蘭車站的話，[13]那麼馬克思的國家理論只會被視為一個烏托邦思想的練習，跟他對資本主義有時十分犀利的洞見構成可憐的對照。然而在蘇聯已經解體、中國人也已擁抱國家資本主義的今天，他這個理論可以被如實地評價了：一個死胡同。

到了今天，只剩下平壤跟哈瓦那還嚴肅地把馬克思主義當成指導的泉源。然而，在現代關於國家規模與範圍的爭論，碧亞翠斯．韋伯仍然具有核心的重要性。

13 聖彼得堡的芬蘭車站，列寧從歐洲搭火車回到俄國發動十月革命的起點。

CHAPTER 3

# 碧亞翠斯・韋伯與福利國家
## Beatrice Webb and the Welfare State

福利國家是今天我們西方大多數人所生活的制度，而碧亞翠斯・韋伯是福利國家的教母。她所擘劃的這種新形態政府向公民提供了「強制性的最低限度的文明生活」，並因此啟動了讓政府越來越大的單向齒輪。她也訓練了一群知識分子與行政人員，以擴散她的信念以及在這個不斷膨脹的行政機器裡擔任職務。她最厲害的地方，是把不可想像的變得彷彿可以想像，把革命性的變得像自然演變，而且是在全世界範圍內推動這樣的變革。

她的一生，跟彌爾有點像，也呈現向左的漂移。碧亞翠斯・波特生於一八五八年維多利亞極盛期一個非常優越的環境裡，或者用她自己的話來說，「她的國家是世界上最聰明的，她的階級是英國當中最聰明的，她的家庭是這個階級裡最聰明的，而她則是這個家庭裡最聰明的那個。」[1]她的父親，李查・波特先是在克里米亞戰爭期間靠著給法國軍隊供應帳篷賺了大錢，然後又成為木材與鐵路大亨。最後他當上大西方鐵路公司總裁，在格洛斯特郡有一座莊園，也在倫敦購置了自己的宅邸。碧亞翠斯的母親，勞倫希娜，本身是一位出眾的知識分子，信奉自由放任的經濟制度，並為此發表過許多言論。赫爾伯特·史賓塞是她家中的常客，對年輕聰穎的碧亞翠斯特別喜愛。

然而隨著年紀漸長，碧亞翠斯對自己幼小時期種種理所當然的事提出了質疑，而且越來越強烈，以至於她最後被解除了史賓塞遺作執行人的職務。她堅決質問，為什麼權貴家族的愚蠢後代可以被送到最好的學校，但是貧困家庭的聰明孩子卻一點機會都沒有？為什麼誠實的勞動者應該墜入絕望之中，只因為市場走向衰退？她愛上約瑟夫·張伯倫[1]，一位重要的激進派；並與另外一位激進派，她的表親查爾斯·布思[2]，一起在倫敦的貧民區工作。然而是在遇到希德尼·韋伯之後，她的人生才真正被改變。希德尼的外表非常不起眼，跟美貌的碧亞翠斯形成強烈的對比：他的頭很大，身材矮小但是肚腹突出，總是穿著一件退流行的亮面西裝。但是希德尼有一顆永不疲倦的頭腦，對政府功能的擴張懷有熱切的想像：「在可實踐的範圍內實施集體擁有；在此範圍外進行集體監管；依照需求對所有失能與困厄者集體供應；根據財富比例集體徵稅，特別是針對剩餘財富。」[2]這讓碧亞翠斯十分傾倒。一八九二年她嫁給這位勤勞不懈的怪人，讓她所屬的階級深感震驚。她還寫了一系列書討論政府管理的煩瑣細節，頗有將自己的性慾昇華的意味，讓認識的同事比如H．G．威爾斯[3]覺得好笑。「我們了解到，關於未來世代的照料，唯一可以托付的只有政府」，碧亞翠斯在一段描述與希德尼共同生活時如是說。

碧亞翠斯．韋伯並不是霍布斯與彌爾那種類型的政治理論家。她的心力都用於關切行政管理的細節，而不是與抽象概念搏鬥。她最有份量的著作是一部厚達十冊的地方政府研究，於一九〇六與一九二九年之間定期出版。然而她的作品灌注了一種哲學視野：國家就是普遍理性與英國式明智判斷的具體呈現。她給支持國家主義的意識型態提供了主要的內容：國家代表計劃（有別與混亂）、英才政治（有別於世

1 約瑟夫．張伯倫（Joseph Chamberlain, 1836-1914），自由黨國會議員，因反對讓愛爾蘭自治而脫黨，另組自由統一黨（Liberal Unionist Party）。他和碧亞翠絲的戀情維持四年，終究因為無法接受女性獨立的思想而分手。他的第二個兒子就是在二戰前出任首相並與納粹德國締結慕尼黑協定的納維爾．張伯倫。

2 查爾斯．布思（Charles Booth, 1840-1916），積極從事社會改革的研究者，對倫敦勞工階級生活的紀錄影響了二十世紀初期的英國政府，從而推動了老人年金與補助貧童的營養午餐。布思的太太瑪麗．麥考萊是碧亞翠絲的表親。

3 H．G．威爾斯（H. G. Wells, 1866-1946）曾是費邊社成員，退出後嚴厲批評費邊社缺乏對經濟學與教育改革的認識。他也反對高爾頓的優生學，初期他只是認為人類的智識能力不足以進行育種，到了晚年他進一步主張人權應適用在所有人類身上。

襲特權），以及科學（有別於盲目的偏見）。她也理解到，知識分子如果組織起來並持續宣揚同一個理念，將會對歷史的發展造成巨大的影響，這正是右派後來所複製的策略。逐漸滲透，就是她促成改變的辦法。如果光靠出版宣傳小冊以及擔任各類皇家委員會的委員就能「充分影響社會所有的既存勢力」，那為什麼還要冒著流血流淚的危險去革命呢？韋伯夫婦加入「費邊社」，以召集社會主義的理想家們成為追隨者；設立倫敦經濟學院，以訓練新一代由世界各地前來的社會工程師；創辦《新政治家》，以為他們的社會主義革命搖旗吶喊。[4]

碧亞翠斯同樣體現了社會主義的黑暗面。她跟希德尼都讚揚史達林是新文明的總設計師；即使有證據指出數百萬人在烏克蘭死於飢荒（包括她的姪女婿馬爾科姆·馬格理奇所提供的證據），他倆也認為是反革命的政治宣傳而加以駁斥。韋伯夫婦對「『重視享樂的一般人』並不信賴」，而是放手讓「技術專家」去改善一般人的處境。[3]她把工會人士看成「笨蛋跟酒鬼」，對優生計劃的熱衷程度不下於對城鎮規劃：既然人民是強大國家的組成基石，那麼就讓利維坦來管理人民的生殖習慣也是理所當然。為什麼要允許不健康的人生育下一代，如果這些人會給其他國民增添許多問題？為什麼不鼓勵最聰明的人生更多小孩，如果這些孩子能增進國民整體的素質？當時左派普遍的看法是這樣的：同為費邊社成員的蕭伯納相信「唯一根本也唯一可能的社會主義，是把人類的配種予以社會化」，[4]同時哈洛德・拉斯基，重要的工黨知識分子以及倫敦經濟學院教授（約翰・甘迺迪剛好也是他的學生之一）則推崇法蘭西斯・高爾頓創始的優生學，並曾在高爾頓的主要助手卡爾・皮爾森手下研究過這個題目。[5]

4 創立於一八八四年的費邊社（Fabian Society），原本是前一年創立的新生活同人社（Fellowship of the New Life）分支，後來新生活同人社解散了，學術味濃厚的費邊社反而蒸蒸日上。倫敦經濟學院（London School of Economics）創立於一八九五年，如今全名是倫敦政經學院（London School of Economics and Political Science），本章提到的威廉・貝佛里奇和第七章提到「第三條路」的安東尼・紀登斯都擔任過該校院長。《新政治家》（*New Statesman*）週刊創辦於一九一三年，以現在的標準來看，屬於中間偏左的立場，凱因斯、羅素、吳爾芙、克里斯多福・希欽斯、保羅・約翰遜都曾為該刊撰稿。

5 蕭伯納（George Bernard Shaw, 1856-1950），一九二五年獲得諾貝爾文學獎的愛爾蘭劇作家，雖然是費邊社成員，但政治主張經常引發爭議。到了一九三〇年代甚至放棄費邊主義，轉而稱許希特勒與史達林。哈洛德・拉斯基（Harold Laski, 1893-1950），英國在兩次大戰之間支持社會主義最力的知識分子，印度獨立後的第一任總理尼赫魯便受到拉斯基很深的影響。原本擔任工黨主席的拉斯基由於鼓吹階級鬥爭與工人革命，甚至遭到被工黨除名的命運。

法蘭西斯・高爾頓（Frances Galton, 1822-1911），率先使用「優生學」（eugenics）一詞的統計學家與社會學家。他是達爾文的表弟，特別熱愛《物種起源》一書。他的代表作《遺傳的天才》（*Hereditary Genius*）主張人類的才能能夠透過遺傳延續下去。

卡爾・皮爾森（Karl Pearson, 1857-1936），高爾頓的學生，數理統計學的先驅，在倫敦大學學院開辦史上第一個大學統計系。

韋伯夫婦過人之處，在於把這種焦慮與理想主義的混合物轉化成一個簡單明瞭的政治運動。他們爭取英國所有三個政黨的好感，而不是把籌碼全都下在（他們協助成立的）工黨身上。他們擁抱每一個可能支持「集體主義」的論述，從社會正義到內政效率到帝國主義，而非擁抱任何單一政治理論。他們最後讓大多數受教育階層轉而相信，政府必須提供「全民最低限度的」福利與教育，而這是在一個世代之前不可想像的。就連邱吉爾這位碧亞翠斯批評為「自私自利、自以為是、見識短淺又保守反動」的先生，也認可「全民最低限度」以及「被除外的數百萬人」這樣的概念。

救助這些被除外的數百萬人，就是一九〇五至一九一五年的自由黨政府重大的內政目標：這項努力催生了貧困學童的免費午餐（一九〇六）、老人年金（一九〇八）、消滅貧窮計劃（一九〇九）、國民健康與失業保險（一九一一），以及韋伯夫婦的政治運動較為可議的部分，例如制定讓健康不適合者結紮的法律（一九一三）。突然間，兩件從前不存在的事變得很正常：對所有人口徵稅，以便向不幸者提供福利，以及社會福利不再帶有「窮人法案」的恥辱標籤。貧困成為一種不幸，而不是因為懶惰。

韋伯夫婦是一場影響廣泛的哲學革命的核心人物。英國政治傳統的基石，特別是自由與平等的概念，被重組與重新詮釋了。在古典的自由主義傳統裡，自由意味著免於受到外來的控制。平等意味著法律之前人人平等：終結領地貴族的法律特權一直是十八與十九世紀以來的重大爭鬥。但是現在自由被重新詮釋為免於匱乏的自由，而平等成了機會的均等（某種程度成了尊嚴的均等）。這中間包含了一個政府作為要更加積極的看法。提供免於匱乏的自由，就代表社會服務。提供機會的均等，就代表所有人都能上學，有才能的窮人也能進大學。教育不再只是社會地位的一種標誌，而越來越成為決定社會地位的因素。如果維多利亞極盛期的首要政治文本是彌爾的《論自由》，那麼兩次大戰之間的首要政治文本就是R・H・托尼的《論平等》（1931）。R・H・托尼是韋伯夫婦的門生，也是倫敦經濟學院的教授。

改善勞工的福祉本來就是托尼的工黨存在的理由。比較讓人訝異的是，保守黨以及保守黨領導的政府也一直堅守著韋伯夫婦所提倡的全民最低福祉的概念，甚至當他們與經濟大蕭條奮戰時，這個立場也沒有改變。社會福利部門的僱員在一九一四年至一九三三年間成長為原來的兩倍，在一九三三至一九四〇年間則成長四倍。哈洛德・麥克米蘭，未來的保守黨首相，是個典型的在一九三〇年代改信大政府主義的人：對勞動階層抱持貴族情懷的關切（他曾以禁衛隊軍官的身分打過壕溝戰）、對現狀採取保守的務實心態（不受干預的市場似乎已經造成失序狀態）以及對金融「冒險家」顯現出高傲的鄙視，在在都讓他確信政府必須介入，不只是為了照顧窮人，也為了引導經濟。國家計劃與政府干預是徹頭徹尾「現代」的，沒有一個充滿企圖心的政治人物不想與這些東西劃上等號。

經濟大蕭條也讓另一位英國知識分子登上全球爭論的舞台中央。約翰・梅納德・凱因斯是個自由主義者，而非社會主義者。與其跟韋伯夫婦一起喝開水，他更願意跟赫伯特・阿斯奎斯一起享受香檳。他也繼續堅定地效忠於逐漸沒落的自由派，而不轉向如日中天的工黨。就他的喜好來說，工黨對階級問題太過偏執，而凱因斯，用他自己的話來形容，「不是普通地」喜歡投資套利，不只給他自己賺來財富，也讓他的母校劍橋國王學院發了大財。此外他還是一個頑固不化的菁英主義者，希望保存維多利亞時代智識階層的高等文化。但是儘管如此，在《就業、利息與貨幣的一般理論》(1936)中，他還是對寬鬆放任的自由主義做出了至此最具毀滅性的批評，特別是對那個自由放任的核心奇想，以為資本主義是一種會自我修正的機制。

凱因斯批判的力道比起馬克思遠為巨大，一來因為他使用現代經濟學的語言來表達，二來也因為他寫作的出發點是一種恨鐵不成鋼的支持，而非憤怒的敵意（文筆之好更不在話下）。根本來說，凱因斯提出一種辦法，即謹慎地利用政府支出，以使資本主義免於自我毀滅。《一般理論》的一項重要觀察是，全面就業並不會像古典經濟學所主張的那樣自然達成。正好相反：資本主義的經濟體可能被高失業率給摧毀，而高失業率將導致需求降低，還可能帶來社會動盪。在經濟蕭條時，中央政府的任務是把支出投向公共建設與失業給付以提升需求。更仔細地看，凱因斯同時提到許多注意事項。凱因斯主張，政府的支出永遠不應該超過國內生產毛額的四分之一。[6]他信賴的是有機的社會力量，而不是抽象的政府計劃；他從頭到腳都是一個務實主義者。「對一個資本主義的政府來說，有根本原則是會要命的」，凱因斯寫道。「一個資本主義政府必須在良性的意義上是見風轉舵的，永遠願意調整與遵循良好判斷。」[7]但是他堅信市場看不見的手需要政府看得見的手來協助，然而隨著他的洞見硬化成為教條，人們就漸漸忘記那些注意事項了。凱因斯主義於是成為知識分子鼓吹大政府思想的動力。

國家主義思想在英國的勝利被複製到世界各地。在俄羅斯與德國，大政府的熱潮以共產主義與法西斯主義的面貌出現。極權主義的意味也蓋過了國家崇拜。納粹與共產黨反覆堅持的都是黨而不是國家，事實上，他們用黨來俘虜國家，並將之改造。對共產黨人來說，普羅階級（而不是國家）才是歷史的火車頭。在希特勒的眼裡，國家「不過是容器，種族才是其內涵」。但是希特勒與史達林（而且在這個意義上也包括墨索里尼、佛朗哥與培隆）都把相當份量的黑格爾式國家崇拜摻混到他們打造的噩夢裡，並把經濟置於國家的控制之下。共產主義在東歐持續越久，就越成為官僚主義而非政黨的工具。喬治・歐威爾在《一九八四》（出版於一九四九年）裡把老大哥設定為政府是很正確的。

對大政府的熱情在美國表現出最慈善的形式。那裡無疑有一些毫不遮掩的韋伯夫婦的支持者。赫伯特・克羅利[6]（主張美國人應該先想到國家，其次才想到自己）把自己變成韋伯夫婦在北方諸州的宣傳代理人；他於一九一四年創辦了《新共和》來作為他們觀點的傳聲筒。這份刊物直到二次世界大戰結束前都熱烈地支持蘇聯。但是美國版的大政府主義朝著一個不同的方向前進，特別是在兩位羅斯福總統的掌舵之下。

泰迪・羅斯福於一九〇一到一九〇九年擔任總統；他接受韋伯夫婦的觀點，認為自由放任的資本主義時代已經結束。政府需要當一名馴獸師，來馴服資本主義這頭獅子。羅斯福設立了監管單位，比如公司監理局（證券交易委員會的前身）來打破壟斷並賦予消費者權力。「公司是由人民所創造」，他明確表示，「我們不能允許它們變成人民的統治者」。但是他並不想把這個世界的洛克斐勒家族跟卡內基家族都換成地方政府官員。他認為資本主義是一部無與倫比的財富創造機器；他不過是想用國家的力量來確保資本主義運作得更好。他想要打破巨大的壟斷集團，以免它們壓垮競爭。他認識到，巨大的繁榮並不是來自商業本身，而是來自競爭。他用肉品檢查法案（1906）以及純淨食物與藥品法案（1906）來保護消費者不受強盜公司的損害。他對「權貴資本主義」宣戰，或者用他的話，對「腐敗政客」與「腐敗商人」間的邪惡同盟宣戰，如他在一九一二年為他（從共和黨中）獨立出來的進步黨所提出的黨綱裡所說。他想用國家的力量來讓美國的窮人享有他所稱的「公平的對待」（a square deal）——不是包山包海的福利政策，而是在遭遇艱困時的一張安全網——並且改善這個國家人力資本的品質。如果韋伯夫婦是利用合理的目標，比如保護消費者免於劣等產品之害，來成就國家的力量，那麼羅斯福就是利用國家的力量來成就合理的目標。

這個共和主義與進步主義的巧妙結合使美國免於過度陷入歐洲式的國家主義。即便在老羅斯福的遠親堂弟、民主黨的小羅斯福所主導的新政（New Deal）最高峰，美國也拒絕把經濟領域的制高點收歸國有，像費邊社所希望的那樣。小羅斯福一般來說寧願縮緊監管也不要收歸公有。他設置了大量的委員會跟理事會，比如聯邦通

6 赫伯特・克羅利（Herbert Croly, 1869-1930），美國自由主義的代表人物，著作《美國生活的未來》（*The Promise of American Life*）一書影響了老羅斯福總統的政策走向。《新共和》（*New Republic*）創辦於一九一四年，是美國自由主義的代表性刊物，近幾年的寫手包括芭芭拉・艾倫瑞克、東尼・賈德、尼爾・弗格森、謝淵・努蘭、巴爾加斯・略薩、約瑟夫・史迪格里茲、沈恩等大家。

訊委員會與國家勞動關係理事會，來規範資本主義。當中最重要的是他於一九三四年創立的證券交易委員會；首任主席是約瑟夫．甘迺迪，美國最頂尖的證券炒手之一（當有人抱怨這項任命，小羅斯福說這反而更好，因為他知道這一行裡所有的詭計）。他還設置公營公司來彌補市場失敗：田納西河流域管理局給南方帶來電力，並為戰後的經濟成長奠定了基礎。不管怎麼說，一九三〇年代的美國有明顯向左的政治走向，就像在所有其他地方一樣。小羅斯福即便並不擁抱費邊社對公司國有化的信念，他也跟他們一樣熱衷於讓腦袋聰明的專家主管一切。一九三〇與一九四〇年代的華盛頓充滿了這類年輕聰明的智囊團；這些人都致力於讓政府的權力更加擴大。

## ❖新耶路撒冷

第二次世界大戰是大政府時代的第一個重大衝突。這場戰爭展示了國家調度資源的力量，其規模前所未見。幾乎所有產業都被置於國家的意志之下，社會的每個面向都受制於細部計劃。在共產俄國，國家的控制是如此直截了當，團結的意識是如此被銘刻在公眾的想像裡，以至於統治當局在往後數十年一直藉此穩定維持。但是在英國與美國，國家同樣取得巨大成功：這個時期的標誌是配給簿、「一起挖土」、在加州彈藥工廠奮力工作的柳釘女工蘿西[7]、以及為集體之善做出共同犧牲。這樣的日子促使人們要求一個遠遠更公平的社會。共同的犧牲促使人們要求共同的保護。

第二次世界大戰使大政府版本的政治理念比如「自由」與「平等」穩佔上風。一個含意較為模糊的理念「博愛」也再度受到重視。在十九世紀,「博愛」一詞曾經通行於勞工組織(而非哲學沙龍)之間;更多是一種情感,而非論述。但是有位哲學家把它發揚光大了:T・H・馬歇爾;當然他來自倫敦經濟學院。馬歇爾主張,公民在接連的三個時代浪潮裡取得了新的權利:在十八世紀取得公民權,在十九世紀取得政治權,以及在二十世紀中取得社會權(比如受教育以及取得醫療服務的權利)。這些社會權利建立在一種博愛的信念上,認為我們有共同的命運與共同的義務,而這種信念在戰爭中得到強化。但是「權利」這個字的用法需要注意:在勞工俱樂部的時代,那些牽涉到互惠互助的利益,被重新定義為一種普遍的「權利」,是人們可以向一個強大的國家要求的。

在英國,甚至在碧亞翠斯・韋伯過世的一九四三年,關於更大的福利國家的構

7 柳釘女工蘿西(Rosie the Riveter)是二戰期間美國女工的象徵,當時大多數男人上了戰場,生產線上嚴重缺工,許多婦女因此走出家庭進入工廠,從事彈藥與軍需品的生產。蘿西後來成為女性主義與女性掌握經濟權的象徵。

想也仍持續被提出。一九四二年《貝佛里奇報告》鋪陳了摧毀「五大罪惡」的計劃，分別是匱乏、疾病、無知、髒亂以及無業。該報告所引起的迴響簡直可以用狂熱來形容。人們徹夜排隊購買這份報告。大批群眾聚集，就為了爭睹「人民的威廉」（威廉·貝佛里奇[8]抱怨自己就像「騎一頭大象穿過歡呼的群眾」）。[8]報告被翻譯成二十二種語言，還被英國空軍空投到歐洲的德國佔領區。希特勒在柏林的地下碉堡裡甚至有兩本貝佛里奇報告的德譯本。[9]

一九四四年的教育法案把義務教育延長到十五歲，並承諾將依照「年齡、能力與天賦」來教育每一個孩子。一九四六年的國民保險法案為遭逢不幸的人設立了一張安全網。一九四八年生效的國民保健法案意味著英國人不再需要為醫療付費（或者說他們用稅金支付，而不是直接付這筆錢）。「住房、健康、教育與社會安全」，安奈林·貝萬在總結當時的氣氛時說，「都是你出生就擁有的權利」。

貝萬是一個勞動階級的煽動家。他是礦工之子，後來爬升到工黨副黨魁。但是真正證明韋伯夫婦影響力的，仍然是福利國家思想可以跨越政治鴻溝。二次大戰後英國三個核心政策，教育法案、國民保險法案與國民保健法案，分別是由一個保守主義者（巴特勒）、一個自由主義者（貝佛里奇）以及一個社會主義者（貝萬）所提出的。當保守黨於一九五一年十月重新執政時，並沒有撤回福利國家政策的任何項目，即便黨魁是被視為反動的溫斯頓・邱吉爾。《經濟學人》的諾曼・麥克雷用〔保守黨〕巴特勒（Richard Butler）與〔工黨〕休・蓋茲克爾（Hugh Gaitskell）之名造了一個字：「巴茲克爾主義」（Butskellism），以形容接下來三十年的政策共識。

西歐各處也都是這樣。打造「新耶路撒冷」的理念橫跨了英吉利海峽。在一九五〇與一九七三年之間，政府支出佔國內生產毛額的百分比在法國從二十七點六上升到三十八點八，西德從三十點四上升到四十二，英國從二十六點八上升到四十五，荷蘭從三十四點二上升到四十一點五，而且這些國家同時期的國內生產成長率都高於之前與之後的所有時期。[10]國家以一切可想像的方式為歐洲生活的巨輪添加潤滑劑。像法國電力公司與義大利工業重建協會都是由政府經營的：這類公司提供大量的工作機會，為廣大消費者生產商品，為大量的政治人物提供非法金庫，當然也為國家提供稅收來源，就像一個創造財富的旋轉木馬。政府還設置許多大學、研究中心、圖書館、廣播公司。頂尖大學的畢業生，比如英國的牛劍、韋伯夫婦的倫敦經濟學院與法國的高等學校，越來越願意在不斷擴張的公部門裡找工作，而沒有進入傳統的行業或私部門。國家甚至出錢讓反傳統的年輕人在電視與電台上對當道與權

8 威廉・貝佛里奇（William Beveridge, 1879-1963），曾任倫敦經濟學院院長，牛津大學學院院長，是英國關於失業與社會安全的經濟學者與改革者，對於戰後英國的福利政策影響很大。

貴嗤之以鼻。

有這麼多菁英加入打造新耶路撒冷的行列，這種政策共識會開始產生出國際組織也就不難預料。二戰結束時的布列敦森林會議催生了兩個機構：國際貨幣基金與世界銀行（兩者都部分受到凱因斯的影響）；聯合國也成立於此時。聯合國從未成為國際主義者所期待的「人類議會」（parliament of man）；冷戰連同其相互競爭的意識型態很快就掐滅了那個夢想。但是在西歐，社會民主共識使得讓各國政府間的合作得以深化（也因為人們擔心德國即使被分裂為二，也仍有破壞歐陸穩定的潛力）。歐洲鋼煤共同體成立於一九五一年，之後是歐洲經濟共同體與歐洲原子能共同體，這些機構後來於一九六七年合併，成為現在歐盟的前身。歐洲夢從一開始就有兩點十分突出。一個是雄偉的企圖：一九五二年，新成立的歐洲鋼煤共同體代表團在訪問華盛頓結束後，所提出的第一份報告標題是「走向一個歐洲聯邦政府」。另一個是技術官僚統治的信念。歐盟的創建者對熱烈的群眾意志有很深的疑慮，因為這種意志在過去的經驗裡只導致了法西斯和布爾什維克主義。把這些新的機構與組織交給明智與不動感情的專家，讓他們依照冷靜的知識來操作，是遠遠更好的事。新的歐盟政府一誕生就擁有一顆技術官僚統治的心臟，甚於從前的任何政府形式。

歐洲這種「國家應該佔有經濟制高點」的信念，美國從未採納，所以國有企業也少得多。不過二戰後的美國對大政府同樣很著迷。德懷特・艾森豪明確表示，「國家快速成長的代價」就是「聯邦政府得逐漸擴張」；偶而他也自況為自由主義者，不過是美國意義下的自由主義者。林頓・詹森把他的福利國家計劃稱作「大社會」（the Great Society），這是來自韋伯夫婦的好友葛拉翰・瓦拉斯的一本書名。李查・尼克森曾明確指出，「我現在是凱因斯信徒」，甚至任用了年輕的唐納德・倫斯斐來執行物價與所得管控。美國需要一個強大的國家，以便戰勝共產主義、登陸月球、當世界警察、對抗貧窮的危害，以及，用詹森的親密戰友賓州參議員約瑟夫・克拉克的話來說，「讓我們的文明擺脫一切從遠古以來就困擾人類的禍害」。[11]

## ❖ 一個橫跨全球的夢

即使在西方，國家主義也有顯著的黑暗面。許多主導政府的左翼人士散發出一種十分碧亞翠斯式的專橫霸道，常常對勞動階級頗為鄙視。在《社會主義案例》裡，工黨的帶頭人物道格拉斯・傑伊認為，「關於營養與健康的議題，就跟教育問題一樣，白廳裡的先生們確實比民眾自己更知道什麼才是比較好的。」貝佛里奇曾私下對托尼（他的姊夫）說，他相信「有錢人的品格與能力整體來說比勞動階級高，因為在時間的演進中，比較好的品種都爬到上層來了。一個好的品種不會永遠被壓在下面，而是在許多世代的社會變遷中闖出向上的路，所以上層階級整體而言是較好的階級。」

即便在集中營慘劇被揭露之後，許多進步人士仍繼續支持「配種」。瑞典烏普薩拉大學的種族生物學研究所一直運作到一九七四年。歷屆社會民主主義政府也繼續批准基於「衛生因素」的結紮，一直到ABBA的時代[9]：在一九三四與一九七六年間，約六千丹麥人、四萬挪威人、六萬瑞典人，當中百分之九十為女性，遭到強制結紮。[12]

但是一時之間，大政府似乎成效卓著，而且快速的經濟成長完全能彌補有一點霸道的社會工程帶來的損失。對美國來說，戰後的時代是一個沒有匹敵的霸權時代：有新的高速公路與學校、軍人權利法案，以及不斷擴大的各種機會。在英國的戰後這段時間裡，一般民眾的生活從來沒有這麼好過。法國有「光輝的三十年」（les trente glorieuses）[10]，德國則沉浸於「經濟奇蹟」（Wirtschaftswunder）之中。跡象顯示，國家可以是開明的：在法國與德國，許多最精銳的腦袋都進入政府了。跡象也顯示，國家懂得變通。在一九六〇年代，即使國家仍堅守著經濟制高點並且從許多人的收入裡取走一半作為稅收，但政治人物還是讓一般人的私人道德鬆綁了：離婚、墮胎與同性戀都在這個期間合法了。

一九六〇年代西方國家達到發展的頂峰。國家成為普遍的供應者：不但供應，而且不要求多數國民回報，甚至用更多福利來回應客戶們的抱怨。不僅如此，國家還透過更為大政府的方式，將平等與博愛的概念進一步重新定義了。

關於平等，原本的重點在機會均等，現在變成結果均等。托尼已經駁斥了「個體的天賦能力並無差別」這種浪漫的幻覺。[13]他相信，機會的均等隱含了也有機會變得不均等。確實，人類進步的本質就在於根據天賦能力（而非根據財富或家族關係）所導致的社會階層化。這種平等的概念在一九六〇年代仍時常出現，包括出現在這段時間裡最著名的演說中。當馬丁・路德・金主張，人們不應該「按照皮膚的顏色而是依照他們性格的內涵來評判」時，他至少還要求別人評判。但是其他進步人士採取了更為烏托邦的路徑，要求「結果均等」。

這使得國家採取了大量的行動。英國把文法中學（grammar school）改制為綜合中學（comprehensive school），並減少能力分流。美國人推行越來越積極的反歧視行動。打擊歧視不再只是取消人們表達天份的限制，現在更要保障比例：黑人跟其他少數族裔在大學裡以及在政府中必須獲得一定的位置，以跟他們整體的數量成比例。在

9 阿巴合唱團（ABBA），瑞典流行樂團，活躍於一九七二至一九八二年間。
10 指法國從一九四五到一九七五年間。

此同時，博愛越來越成為一個施予者而非接受者的概念。接受社福支票或國家津貼的人不會心懷感激；那是一種權利，而且他有這個資格。

當然，批判這一切的也大有人在。馬克思主義者抱怨西方國家不過是個階級壓迫的工具。新左派認為國家不只是個門面，而且還是個令人不快的門面。部分右翼人士甚至認為，這樣的慈善派對最終會變得無法負擔：（共和黨的）貝利．高華德在一九六四年美國總統大選中提出的政綱，是裁減政府並返回彌爾的守夜人國家：「我對改善政府組織或提升政府效率沒有什麼興趣；因為我是要縮減政府的規模」，這位亞利桑納參議員鄭重宣佈。「我並不著手促進福利，因為我打算擴大自由。」[14]

但是國家輕而易舉地贏得所有論述。林頓．詹森用正好與高華德相反的主張贏得壓倒性的勝利：詹森說國家站在進步的那一邊。一九六四年選戰中的一個事件可以概括這種對國家的信心。那是在羅德島的一個造勢大會上。疲倦且衣著凌亂的詹森在歡呼的支持者面前登上一輛汽車的車頂，並把他的訊息精簡到只剩下幾個字：「我只想告訴你們，我們支持很多主張，但我們反對有力少數。」[15]

CHAPTER 4

# 米爾頓．傅利曼的失樂園
## Milton Friedman's Paradise Lost

一九八一年本書作者其中之一在「空檔年」（高中畢業上大學之前）走訪了美國。[1]他跟一位朋友搭灰狗巴士四處遊歷，試著向美國女孩證明自己的魅力，讓吧檯的酒保相信他二十一歲（他笨拙地竄改了英國鐵路學生卡上的年齡），並且全程都在他父母幾位點頭之交、寬厚慷慨的美國人家裡白吃白喝。在這場冒險旅遊中他遇到很多奇怪的事，但是沒有一件像在舊金山某個夜晚遇到的那樣古怪。接待他的人是安東尼．費雪，一個靠雞肉牛意起家的英裔富豪。安東尼的朋友米爾頓住在樓下，也跑來跟他們一起洗三溫暖。然後這兩人就給兩位英國少年考試，看他們對新任首相馬格麗特．柴契爾有何認識。[2]少年們含糊地擠出幾個回答之後，安東尼就跟米爾頓展開一場題材廣泛的對話。

這場對話一開始談利率跟貨幣供給，談法相對單調，對十八歲的少年來說簡直無聊。但是兩位老人談著談著，特別是身形瘦小的米爾頓，話題急遽轉入憑空想像：英國利蘭汽車、英國鐵路與英國電信應該出售、應該減稅、應該對父母發放教育券且學校應憑券使用、國民保健署應該被廢除等等。英國這個寒冷、遙遠、效能不彰、因為有無上權力的礦工工會切斷電源所以學生必須靠蠟燭上課的國家，將會變成自由企業的庇護所。一切都像歡樂的瘋話。對本書作者來說，這番談話就像他在那次旅行中聽到的「死之華」搖滾演唱會的政治版，扮演主唱傑瑞·賈西亞的就是米爾頓。

安東尼·費雪爵士（後來他封爵了）是右派自由至上主義的教父之一。他協助成立了倫敦經濟事務研究中心、紐約的曼哈頓外交研究中心以及其他許多機構。但是在三溫暖裡的另一位才是更重要的人物；他煽起了一場反對西方政府日漸擴張的革命。這場革命「設想了那不可設想的」，然而最多只算成功一半。

米爾頓·傅利曼，即使沒穿什麼衣服，模樣也很不尋常：他不到一百五十三公分高，但是渾身散發著智識的力量。他後來成為二十世紀下半葉最有影響力的經濟學家，諾貝爾獎得主，並為各國總統與首相擔任顧問。然而他來自一個底層的家庭。他的雙親是東歐移民，他在布魯克林區長大。他一開始也是大政府主義的信仰者。年輕的傅利曼於一九三二年進芝加哥大學時支持的是諾曼·湯馬斯，美國社會黨的總統候選人。他第一份工作是在華盛頓當一名新政的官僚，並在公職上一直待到一九四三年，甚至協助發明了大政府最精巧的工具之一：預扣薪資所得稅。不過在他回到芝加哥的時候，傅利曼已經開始打造一條不一樣的路線。三年後他以〈屋頂還是天花板？〉（1946）一文對政府的房租管制做了激烈的抨擊，從而昭告了他的登場。這篇文章立刻讓他成為自由市場反抗凱因斯主義的一員。

過去二十年裡，反對大政府的大本營大都在歐洲而不是美國。「奧地利學派」的創始人是路德維希・馮・米賽斯；他對政府官員的一句名言是：「國家不是神明，你們也不是祂的傳教士。」[3]第二次世界大戰期間，卡爾・波普在遙遠的紐西蘭辛苦撰寫他的《開放社會及其敵人》，同時他的朋友弗德里希・海耶克，米賽斯的學生，於一九四四年在飽受轟炸的倫敦出版了《到奴役之路》，並且擔心這本書會因為紙張短缺而無法引起注意。實際上這本書一上市就熱賣，最後也讓數以百萬計的讀者轉而認為，過度強大的國家就是壓迫者。海耶克遠不只是個寫書的人：就像韋伯夫婦一樣，他有組織的天賦。他也相信一群有遠見的菁英，透過「傳播擴散」，能夠改變整個輿論的氣氛。巧門在於重新教育廣大的智識階層，他給這些人取了個令人難忘的綽號：理念的「二手小販」；並且建立智庫，以便在問題浮現的時候，能用自由市場的原則加以解決；不是一時興起，而是日復一日、數十年不懈地這麼做。一九四七年海耶克協助成立了朝聖山學社，把全世界的前衛思想家聚集起來。

朝聖山位於瑞士阿爾卑斯山脈，但是這場反向革命的未來在大西洋彼岸。美國的個人主義傳統比歐洲強大得多，也遠比歐洲更有錢來設置基金會與創辦期刊。《到奴役之路》在美國賣得比任何其他地方都好，事實上《讀者文摘》還用摘要的方式連載了這本書。一九五〇年海耶克從倫敦經濟學院轉到芝加哥大學。奇怪的是，任用他的是一個稱為「社會思想委員會」的小圈子機構，但是真正對凱因斯主義進行反向革命的核心是芝大經濟系。長長一串的名家對現狀進行猛烈的砍劈：法蘭克．奈特展示社會改革常常產生反效果；羅納德．科斯（也從倫敦經院轉來）與喬治．斯蒂格勒論述監管者的位置常常被他們應該監管的人佔領；蓋瑞．貝克提出了人力資本經濟學；詹姆斯．布坎南與戈登．圖洛克證明官僚跟生意人一樣，受到同一個利益極大化的本能所影響。[4]但是沒有人揮舞斧頭比傅利曼更有力道。

學院裡很少人擁有像傅利曼這種傳福音的天份。回想起來，那位白吃白喝的少年在舊金山聽到的，是傅利曼「到地獄之路」[1]的演說版本之一。這個主題是傅利曼到任何一所大學演說時都會提到的，他痛斥美國左派（事實上是美國中間派）珍視的一切，並揭示一個完全不同的未來。由政府提供醫療照護？完全是浪費錢。提供學生獎學金？那是強迫把資源從窮人移轉給特權者。國外援助？只是讓第三世界的獨裁者中飽私囊。這個不斷擴張的西方政府是他的警句最愛打擊的對象：「如果你讓美國聯邦政府掌管撒哈拉沙漠，五年後那裡的沙子就會短缺。」「沒有比政府的臨時計劃更為恆久的東西。」

所有這些都是出自真正的熱情。傅利曼憎惡自由主義的一個比喻：「政府是理性與慈善的具體呈現。」他認為政府只代表混亂跟自私。他相信政府干預跟國家衰敗之間有直接關聯；希臘霸權、羅馬帝國與大英帝國的歷史就是最好的例證。他也憎恨一種看法，以為政治人物跟官僚們或多或少比生意人更開明也更不自私。這些人其實只是用不同的方式追逐自己的利益。他甚至懷疑改善政府到底有沒有任何意義，既然政府主要的工作是在搶奪大眾：「如果是用來做壞事，效率就是一種惡。如果我們收入的百分之四十被政府拿來花費，而這個花費一直是有效率的，那我們早就喪失自由了。」[5]

支持大政府的自由主義者等同於進步，支持小政府的自由市場信徒為反動，再也沒有比這樣的說法更讓傅利曼跳腳的了。一次有人問他是不是保守派，「我的天啊，請不要這樣叫我」，「保守派是像高伯瑞那種想維持現狀的新政人士」。他自認為

1 傅利曼曾在接受訪問時表示：幾乎所有的政府計劃一開始都是從善意出發的，但只要仔細檢視就會發現，結果和這些計劃的初衷完全相反。有一句諺語說，「到地獄之路鋪滿了善意。」(The road to hell is paved with good intentions.) 就是這個意思。

是「哲學激進派」，跟彌爾與邊沁同屬一類。海耶克也是如此；他常常寫〈我為什麼不是一個保守派〉這樣的文章。當羅素．柯爾克，一個崇奉艾德蒙．柏克的保守派，在一九四〇年代末期訪問朝聖山學社時，曾抱怨這個機構為什麼不乾脆稱為「約翰．史都華．彌爾俱樂部」或者「傑瑞米．邊沁紀念協會」。[6]傅利曼曾經用一個戲稱對柴契爾夫人表達最高的讚譽，稱她為一個「十九世紀的自由主義者」。海耶克與傅利曼的成就，就是為一個不同的時代重新發明了那個古老的教義。

但是即便目標無異，傅利曼（以及芝加哥學派）跟海耶克（以及那些奧地利人）相比起來仍是非常不同。傅利曼等人的智識關懷比較狹窄，他們是專業經濟學者而非全方位的知識分子，是戰後美國大學的產物，對專業領域界線有近乎偏執的堅持，跟那些出身於維也納思想溫床的人大異其趣。然而他們也有更高的自信。海耶克一方面受困於經濟大蕭條，一方面又驚嘆於凱因斯的天才，常常採取防禦的姿態。他事實上提出一個相對精巧的國家理論，認為要讓市場適切運作，國家須扮演一個重要的角色，即防止壟斷形成、監管貨幣政策、保護法之統治，並且提供各式各樣的公共財比如社會福利或甚至醫療照護。（《經濟學人》在對《到奴役之路》的書評裡說，如果「把這本書裡稱許的目標方向條列出來的話，我們會認為，海耶克教授想要的並不是返回從前，而是向前再走很長一段路。」[7]）作為對照，傅利曼具有很強的攻擊性，甚至到了過度簡化的地步。他支持大麻合法化、廢除徵兵以及減稅。在一九六二年《資本主義與自由》這本由衷吶喊的書裡，他提出一個政府瘦身計劃，對大政府主義的甘迺迪政府來說十分大膽：從廢除農場補貼與最低工資，一路到取消邊境控制。他為「死之華」的時代重新發明了守夜人國家。

一個觀點這樣極端的人怎麼會發揮這樣重大的影響力？部分原因在於他的經濟理論是無可懷疑的：他在一九七六年由於對消費及貨幣政策史的研究而獲得諾貝爾獎，這時諾貝爾經濟學獎才設置七年而已。另一部分是因為他是奧運等級的辯士。《華盛頓郵報》在一九六三年承認，「在美國第一流的經濟學家中，沒有第二個能跟傅利曼的辯論技巧與說服力一較長短。」[8]還有一部分是因為他懂得如何擴散訊息。他在《新聞周刊》有個專欄，也常常在報紙上寫文章。部分還由於他不怕碰政治。一九六四年大選時他是貝利・高華德的首席顧問之一，後來成為雷根的親密盟友：一九七三年他加入雷根陣營，在一系列巡迴演說中支持加州當年的第一號修正案（內容是縮限預算規模）。[9] [2]他與雷根交情甚篤：雷根「對傅利曼充滿感染力的熱情就是無法抵擋」。[10]

2 也是加州該年唯一的法律修正案：「稅與支出限制案」（Tax And Expenditure Limitations）。由公民投票，不經過議會。結果未通過。

在遭到這樣的猛攻之後，即便習慣與傅利曼鬥嘴的好友高伯瑞也承認，「凱因斯的時代」已經讓步給「傅利曼的時代」了。[11]儘管如此，傅利曼能夠成功的最重要因素，其實是歷史逐漸站到他這一邊。他曾經把「思想家的角色」定義為主要在「讓選項保持開放，讓手邊有替代方案，以便如果歷史的大勢使改變不可避免，我們總還有替代辦法來改變歷史」。[12]在一九七〇到八〇年代裡，「歷史的大勢」把傅利曼從一個犀利的討厭鬼變成了一股真正的力量。

## ❖福利國家的危機

簡單說，大政府的擴張已經過了頭。林頓・詹森那個「我們支持很多主張，但我們反對有力少數」的信念，導致了超載。「基本的最低福利」現在包括了公平、平等，以及幸福。在一九六〇年代結束時，這隻利維坦被認為應該向所有人提供大學教育、解決種族歧視、以及讓歌劇平民化。為什麼不呢？如果政府是一件好事，難道不是做越多越好嗎？但是並非如此。到一九七〇年代時，美國政府著手的每一件事情看起來都失敗了：戰爭（越戰）、經濟（停滯性通貨膨脹）、犯罪（毒品氾濫）以及社會凝聚力（文化戰爭）。就連歐洲跟福利國家的戀愛關係也開始變調了。這段時間是罷工、能源危機與示威暴動的年代。借用厄文・克利斯妥[3]經典的措辭來說，這也是個六〇年代的時髦理念，比如英國的不分流的綜合教育或者美國的「對貧窮宣戰」，「被現實搶劫」的時代。

更糟的是，福利國家的核心功能也在敗壞之中，韋伯夫婦與他們的門生所大力鼓吹的那些理念都陷入破產的困境。托尼曾經許諾，在福利國家的政策之下，英國「將不再是一個獎勵富人與懲罰窮人的國家，富人不只有錢還獲得健康與美好生活的獎勵，窮人不只貧困還遭到無知疾病與早死的懲罰」。[13]然而在一九七〇年代裡，（經過年齡調整死亡率之後）英國的上層階級與下層階級的差距，比一九三〇年代擴大不只兩倍。[14]上層階級繼續比下層階級更健康、身高也更高（精確的數字是高三點二公分），同時也更有錢。[15]在美國，即使「對貧窮宣戰」的總設計師也承認「前所未有的慷慨支出……並沒有讓我們一九六四年宣戰的對象：貧窮、毒癮、犯罪與絕望，減弱多少。」[16]

許多一九六〇年代的改革原本是要造成結果的均等，而不只是機會的均等，可是實際上卻造成非常不平等的結果，特別在教育上。英國決定廢除文法中學，結果

3 厄文・克利斯妥（Irving Kristol, 1920-2009），活躍於美國新聞界的公共知識分子，人稱「新保守主義教父」，反對詹森的「大社會」計劃，但支持小羅斯福的有限福利國家。

降低了社會流動性。美國對反歧視的熱中提高了大學中輟的人數，因為那些本來在要求較低的學院裡可以讀得很好的少數族裔學生擠進了菁英頂尖的學校。[17]一位左派教育學者A·H·霍爾西，不得不在一九七二年明確表示，「平等主義的政策已經失敗了；這就是二十世紀教育史的核心事實。」[18]

到了雷根與柴契爾夫人上台的時候，傅利曼對大政府所做的尖刻批評已經不讓人感覺離譜了。中產納稅人已經明白，利維坦在拼命花錢，而且那筆錢，那筆他們辛苦賺來的錢，大部分都被浪費掉了。這個說法不無偽善的成分，因為許多額外的錢都進到中產階級的口袋裡。住在郊區的公民們，沒有人抱怨西方國家的大學現在塞滿了中產家庭的孩子。他們所憤怒的，而且使西方世界的大眾快速向右派團結的，是他們認為國家對窮人跟罪犯太過溺愛了。種族歧視跟優越感是他們會這麼想的部分因素。但這些事實也是。太多被挹注給窮人的錢都造成了反效果：比如社福津貼反而產生不好的動機，瓦解了個體的責任感，並且讓人們困在貧窮之中。在整個西方世界裡，即便在最富裕的社會中，也會有一小群人中輟，當了未婚爸媽，並且受政府照顧過活。傅利曼得到意料之外的盟友。黑人家庭的崩潰被推到政治爭論的焦點；貢獻最大的是丹尼爾·派特里克·莫伊尼翰，未來的紐約州民主黨參議員，以及一群原為左翼、但是堅定地倒向右派、並以新保守派之名著稱的社會科學家。

官僚與專家一點也不知道窮人需要什麼，以致常常犯下極其離譜的錯誤。拜都市計劃者的「新殘暴主義」(New Brutalism)之賜，你能在西方任何一個都市裡看到這個問題。[19]在美國，他們把貧窮的黑人塞進這些「計劃」裡，形同垂直堆疊的貧民窟。在歐洲各地，都市計劃者拆毀勞動階級的聚居區（就像他們改建漂亮的小鎮市中心跟壯觀的火車站那樣），並把窮人像牛一樣趕進高層建築裡，讓那裡很快就成為犯罪與墮落的代名詞。

問題不光出在無效率，也因為浮誇。在柴契爾之前的英國，兩千五百萬勞動人口中有將近三分之一在公部門工作。在製造業工作的人有將近一半受僱於國有企業，這些企業接受國家越來越多的補貼，產出卻逐年降低（在一九九九年，煤礦業產出的煤比一九三八年少三分之一，鐵路營運路線的長度只剩下一半）。[20]規模太大，導致複雜與麻木。數以百計的部門制定了種類數以百計的福利。健康與社會安全部甚至製作了一本小冊子來羅列總共有哪些小冊子。

這無可避免地給經濟帶來沉重的負擔。在新耶路撒冷總體計劃裡，貝佛里奇估計醫療服務的成本從一九四五年到一九六五年間將不會有真正的增加，因為福利國家使人口更健康，醫療需求將會減少。但是事實上，這筆開支的增加是天文數字等級的。到了一九七〇年中期，英國國民所得幾乎有一半是用在公共開支上，當中大部分是社會福利。在瑞典，這個比例甚至更高。隨著稅率上升到荒謬的高度——在英國，「非勞動所得」的投資收益稅率超過百分之九十，使得安東尼・費雪跟〔滾石樂團主唱〕米克・傑格紛紛移民國外——人們才開始重新衡量公共開支與經濟成長之間的關係。

越大的政府就代表社會機能越糟糕。既得利益者會對他們那塊大餅進行更惡劣的競爭。政府強加在經濟上越來越大的負擔，導致生產力停滯或萎縮。〈再見，大不列顛，認識你真好〉是一九七〇年代中期《華爾街日報》一篇文章的標題。[21]一九七六年英國被迫向國際貨幣基金伸手乞討：這是布列敦森林體系主要的創始國當中首度有人需要緊急財政援助。瑞典則以自己的方式從一九七〇年代世界第四富裕國家一路跌到一九九〇年時的第十四富國。

最大的災難是東方的面貌被揭露。這時大家已經看清，韋伯夫婦曾經如此推崇的新文明實際上是一種新野蠻。一九五〇年代時，蘇聯至少還有實現快速的經濟成長。到了一九七〇年代，蘇聯除了殘酷與專橫還外帶經濟趨緩。當然，蘇維埃極權主義跟一個大規模的福利國家之間有巨大差異。但是半個世紀以來，西方的大政府支持者從共產主義的勝利當中得到了某種援助：共產主義打敗了希特勒，把太空人送上太空，還有破紀錄的生鐵產量。但是到了一九七〇年代大家明白過來，即使是一九三〇年代所實現的經濟進步也是以大規模屠殺與恐怖鎮壓為代價的。根本沒有什麼高尚之處，只有造假與殘酷，就像使用禁藥的運動員在奧運會上遊行一樣。

## ❖強烈反彈

在贏得諾貝爾獎幾個星期後，傅利曼離開芝加哥大學，轉到史丹佛大學的胡佛研究所；他長長的後半生一直待在這裡。他來到加州不到兩年，就吹響了反向革命的第一聲號角。

在一九七八年，由於受夠了不斷升高的財產稅，再加上地方政府的服務品質遲遲沒有明顯改善，也由於對「月光州長」（傑瑞・布朗，派特・布朗之子[4]）古怪的言行感到憤怒，南加州延伸廣闊的郊區居民在怒火中起而反抗。在一位幹勁十足的反稅運動者霍華德・賈維斯的領導之下，加州人投票通過了十三號法律修正案，並得

4 傑瑞・布朗（Jerry Brown, 1938-）自一九七五到八三年間擔任第三十四任加州州長，他的父親派特・布朗（Pat Brown, 1905-1996）則是第三十二任加州州長。至於「月光州長」的稱呼，來自布朗打算買個衛星發射到太空，以便為加州提供緊急通訊之用，他當時的歌手女友琳達・朗絲黛遂暱稱他為「月光」。布朗在二〇一〇年重新投入加州州長選舉並勝選，現為第三十九任加州州長。

到傅利曼熱切的支持。這次公投是一個分水嶺：財產稅的增幅不只被減半與受到限制，迫使州政府不得不對地方政府予以財政救助，而且這個法律修正案還使得加州要再加稅非常困難。在這之後加州人又提出一連串的法律案，試著限制全州範圍的公共開支。郊區的美國人已經受夠了。

不過這只是一次反抗。全套的革命要等到馬格麗特・柴契爾在一九七九年入主唐寧街，以及隆納德・雷根在一九八〇年贏得白宮寶座才正式登場。柴契爾是兩人中比較強硬的。她提到「這是全世界對大政府、過度徵稅與官僚主義的反叛」[22]，甚至引用赫伯特・史賓塞最愛說的話：「我們別無選擇。」雷根比較隨和。他講過一個笑話，說英語當中最嚇人的一句話：「我是政府派來幫助你們的。」但是他們兩人都把正在興起的憤怒轉化成前後一貫的政策。這需要務實的手腕。柴契爾跟礦工作戰時所選擇的辦法，跟雷根與空中交通管制員作戰時一樣。但這也需要堅定的確信。他們倆在意識型態上「反大政府」的程度，是從前任何保守主義不曾見識過的。雷根的核心票倉就是支持了十三號法律修正案的南加州，而且他在第一任任內的許多構想是得自於傳統基金會出版的一本篇幅龐大的簡報書。柴契爾則與經濟事務研究中心（由安東尼・費雪成立）以及政策研究中心（她的導師基斯・約瑟夫爵士[5]為共同創辦人）維持類似的關係。你在雷根紀念圖書館還能看到雷根親手筆記的海耶克著作，而柴契爾據說在皮包裡總放著一本海耶克的《自由秩序原理》，上面寫著一句廣泛（但錯誤地）被認為是林肯說的話：「你不能靠阻止節儉來創造繁榮。你不能靠削弱強者來增強弱者。你不能靠摧毀付薪水的人來幫助賺薪水的人。」[23] 6

雷根的歷史定位是擊敗共產主義並再造美國保守主義。但是如果談到政府改革，柴契爾的遺產是更重要的，特別是因為她需要改革的政府項目是如此之多。直到一九七〇年代為止，這位一本正經、企圖遠大的柴契爾也奉行戰後共識。愛德華・希思在一九七〇到七四年間領導的政府（柴契爾在其中擔任教育大臣）曾短暫地試著給經濟管理導入一個溫和的、較為自由市場的路線，但是當失業人數跨越一百萬人的指標時，就臨陣退縮了，轉而繼續瘋狂地花大錢，以便控制住失業率，結果通貨膨脹達到百分之二十五。

這時候柴契爾才成為我們所熟知的那個柴契爾夫人。與其說她的思想轉變了，其實她是比以前更願意把最深的確信表達出來（阿爾福雷德・雪曼，一九七〇年代

5 基斯・約瑟夫（Keith Joseph, 1918-1994），英國保守黨議員，曾在四任保守黨首相麾下擔任內閣官員，但他對英國政治最重要的影響來自他和柴契爾所共同創造的「柴契爾主義」。

6 「你不能靠阻止節儉來創造繁榮」這段引文來自「十個不能」（The Ten Cannots），說這段話的人並非林肯，而是長老會牧師威廉・波特克（William Boetcker, 1873-1962）。

英國少數的自由市場派知識分子之一，正確地描述柴契爾夫人是一個懷抱「信仰，而非理念」的人）。[24]身為小商店店主之女，她憎恨負債，讚揚自力更生，並且推崇格萊斯頓所稱的「努力，誠實與果敢的努力」；[25]她為英國持續且嚴重的衰落深感痛苦：在她這個世代裡英國不只喪失了帝國的霸權，而且經濟跌落到法國與德國之後；她也為「管理衰落」這類精巧的修辭感到憤怒。自由市場的概念給予她希望。她專注地聆聽基斯．約瑟夫爵士的意見；約瑟夫的角色是「全權代表右派來探路的思想家」，並介紹柴契爾認識了許多激進的思想家，包括海耶克與傅利曼。[26]

在柴契爾一九七九年被選為首相的時候，英國選民對她這種激進主義所知甚少。他們大多因為對工黨政府的無能感到懊惱，特別是在一九七八至七九年「不滿的冬天」期間，政府控制不住工會，罷工者幾乎讓整個國家停擺，癱瘓交通系統，封鎖醫院讓死者無法下葬。然而一上任之後，柴契爾就露出了真正的面貌。她抑制政府開支，控管貨幣供給並且廢除外匯管制，全都是堅決與戰後正統觀念決裂的措施。她出售地方政府的廉租房，為勞動階級的柴契爾主義創造了基礎。[7]她削減產業補助，把許多企業逼到牆角。在全世界經濟衰退的背景下，此舉造成失業率急遽上升。到了一九八一年，當失業人口超過三百萬人，英國許多城市的街道上都上演了警察與投擲汽油彈的抗議者對抗的場面，保守黨裡的軟骨派也串聯起來反對她。但是她不但沒有像希思那樣讓步，反而還加碼：「你們要轉彎那就轉彎，夫人我是不轉彎的」，一九八一年她在保守黨大會上說了這句出名的話。事後觀之，她的運氣太好了，因為英國左派分裂，堅持推出毫無勝選機會的領導人，[8]也因為阿根廷的加爾鐵里將軍決定入侵福克蘭群島而且付諸實行，使她得以奪回島嶼，然後於一九八三年贏得大選。經濟學家們至今仍爭論她下的藥是否太猛：英國北部大部分的製造業都被毀掉了。但是她苦澀的藥方改變了英國。通貨膨脹率從一九七五年的百分之二十七下跌到一九八六年的百分之二點五。因罷工而損失的工作日從一九七九年的兩千九百五十萬人日減少到一九八六年的一百九十萬人日。最高稅率從一九七九年的百分之九十八降低到一九八八年的百分之四十。[27]

7 柴契爾在上台後不久即推動「有權買屋」政策，並通過《住宅法案》（Housing Act）讓勞動階級可以買下自己所承租的的社會住宅。扣除掉先前所支付的房租之後，住滿三年以上的租戶最低可以市價六七折買屋，住滿二十年者可以市價五折買屋。這項政策影響了六百萬名勞工，其中有三分之一後來都買下自己的租屋。支持者認為這讓勞動階級住者有其屋，也有助於解決政府赤字；反對者則認為這是在賤賣國有資產、扭曲房市、製造社會住宅泡沫，讓低收入戶更加沒地方可住。

8 當時的工黨黨魁換人做，由原本的詹姆斯．卡拉漢（James Callaghan）換成麥可．傅特（Michael Foot），但隔年工黨就鬧分裂，羅伊．簡金斯（Roy Jenkins）另行成立社會民主黨，並與大衛．史提爾（David Steel）領導的自由黨聯盟，試圖在下一次大選中以聯合組閣的方式勝選。結果英阿福克蘭戰爭打壞了這盤棋。

一九八四年大規模的民營化開始，英國電信、英國鐵路、英國煤氣等超大型公司被出售給私有部門。加總起來，柴契爾把四分之三的英國國有企業民營化，為國庫籌得三百億英鎊，同時四十六個主要企業與九十萬員工被移轉到私有部門。[28]藉由鼓勵一般民眾買股票，她創造了「大眾資本主義」（至少是創造了這個形象）。她還把這場打擊利維坦的十字軍東征向外延伸，以打擊組織蔓生的布魯塞爾。「我們在英國把國家的界線成功地向後撤」，一九八八年她在布魯日大聲斥責道，「目的不是為了看到這條界線在歐洲又向外擴張」。[29]

拜柴契爾之賜，英國政治的中心點大幅向右遷移了。一九九〇年代的新工黨斷定，如果要拯救他們的政黨，唯一辦法是採納柴契爾主義的主要信條。東尼・布萊爾公開表示，「我們應有的信念是，經濟活動最好還是留給私有部門。」布萊爾廢除了黨綱第四條（該條黨綱由韋伯夫婦所制定，約束黨須將火車頭工業予以國有化），與凱因斯正統觀點劃清界線，並將工黨重新定位，以吸引新富階級。彼得・曼德爾森，布萊爾十分倚重的顧問之一，宣稱他自己對有人賺到很多的錢「感到非常放心」。工黨的這種改變，跟一九五〇年代的保守黨人所經歷的正好相映成趣：那時他們放棄了老舊的自由市場正統，轉而擁抱福利國家思想。

在大西洋對岸，雷根也造成相同的影響：他並不像柴契爾那樣熱烈擁抱民營化

（山姆大叔擁有的經濟體小得多，所以能賣的也比較少），但是透過結合了機智的理想主義，他使任何美國政治人物在面對任何問題時，都很難提出「更多政府行動」這個答案。從那以後，反對「大政府」就成為美國右派的一條準則，甚至當他們在實踐上違犯這個信條時也不改口。在左派這邊，雷根的影響更是明顯。「自由主義」這個詞本來的意含是信賴大政府與進步的社會態度，結果卻變成重要民主黨人都想保持距離的東西。一九八八年（總統選戰中），當麻薩諸塞州州長，（民主黨候選人）麥可・杜凱吉斯被老布希陣營指控為自由派時，他就抗議這是在「丟爛泥巴」：被這塊爛泥沾到可不好洗。四年後，比爾・柯林頓向右轉得更厲害；他擁抱「第三條道路」，接受黨內更為右傾的利益團體。他鄭重宣布，「大政府的時代」已經結束，並著手實施一些激進的政府改革：他（在共和黨主導的國會敦促之下）通過福利改革，並任命副總統高爾掌管一個政府改造委員會。二〇〇四年大選時，有人問民主黨候選人約翰・凱瑞是不是自由派，凱瑞回答：「我想，這是我聽過最蠢的事。」[30]

柴契爾與雷根的革命並沒有停留在英美世界裡。政府應該專注於提供法律與秩序等公共財而非介入商業世界，這種理念被廣泛地擴散。各國政府在設法解決公部

9 柴契爾是在一九八八年九月二十日對布魯日歐洲大學發表演說時，面對歐洲經濟共同體希望進一步整合歐洲的想法予以反對。

門肥大、生產力衰退、通膨失控等問題時，都把目光朝向英美的範例。世界各國政府都從經濟的制高點撤退。在一九八五年與二〇〇〇年之間，西歐政府出售了價值約一千億美金的國有資產，包括知名的頂尖企業如（德國）漢莎航空、（德國）福斯汽車、（法國）雷諾汽車、（德國）埃爾夫石油與（義大利）國家碳氫公司等等。「工業政策」則被縮限為持有那些民營化公司的黃金股10。後共產主義的國家特別熱切地擁抱華盛頓共識。俄羅斯將數以千計的國營事業民營化。萊謝克．巴爾采羅維奇，波蘭在共產主義倒台之後的第一任財長，公開表示柴契爾是他的「英雄」。在巴西，費南多．恩里克．卡多索推行了一個受柴契爾啟發的民營化計劃；以出售的資產價格計算，其規模是英國的兩倍。甚至在印度，費邊主義的堡壘，曼莫漢．辛格努力拆除牌照制度11，以便「把政府從人民的背上，特別是從印度企業家的背上趕下來」。[31] 一九九〇年代曾任印度財長相當時間的帕拉尼亞班．奇丹巴拉姆總結說：「柴契爾夫人任內所實現的事，令人大開眼界，為我們帶來了啟發。說到底，我們的費邊社會主義先前也是從英國來的。」[32]

特別在布萊爾與柯林頓獨領風騷的一九九〇年代，把大政府視為與全球化有所抵觸成為一種流行：利維坦將被跨國資本主義這股遠遠更強大的力量擺平。在這樣的時代氣氛裡，詹姆斯．卡維爾，柯林頓的選戰經理，曾開玩笑說希望能重新投胎當證券交易員，因為這些人力量如此強大；比爾·蓋茲比起比爾·柯林頓更常登上雜誌封面；而左翼人士宣稱世界上最大的經濟體有一半是跨國企業（但此說並不準確）。一九九七年的《經濟學人》有一期檢視政府未來的特別報導，討論當時盛行的觀點：利維坦正在衰頹之中。[33]

## ❖ 成功一半的革命

就這樣，雷根與柴契爾，以及延伸來說米爾頓·傅利曼，贏得了辯論。從一九八〇年代起，關於政府的辯論被他們改變了。但是他們並沒有在現實上獲勝。如果有的話，這本書很可能也不用寫了。

非常明顯的是，利維坦實際上沒有衰頹。在柴契爾關鍵的十一年任期裡，她只

10 黃金股（golden share）源自英國政府在一九八〇年代將大量國營事業予以民營化時，為了防止這些原本具有壟斷性質的事業有可能危害公共利益，於是立法讓英國政府擁有所謂的「黃金股」，可以在股東大會上行使否決權，推翻不利於公共利益的決議。

11 牌照制度（License Raj）是印度在一九四七至一九九〇年間所實施的公司設立管理制度。在計劃經濟的思維下，私人公司的設立與生產必須經過八十道政府關卡，而且這樣的執照只發給某些政治關係良好的少數人。

把社會支出從一九七九年佔國內生產毛額百分之二十二點九降低到一九九〇年的百分之二十二點二。雷根沒能說服由民主黨主導的眾議院通過裁減支出的法案；這是減稅的配套措施，結果使美國赤字暴增。柴契爾與雷根這兩位照理要為大政府掘墓的人，結果他們所領導的政府都比凱因斯或貝佛里奇想像的一切還要大上許多。部分說來這是他們自己的錯。比如說，柴契爾對某些公部門的改革特別差，警察就是個顯著的例子。她對英國許多城市的議會由左翼主導是如此厭惡（而且必須補充的是，那些議會的罪惡是如此嚴重），以至於她比戰後任何一位首相都制定更多限制與規範來約束地方政府。

隨著新世紀的開始，利維坦又再度興起了。在美國，比爾．柯林頓相對節儉的中間路線主義讓步給小布希的「有同情心的保守主義」，也就是讓政府膨脹的特許狀。「大治理」（Big governance）擴張的速度甚至比大政府還快。各種與每個人的生活息息相關的法條與規範不斷增加；部分是因為左派的要求（多樣化、健康與安全），但右派也貢獻不少（閉路監視器、對毒品宣戰、以及九一一之後的反恐作戰）。小布希在任時，聯邦法規每一年都增加約一千頁。當他二〇〇八年卸任時，奉行大政府的保守派被換成一個更大政府的自由派。

巴拉克．歐巴馬對積極國家論向來很熱中，對私有部門則比一九九〇年代的新民主黨人更冷淡。我們很難想像柯林頓會對美國企業家說，他們的成功是由於國家的緣故（「那不是你們建造的」）。當歐巴馬二〇〇八年在丹佛的黨大會上講述他的人生故事時，他說的是一個救贖的故事：某位年輕人從私部門的罪惡生活（為一間公司賣命，而且那間公司碰巧現在屬於本書作者的老闆[12]）中逃出來，在社區營造這樣更為純潔的生活裡找到真正的愛與人生目標。這並不是說真正的歐巴馬先生跟一個懷有保守想像的歐洲社會主義者有任何共同之處。概括而言，歐巴馬的核心經濟政策是徹頭徹尾講求實效的：把通用汽車與克萊斯勒收歸國有是為了暫時解決一個迫切的問題，一個共和黨的總統也很可能會這麼做。但是他大致上一直朝向一個溫和擴大的政府。他主要的內政成就健保改革，便符合這個框架（即便有了這些改革，美國混亂的健保體系還是遠遠追不上瑞典）。

歐洲在過去十年裡很大程度也依循這個模式。在英國，新工黨執政越到後來就越不審慎。戈登・布朗根據一個錯誤的理由巨幅地擴大了政府支出：他自認已經消滅了景氣循環。政府支出佔國民生產毛額的比重從二〇〇〇年的不到百分之三十七上升到二〇〇七年的百分之四十四；隨著英國經濟成長無力，這個比重到二〇一〇

12 指企業國際公司（Business International Corporation），一間出版與顧問公司。歐巴馬於一九八三年大學畢業後曾在此工作。該公司於一九八六年被經濟學人集團買下。

年更跳升到百分之五十一。[34]但是西方世界最不知反省地重現大政府的地方，是在歐洲大陸上。一九九〇年初期，歐盟常常是經濟改革的一種工具：歐盟於一九九二年開放單一市場，如果有任何國家太明目張膽地補貼本國工業，就會受到歐盟委員會的追查。許多南歐國家必須至少把褲帶勒緊一點，才能加入在一九九九年開始通行的歐元體系。一旦進入單一貨幣體系，南歐國家發現他們也能用跟德國一樣的利率舉債，於是也就照這種規模花錢。傅利曼一直以來都反對單一貨幣。他於一九九七年指出，貨幣統一將導致政治分裂。[35]他於二〇〇四年說，他相信歐元可能解體。（同時提出的還有一長串反對歐洲各國搞大政府的訴求：「歐盟該怎麼做非常清楚。請廢除你們的規範與監管。停止你們過多的支出。」）[36]但是沒人理他。

希臘是最惡劣的犯規者。在二〇〇四年到二〇〇九年期間，當外國資本湧進國內時，希臘政府（根據希臘自己的數據）的名目稅收成長百分之三十一，主要支出卻成長了百分之八十七。債務攀升，最終導致災難。但是事實上，從二〇〇〇年到二〇一二年，歐陸各國的公共支出佔國民所得的比重都在快速增加。法國從百分之五十一點六到五十五點九，義大利從百分之四十五點九到百分之四十九，葡萄牙從百分之四十一點六到百分之四十六點九，愛爾蘭從百分之三十一點二到百分之四十四點一。平均說來，這些支出的增長超過一半發生在金融危機之前，而歐元的使用鼓勵了這些國家在應該踩煞車的時候把腳踏到油門上。[37]同一時期的歐洲議會，由於理論上的民主授權而被賦予決策權，搖身一變成了一部監管機器。

歐洲與美國十幾年來都有能力避開他們各式各樣政策矛盾的後果。市場在很可觀的長時間裡都願意讓已開發經濟體擴張它們的信用。但是二〇〇七至二〇〇八年間的經濟危機改變了西方政治的基調。現在還能花的錢變少了（事實上常常一點錢都沒有）。在歐元區，長期拖延的猶豫不決已經把一個可控管的危機變成某種能夠破壞世界最大經濟單位的災難。在美國，幾乎所有經濟學家都已經呼籲要為國家的財政問題找出一個中程的解決方案。至少有兩個白宮委員會也已經這麼表示了。但是國會與歐巴馬總統的表現證明他們不能勝任這個任務。民主黨人不願意支持刪減福利方案，共和黨人則拒絕加稅。美國被困在一個財政陷阱裡：徵收小政府國家的稅，但是像一個大政府國家那樣花錢，同時向私人儲蓄者大筆借貸來填補這個落差。

這會讓政府何去何從呢？二〇〇四年，傅利曼死前兩年，他對自己的成就表達了悲觀的看法：「在第二次世界大戰之後，輿論是社會主義，但實踐是自由市場；現在呢，輿論是自由市場，實踐卻是重度的社會主義。我們在理念的戰場上很大程度已經贏了（雖然這種戰鬥從來沒人能永遠勝利）。我們成功地阻止了社會主義的前進，但是我們沒能成功地讓它後退。」[38]他這個斷言在今天可以說更令人沮喪，特別是當你不只注意到政府的規模，而且也注意到它的權力。傅利曼的核心訊息，就像彌爾一樣，是自由。今天在喬治．歐威爾撰寫《一九八四》的公寓附近有三十二組閉路監視器。本來在大門外站哨的守夜人已經變成家庭與辦公室內的保姆，在廚房、客廳、董事會會議室、甚至在臥房裡為你操心。但那並不是個很能幹的保姆。國家把越來越多責任攬在身上，讓每個人負擔越來越多隱形的成本，但它達成這些職責的能力已經走下坡。現在唯一的希望是，挫折與不滿已經開始讓人們期待改變了。

沒有任何地方比傅利曼最終稱為家鄉的加州更能突顯這一點。

# PART TWO
# 第二部

# 從西到東
# FROM THE WEST TO THE EAST

CHAPTER 5

# 加州政府的七宗罪與一美德
## The Seven Deadly Sins – and One Great Virtue – of California Government

要說明西方政府的問題，沒有比沙加緬度與帕洛阿爾托的對比更鮮活的例子。這兩個城市的直線距離只有九十英里，但是卻活在不同的世紀。沙加緬度只是加州的首府。帕洛阿爾托則是矽谷的首府，是一個從事於創造未來的城市，不只在計算機領域，而是包括製造業、機器人以及生物科技。自從兩位史丹佛的學生，比爾·惠利特與大衛·普克德於一九三八年在這裡的一間車庫成立一家（惠普）電腦公司以來，企業家們都視此地為希望的燈塔。在那之後，矽谷催生了蘋果、甲骨文、Google，而且幾乎世界上所有政府都試著在自己國內複製這部奇蹟製造機。

五十年前沙加緬度也是一個頂尖的城市。政府學研究者成群來到這裡學習加州夢。這個黃金州[1]給快速成長的人口提供了用水、高速公路以及世界上最棒的公立大學系統，這是怎麼辦到的？來訪者無不讚嘆。當時兩位偉大的加州州長，厄爾．華倫與派特．布朗非常高興地回答這些問題：即便前者是共和黨後者是民主黨，他們都有相同的計劃藍圖與使命感。然而在過去二十年裡，各機構（比如中國的浦東幹院）的學員來到沙加緬度，更大程度是來研究西方政府的危機，貨真價實的危機。預算拔河、黨派惡鬥、金權政治、不公平的選區劃分、慘不忍睹的投票率、禍害無窮的公投法律案、複雜到荒謬的政府結構以及崩壞中的基礎建設，以這些問題出名的加州政府，已經是肥大、破產與無效率的了。

帕洛阿爾托與沙加緬度之間的這種落差，在西方世界到處可見：華爾街跟華盛頓不在同一個時區運轉；巴伐利亞的中型企業、米蘭的時尚大亨以及倫敦蘇活區的多媒體新創公司所依循的工作規則（時數與薪資），跟柏林、羅馬與白廳的政治人物是兩個世界。但是無論是哪一種政治瘟，加州不但一應俱全，而且都達到最高級形式。你還真找不到第二個地方，小政府修辭跟大政府現實以如此驚人的規模互相碰撞。米爾頓．傅利曼的半個革命在這裡被如此清楚地證明失敗了。州政府的支付責任不斷增長，即便納稅人的反感已經剝奪了兌現這些責任的資源與合法性。在過去幾十年裡，加州人，這群通常是地球上最樂觀的人，已經動用了一切他們能找到的辦法，從公投法律案到退休的生化機器人[2]，來處置沙加緬度。如今，在捲土重來的老州長傑瑞・布朗的領導下，加州有了一絲希望，這些焦躁不安的政治扭動也許終於能產生一點有用的結果。然而，從本書作者之一在舊金山踏入那間超現實的三溫暖開始，加州就一直是個典型案例，最適合用來展示歐美各國政府所能發生的一切問題。

準確說來有哪些症狀呢？最顯著的有七個：讓我們稱之為現代政府的七宗罪。[1]然後我們還要加上一個美德。在所有這些面向上，加州的問題都是「就像西方世界，只是嚴重許多」。要總結西方國家出了什麼差錯，加州比任何地方都更適合當一個樣板。

## ❖第一宗罪：落伍一個世紀

仔細看加州的行政區地圖，你或許會認為是有個小孩子在嘗試過蓋瑞・賈西亞

1 加州的別號，因為十九世紀曾出現淘金熱。

2 這裡指的是曾任八年加州州長（2003-2011）的阿諾・史瓦辛格，好萊塢動作明星出身的史瓦辛格，在《魔鬼終結者》系列飾演從未來世界回到現在的生化機器人。

的給藥器後，[3]不顧原先的設計在圖上亂畫。數以千計的郡、市鎮與街區都混攪在一起。比佛利山莊跟好萊塢西區位於洛杉磯中間，卻分屬不同的城市。洛杉磯校區有六十八萬七千名學生，但是其他二十三個校區只有二十個學生甚至更少。沙加緬度的情況也沒有比較好。加州政府有三百個政治任命的理事會或委員會，從加州海岸委員會到語言病理、聽力與助聽器材分配委員會。加州還有世界第三長的州憲法。[2][4]拜一長串公投法律案之賜，四分之三的預算都脫離了州長的控制。錢的流向跟泥巴一樣不透明。自從十三號法律案強迫州政府金援地方政府之後，沙加緬度不得不補助各市鎮，而自己還得向華盛頓求救。醫療、學校、社福以及其他許多項目所需的現金在沙加緬度、華盛頓與各個加州市鎮之間來回潑灑，以至於要追究加州政治人物弄錢跟花錢的責任成為不可能的任務。

加州政府的第一宗罪是太過時了。這個政府最後一次大型整頓發生在一八七九年；當時的人口只有八十六萬五千人，而且大多數的加州人都在鄉下種田。今天加州人口已經增長到三千七百萬，一個州參議員的席位代表的人口比當時全州所有的參議員代表的人口還多。如歷史學者凱文．斯塔爾所注意到的，「一個為了照顧不到一百萬人所設置的機構，今天卻管理著幾乎四十倍的人口，那麼發生集體的政治神經崩潰也就不令人訝異。」[3]

在這一點上，加州不過就是整體西方政府因為混服了迷幻藥而茫掉的版本。責任區域的重疊在整個西方都很普遍。在澳洲，聯邦政府負責主要的醫療保健，但是醫院由各州營運。在歐洲國家，收稅是中央業務，但是花錢的大多是地方或區域政府。歐盟在歐洲，越來越像華盛頓在美國所扮演的角色，只是增加了一層規範與授權。美國憲法是為一個有十三個州與四百萬人口的國家而設計的；那時候組織武裝民兵跟防止有人自立為王是重要考量。制憲元勳們並沒有計劃把北達科塔州或加州納入聯邦，也想像不到日後這兩個州儘管人口相差五十七倍，在參議院裡卻擁有相同的票數這種麻煩的結果。在歐洲，拜兩次世界大戰之賜，政府被重新設計的時日還不算太久，但是許多古代的怪事，比如英國的上議院，仍然繼續存在。

政府有太多部分的運作似乎假定我們仍是敬畏上帝的自耕小農，所以美國小學生的夏天放三個月的假，好讓他們在家裡的農場幫忙，就像十九世紀時那樣。如今農業只僱用百分之二的人口，但美國農業部仍是華盛頓最大的官僚組織之一。在這個時代已經少有企業把安息日視為神聖了，但英國國民保健署仍然奉行週末安息的觀念，以致一百四十九間公立醫院裡，有一百二十九間的週末死亡率較高，希靈頓

3 搖滾樂團「死之華」主唱；該樂團有一張專輯叫《藥盒》（*Pill Box*）。
4 僅次於第一長的印度憲法與第二長的美國阿拉巴馬州州憲。

的某家公立醫院甚至高出百分之二十七，因為星期六日上班的醫生比較少。[4]無論歐美政府，都還在用羽毛筆跟算盤來治理Google與臉書的世界。

現代性與效率之間並不存在簡單的關聯。許多古代的怪制度實際上運作得很好：美國人尊重他們的憲法，這是正確的，因為美國憲法說對的地方遠比說錯的多。在此同時，西方對建立新形態政府的最重要嘗試，即歐盟，卻充滿了責任重疊的混亂。關於歐盟，就連基本的問題都很難回答，比如「歐洲議會是做什麼的？」設置一個單一貨幣卻沒有共同的財政監管，這種瘋狂現在大家都看到了。某種程度比這個更糟的是，歐盟沒有修正這些設計失誤的能力，就連發生危機也幫不上忙。

所以「新」並不總是「更好」。不過歐洲與加州並沒有那麼不同。兩邊都需要辯論一下，到底他們想要什麼樣的政府。兩地的問題都是結構要與目的相符。然而這件事，由於以下兩個罪，已經變得過於複雜。

## ❖第二宗罪：鮑莫爾病

加州在提升公部門效率上一直沒有長進。我們提出的第二宗與第三宗罪——都是根據著名的經濟學者來命名——有助於解釋為什麼政府的成本會越來越高。曼柯爾．歐爾森法則關注的是政治，以及利益團體的力量。但是在那之前，我們要先考慮第二個罪：鮑莫爾病。

威廉．鮑莫爾從一九六六年起發表了一系列經典的論文，指出在勞動密集的產業裡，生產力提升速度比較慢，而在資本可以用機器取代勞動力的產業裡，生產力提升的速度就快上許多。[5]

鮑莫爾用一個取自古典音樂的例子來證明，有些人類活動本質上就是勞力密集的。自從貝多芬寫下他的弦樂四重奏以來，世界已經有了很大的改變，但是你仍然不能用少於四名演奏者的編制來演奏這些曲子。鮑莫爾病所指出的是，政府無可避免會變大，因為政府佔據了經濟裡勞動密集的領域。製造業的效率一直在提升，但是勞動密集的服務業比如教育跟醫療則否（這些都越來越部分或完全由政府提供）。鮑莫爾認為，一般學院教授講課的速度不可能比十年前更快；同樣地，一般外科醫生動相同的手術也不會變快。

這個現象有另外一面。隨著人們拜生產力提升之賜而越來越富裕，他們會願意多花一些錢在教育與醫療上，特別是當一般商品的價格下跌之後。但許多教育與醫療服務的成本也上升了，因為科學技術進步了，標準也隨之提高了。擔任歐巴馬首席經濟顧問直到二〇一〇年後期的賴瑞．薩莫斯指出，美國人的平均薪資，如果用電視機的價格來衡量，那麼從一九七〇年晚期至今已經增長了十倍；但如果是用醫療費用的價格來衡量，則薪資水平是下跌的。同樣的現象也適用於歐洲的平均薪資。

從這樣的觀點看出去，晚近的政府發展史很大部分是在對抗鮑莫爾病，唯一的不同只是使用的辦法有別。加州已經取消部分服務，並把另一些服務的成本轉嫁給使用者。加州學生現在得自付大約一半的教育成本，而一九九〇年時的學生只需支付百分之十二。[6]這樣發展的主要結果是品質下降，而不是生產力上升。四十年前加州曾擁有世界上最棒的教育體系，但今天加州學生的文盲程度跟平均每人教育支出可以跟密西西比州比誰更糟了。更廣泛地說，美國嘗試面對高等教育成本不斷攀升的問題，結果造成學生普遍得背學貸的現象，總額接近一兆美金。在歐洲，大學變得像貧民窟，因為主事者吝於投資各種設施。

歐美大陸上的人們對於政府沒辦法像科技業或製造業一樣地提升生產力而大感憤怒。如果鮑莫爾是對的，那麼沒有人有辦法阻止政府越變越大。這是一個根本的問題，我們將留到第七章再來討論。但是另一個法則指出，政治要負的責任不比經濟來得少。

## ❖第三宗罪：歐爾森法則

如果威廉．鮑莫爾是一個讓政府改革者十分頭大的名字，那麼曼柯爾．歐爾森就是另外一個。歐爾森在《集體行動的邏輯》（1965）書中指出，利益團體在民主制度裡擁有巨大的優勢。搞組織是辛苦的，需要很多金錢、時間以及精力，所以小選區組織起來遠比大選區要容易得多，因為小選區追求的是對他們有重大影響的特定目標，而大選區追求的目標比較廣泛，也更容易出現太多搭便車的人；這種人只想享受政治行動產生的利益，卻不願為此付出代價。「團體越大，要增進共同利益就越困難」，歐爾森用一句話俐落地陳述了這個問題。[7]

加州總是有特殊的利益團體非常積極地掌握匱乏的資源，比如水：只要看《唐人街》這部電影就能了解。[5]在加州中央谷地，你能看到納稅人的錢就在你眼前蒸發，因為農夫在那裡大量噴灑加州珍貴的資源：水，來種植本來不該種在沙漠裡的作物。但是有些事情改變了。五十年前加州的商界菁英遠比今天的人更關心公共事務。他們也許都是盎格魯撒克遜的白人新教徒（WASP），想盡可能少繳一點稅而且不要

5《唐人街》（*Chinatown*）的劇情演繹自二十世紀初期洛杉磯市與加州東部歐文河谷的農戶和牧場互爭水源的糾紛。

損及他們的勢力，但是他們對政府是否良好運作十分關心。今天的好萊塢、矽谷以及其他特權飛地的居民卻對自己的政府極其鄙視。最極端的狀況是，富人們在封閉社區裡與外界隔絕，有私人的安全警衛、醫療服務與學校。他們跟政府主要的關係，至少在他們的眼裡，只剩下簽一張支票來支付稅金，而且他們對這張支票唯一關心之處只是金額要越小越好。同時他們所經營與擁有的企業也日漸追求狹隘的利益（比如透過設定目標進行政治遊說）而非更廣泛的標的。這使得要商界人士支持公共利益，像是灣區的運輸系統，變得比以前更困難。而且個別企業為了給其他廠商製造進入障礙，都會遊說政府制定法規，導致政府增加監管業務。這是現代權貴資本主義的核心，解釋了為什麼會有這麼多政府補助落入這麼多人的口袋。

歐爾森法則也適用於公部門本身。事實上，很少有加州人利用這條法則比唐・諾維這位帶著淺頂軟呢帽的保守派更厲害。諾維的生涯起點是一九七〇年代在福爾薩姆州立監獄擔任矯正官。當三十年前他當上加州矯正治安官協會主席時，只有兩千六百名矯正人員在他所稱的「全州最剽悍的巡邏區」值勤，而當時加州監獄的囚犯總數只有三萬六千人。今天加州有十三萬名囚犯，矯正官協會則有三萬一千名成員，而州政府花在獄政的錢差不多跟花在高等教育的錢相當，這還是在諾維建立的「監獄產業複合體」（prison-industrial complex）[8]幾經裁減之後的數字。

諾維很精明地跟共和黨議員與監獄建造商組成了一個「鐵三角」，並賦予這個組合一個冠冕堂皇的目標：讓罪犯得到更嚴厲的處罰。矯正官協會除了倡議「三振法案」(three strikes laws)，意思是對第三次犯下重罪的人執行終身監禁；並且設立許多受害者權益團體。加州的選區在經過有意的劃分後，使得大多數共和黨議員所面臨的最大威脅只是黨內初選的競爭者，這鞏固了諾維的權力。誰要是不順從主流意見，就會看到大量金援流向他黨內初選的競爭者，所以即使是財政保守主義者也會同意大筆揮霍。等到諾維在二〇〇二年放棄矯正官協會主席職務時，州政府已經興建了二十一所新監獄，部分獄卒的年薪超過十萬美金，退休金的所得替代率高達百分之九十，而且五十歲就可以退休。[9]近年來隨著這些年金與福利公諸於世，「監獄產業複合體」也受到猛烈抨擊，三振法案也被放寬了。然而改革者一再碰到歐爾森法則的難題：一個小而堅定的遊說團體就能讓廣泛的公共利益無從實現。

加州的預算受到各種工會的反覆檢視；各教師工會對學校預算（以及民主黨議員）的監督非常嚴密，就像矯正官協會對監獄與共和黨議員所做的那樣。加州教師協會在二〇〇〇年到二〇一〇年之間投注了超過兩億一千萬美元在政治選戰中，高於州內任何其他獻金捐助者，甚至超過製藥、石油、菸草業獻金的總和。[10]美國公部門加入工會的人數超過私部門的工會成員，儘管私部門比公部門大得多。這個趨勢也出現在歐洲大多數國家。公部門的工會有很大的影響力。他們可以讓事情停擺，包括與生活息息相關的服務，比如地鐵，但他們自己不用承受太多後果。他們樂於與中間偏左的政黨維持緊密關係。英國工黨領袖艾德・米利班〔2010-2015〕，就是靠公部門工會的票源才有這個位置。在美國一九八九年與二〇〇四年之間的聯邦選舉中，最大的政治獻金贊助者是「美國州、郡、市政府僱員工會」。[11]公部門工會的領導者也比私部門工會的領導者更了解實際狀況。英國醫療協會（代表醫生的團體）與美國全國教育協會（最大的教師工會）的重要人士則常常以醫療與教育專家的身分出現在新聞媒體上，而不是作為利益團體代表。

這樣的影響力在兩個重要方面產生效果。其一是要解僱一個公部門僱員非常困難。加州教師在任職三年或更久之後，只有百分之〇點三的人被解僱。即便一個教師的桌子裡被找到色情照片、大麻、古柯鹼殘留的小瓶子，州政府的職業適任評議委員會還是會避免做出解僱的裁決。[12]其二關乎利益。有時候就是薪水。人口只有三萬八千人的（加州）貝爾市，是一座由拉丁裔組成的貧窮小城，但在二〇一〇年，市民卻驚駭地發現市政執行官的年薪高達七十八萬八千美金，而警察首長的年薪達四十五萬七千美金。兩年之後，彭博社一項調查揭露了令人瞠目結舌的公務員薪水：州立醫院的精神科醫師年薪八十二萬兩千美金，高速公路巡邏警官的薪資與津貼一年達四十八萬四千美金，十七名監獄官員與九百名監獄僱員的年收入也超過二十萬美金。[13]然而，最主要的問題還不是薪資本身，而是福利。

西方各國的政治人物一再給公部門的薪資協議作「後期加碼」(back loaded)，好讓薪水增加不多，但是休假增加，特別是已經很優厚的退休金變得更多。當人們看到希臘有多少公務員五十歲就退休而且不曾丟掉飯碗的人如此之少，不知多感到震驚。但是許多美國公部門的機關已經變成「讓退休金暴增」的大師，他們把退休金計算的基準連結到退休前最後一年，而不是連結到一段長時間的平均薪資，他們還鼓勵即將退休的警察與地鐵司機超時加班。加州在二〇一二年通過一項防範退休金暴增的法律，但是有位加州公部門員工肆無忌憚地利用一切可運用的額外福利跟加班津貼，在退休時拿到六十萬九千美金；另外十七名公部門僱員靠著未用完的休假拿到超過二十萬美金。[14]

在某些國家，比如義大利，選上公職的政治人物也加入這種遊戲。義大利的國會議員，從一九四八年起逐步把自己的薪水增加了六倍，而該國的歐洲議會議員每年的薪資為十五萬歐元，是英國和德國同事的兩倍。他們的福利也比較好：義大利總統有九百名手下聽他差遣，是德國總統的八倍之多；同時義大利政府擁有五十七萬四千兩百一十五輛豪華轎車，為這整個統治階級，十八萬名被選出來的民意代表，提供服務。[15]但是收受福利最多的人通常是那些未經選舉產生的公職人員。加州克萊蒙特．麥克納學院的研究員威廉．佛格利清楚地說出了重點：「這個小集團總是獲勝，因為他們在這場遊戲中待得比那些來來去去的政治家要久得多，更不用說一般公民了，用自己的稅金來餵養這部魯布．戈德堡機械[6]，卻鮮少有人去閱讀那本龐大的使用手冊。他們發怒的時間不夠久，以至於改變不了任何事。」[16]再說，這一切所造成的最大成本還不是人事，而是由此而來的所有條例與規範。

## ❖第四宗罪：過度積極的政府

很少人比希德尼．韋伯更信賴政府的力量以及專家的智慧，如我們前面所見到的。但是作為一個理髮師之子，也許連他也會嚇一跳，如果他知道在加州要當一個髮型設計師，得花幾乎一年的時間學習剪髮跟吹頭髮的技術。這是加州剪髮與美容理事會的貢獻；他們的網站上隆重地貼出一張布朗州長的禿頭照片，一些對「危險的足部護理」的警告，以及對「安全涼鞋季」高度的讚揚。加州並不是特例。如果你想在德州從事假髮行業，你得上三百個小時的課程，還要通過考試；阿拉巴馬州規定美甲師得接受七百五十個小時的指導；佛羅里達州要在你完成四年的大學學位、兩年的學徒訓練、最後還要通過一場兩天的考試，才讓你當一名室內設計師。希德尼跟碧亞翠斯或許寫過一部十卷的地方政府實務，但是他們做夢也不會想到利維坦還負責讓臣民免於配色錯誤的危險。

第四宗罪就是「過度積極的政府」：不斷衍生的政府規範，而且還極其複雜。這種過度積極的問題最讓人疼痛的，就是不可避免地會加稅。加州州政府與地方政府蠶食了百分之十八點三的州生產毛額，相較之下德州只有百分之十二點一。就像西方世界的其他地方，加州不斷發明新的加稅方式（比如菸酒賭博稅等罪惡稅），然後再發明新辦法讓特定群體免除那些稅。網路公司的熱潮把混亂的稅制變得更混亂了，因為這個熱潮先是引誘政治人物把籌碼放在資本利得稅之上，然後在網路經濟的泡沫破裂後，又帶走了那些資本利得的大部分。聯邦的稅制甚至更糟。美國的稅法條文在過去十年裡幾乎增加了三倍，來到四百萬字之譜，而且平均每天修正一次。稅法對小型企業有四十二種不同的定義。美國國稅局還出版了一本九十頁的小冊子來解釋與高等教育相關的十五種租稅獎勵。難怪在繳稅的時候，十個人當中有九個要

6 魯布．戈德堡機械（Rub Goldberg machine）來自美國漫畫家魯布．戈德堡的作品，畫中的科學家設計出一款複雜的機器，可以在他吃飯時啟動餐巾來幫他抹嘴，但這個簡單的動作卻需要用到十三個步驟，後來這個概念就用來指涉以極為繁複而紆迴的方法去完成其實很容易就做到的事。

花錢請人幫忙才能填完那些申報表。

稅務還只是監管重擔的一部分。[17]把Google趕到堪薩斯市跟德州奧斯汀市去試營運超高速光纖網路系統的，並不是加州的高稅率，而是Google預期加州環境品質法案的繁複規定可能讓他們無法招架。二〇一三年一份對一千一百四十二個大小企業進行的意見調查顯示，每十個生意人當中就有六人以上認為，在加州做生意還是比在其他州困難。[18]美國人喜歡批評歐洲國家對繁複的規範上癮，但是在這個自由國度的某些領域，問題甚至比歐洲更嚴重。依據美國法律，政府部門的新規範必須公佈在《聯邦公報》上。在一九五〇年代，公報平均每年增加一萬一千頁。在二十一世紀的頭十年，這個增幅來到每年七萬三千頁。從二〇〇九到二〇一一年，歐巴馬政府頒佈了一百零六部主要法規（所謂「主要」指的是對經濟的影響預期每年至少一億美金）以及數以千計的小法規。歐巴馬健保法案的篇幅超過兩千頁；陶德—法蘭克金融改革法案有八百頁主文與四百項附帶規定。聯邦政府要求醫院遵守十四萬條準則來治療各種病痛，包括被烏龜撞傷時該如何處置。[19]

這大部分都是歐爾森法則造成的結果：各產業爭相遊說，讓政府頒佈法規或例外來保住他們的工作。只要拿所有的「執業法規」為例就好；比如會讓希德尼・韋伯以他的技術也當不成理髮師的理髮技能規範。在一九五〇年代，只有不到百分之五的美國勞工需要申請證照。今天這個數字幾乎到達百分之三十。如果加上正在準備取得證照的人，或者他的職業需要某種形式的認證，那麼這個比例是百分之三十八。所有這些繁文縟節造成的成本如此巨大，除非你就是推動這些繁文縟節的壟斷集團一員，或者你受僱於負責執行這些法規的官僚單位。根據明尼蘇達大學的莫里斯．克萊納，證照制度使獲得證照者的收入增加大約百分之十五，差不多跟成為工會會員的效益相當（同時是工會成員又有證照保護的工作者，時薪可享百分之二十四的增長）。所以不令人訝異地，不需要證照的行業的工作增長率高於需要證照的行業，而這些種種法規使得跨州尋找工作困難重重。

加州（事實上也包括歐洲與整個美國）通過的許多新法律都有可敬的目標：更好的醫療照護，更乾淨的空氣，對少數族群更少歧視。但是就如非營利組織「公益」的菲利浦．霍華德[7]所指出，那些法律驚人地難以執行，而且一旦進了法令全書，又驚人地難以廢除。一個辦法是學習德州的榜樣，讓立法機關只在需要時才開會。另一個辦法是加入落日條款，好讓所有規範在一定時間後自動失效。

7「公益」（Common Good）是二〇〇二年由霍華德在紐約創辦的非營利性組織，主要訴求是根本改革美國法律，重建法律裡的常識。

## ❖第五宗罪：模糊的數學

表面上看來，傑瑞．布朗讓加州預算重回掌控，把十二億美金的赤字變成四十四億美金的盈餘，是一項了不起的成就。但是這跟你使用什麼數字很有關係。人們批評企業界會計帳做得很差，不無道理，因為有些東西被藏起來了，沒有出現在資產負債表上。安隆的帳外帳是出了名的。但是加州政府的數字遠遠更為狡猾。

要讓州政府財政平衡不只需要各式各樣的巧門，比如追溯既往的徵稅、把成本轉記到市與郡政府頭上等等，還有一招：把承諾給州政府員工未來的醫療照護與退休金隱藏起來。這些巨額的未來負債並沒有準備基金，實際上非常難以兌現。按照州政府的官方數字，無準備基金的負債金額是一千兩百八十億美金；但是如果正確計算的話，根據加州公共政策中心，這個財務黑洞達到三千兩百八十億美金之譜。差不多等於加州每個人負債八千六百美金。公道地說，布朗已經把這些負債打掉了一些，但是這個數字解釋了為什麼加州的債信評等在各州當中是全國第二低，只有伊利諾是更差的，因為伊利諾使用的會計手段甚至比加州更像黑社會。信用評等機構穆迪之所以對加州三十個城市進行審查，很大程度就是為了這個緣故。

但是加州在美國具有代表性。美國各州於二〇一三年承認，他們的退休金計劃只有百分之七十三有基金準備。然而這個數字是建立在一個極度樂觀到不負責任的貼現率之上（所以這些負債到時候很可能比現在更高）。如果用一間公司會用的利率來計算，真正有基金準備的部分只有百分之四十八。這表示在收入與負債之間有一個二點七兆美金的缺口，或者說佔了國內生產毛額的百分之十七。一些個別的州所扛的債務非常嚇人：伊利諾的退休金缺口相當於該州一年稅收的百分之兩百四十一。這還沒計入各市政府對市府員工慷慨許諾卻沒有基金準備的所有醫療保健福利與額外的退休金。當底特律在二〇一三年破產時，已經積欠了五十七億美金的醫療福利與三十五億的退休金發不出來。如果這是在華爾街，我們很難想像有人能捅出這樣大的樓子而不被逮到，更不用說其他技倆，像是讓人在退休前夕升官，或者給予員工過度大方的生活費指數調整。加州有兩萬名以上的退休公務員每年的退休金已經領到超過十萬美金。

聯邦政府的數字也沒有好到哪裡去。憲法第十四修正案宣示，「合眾國的公共債務的有效性……不可被質疑。」但是「債務」是什麼意思呢？根據政府公佈，由民眾所持有的國債大約十三兆美金。然而這排除了許多保證與承諾。加州大學聖地牙哥分校的經濟學家詹姆斯・漢彌爾頓，把聯邦政府的住房補貼、貸款保證、存款保險、聯邦儲備所累積的債務，以及政府信託基金加總起來，計算出聯邦政府二〇一二年在資產負債表之外的擔保責任高達七十兆美金，等於資產負債表上所列債務的六倍。兩個最大的缺口是醫療照護跟社會安全，漢彌爾頓分別估計為二十七點六兆跟二十六點五兆。[20]還有人算出更高的數字，連國防承諾也算進來：曾參與雷根總統經濟顧問委員會的勞倫斯・J・科特里科夫，把美國政府的財政總缺口，也就是支出承諾與預計稅收之間的落差，估計在二百一十一兆。[21]

對數字的模糊不清是公部門的一項詛咒。最壞的時候跟犯罪只是一線之隔。在被問到能不能從阿根廷的政府報告裡找出一個可靠的數字時，一群布宜諾斯艾利斯最有聲望的經濟學家進行了密商，然後給出了這樣的回答：「也許經貿數字當中有一個是可靠的，但是我們不確定是哪一個。」[22]一旦國家陷入麻煩，這些數字就完全失控了。希臘在面臨困局的時候，透過高盛公司的策劃，採用一套秘密（但是合法）的掉期交易來美化其（相對於GDP的）負債率。

但是就算在運作良好的地方，要對國內生產毛額或政府規模這類最基本的東西取得可靠或前後一致的數字，也是非常困難。二〇一三年夏季期間，美國的國內生產毛額在一個星期內上升了五千六百億美金，或者說成長了百分之三點六，只因為美國政府把計量系統改成加拿大與澳洲用的版本（但是G20的其他國家並沒有使用）。[23]美國最著名的稅制改革者布魯斯・巴特利特指出，為什麼山姆大叔跟他歐洲的同儕比較起來相對苗條，有一個原因就是會計方法。在歐洲，大多數醫療支出會直接出現在公共支出項目裡；在美國，卻隱藏在繳稅的扣除額中。在二〇一二年，僱主提供醫療保險的扣除額為四千三百四十億美金左右，約佔國內生產毛額的百分之三。把這些「稅式支出」納入預算的話，美國的社會支出淨額就上升到國內生產毛額的百分之二十七點二，超過義大利、丹麥以及經濟合作暨發展組織機構的平均值。對教育的租稅優惠也是類似的狀況，同樣隱藏了政府的支出承諾。事實上，另一位評論家蘇珊娜．梅特勒認為，如果你把這整個「被掩蓋的政府」都納入考量，山姆大叔跟他歐洲的同儕是差不多相同尺寸的。

在歲入這一面，模糊與掩蓋的情況甚至更嚴重。大多數分析師在評估一間公司的時候，大多先看收入從哪來。除了少數可敬的例外，比如採用均一稅率的愛沙尼亞，絕大多數政府的收入面是複雜到荒謬的程度，往往也因此很不公平。幾乎所有的稅法都因為補助、減免跟優待富人的繁複條款而破碎不堪。而且這些很少有恰當的理由。美國稅法最扭曲的一點就是，你為房屋貸款所付的利息可以從稅款中扣除。一九一三年通過的所得稅法讓任何種類的利息得以免稅，房貸利息只是意外留下來的一項好處。

這類模糊不清主要是對納稅人不利。但是狡猾的財報數字也對政府越來越不利了。如果你不能信任財報數字，你怎麼有辦法運作一個複雜的機構？如果你分不清楚不同種類的支出，你怎麼能規劃未來？一般公司會區分為了投資而產生的長期債務以及短期的流動資本。比起一般公司，政府或許更有理由對長期計劃進行投資，特別是用在基礎建設上。為了興建學校或橋樑的借貸，應該跟為了支付薪資、失業救助或農業補貼的借貸區分開來。但實際上這些都被混在一起。當英國的（保守黨與自由民主黨）聯合政府上台，著手削減其他政府開支時，連對基礎建設的投資也一併砍掉了，即使一般認為投資基礎建設是促成經濟成長的好辦法。

## ❖第六宗罪：給有錢人更多補助

第六宗罪是政府不再「進步」了。政府不但不注意那些最需要的人，比如窮人跟兒童，反而把大筆的錢花在老人跟日子相對過得好的人身上。

在加州，有錢人跟窮人同樣沒有得到政府的善待。前者負擔了政府支出中很大一部分，特別是透過資本利得稅。窮人也許沒繳多少稅，但是也沒能吸引政府把錢花在他們身上。這些錢主要是流向中等收入的加州人身上。他們比窮人上更好的學校。他們的街道常常有更多警察（比佛利山莊比（勞工階級聚居的）坎普敦有更多的義務巡邏隊）。他們更有機會進入公立大學，因為購屋而申請房貸減稅，擁有一個能領取補助的農場，或者去看由公部門贊助的芭蕾舞劇。只有在一個時候聯邦政府才會把資金灑在每一個加州人頭上，那就是當他們年紀大了，便可以享用聯邦醫療保險[8]、社會安全保險這些古老的福利。

這也是典型的現象。儘管有了一個世紀的經濟成長，大政府卻幾乎不長進。在二〇一二年大選中，共和黨人極力強調一項事實：百分之四十七的美國人（「白吃白喝的傢伙」）一毛錢的稅也不用繳，而百分之一的富人（「真正的創造者」）負擔了所有所得稅的百分之四十。然而魔鬼藏在細節裡。[24]美國的窮人有支付薪資所得稅、州稅跟地方稅，然而美國的有錢人卻從健康保險、房貸利息與教育支出得到減免利益。這些「租稅優惠」現在的價值是一點三兆美金，約合國內生產毛額的百分之八，而且當中的百分之六十以上給了美國最富有的百分之二十的人。把所有這些考慮進來，最富有的百分之一所負擔的稅佔比跌到百分之二十一點六，很接近他們在稅前所得的佔比。

接下來看收支帳上支出的這一面。窮人的情況甚至更差。說到失業保險與其他

8 美國政府向六十五歲以上的人所提供的醫療保險。

現金給付，美國並不是個慷慨的國家。至於對學前教育的支援，這個一般認為是促進機會均等最好的辦法，美國做的更比其他富裕國家差一大截。令人瞠目結舌的是，美國在公共住宅的總預算，只相當於最有錢的百分之二十的美國人從房貸利息減免中所得到的利益的四分之一。事實上，如果你把支出與稅收放在一起，包括所有租稅優惠，就會看到政府對最上面五分之一的人總共挹注的錢，還比對最下面五分之一的人更多。

比起美國人，歐洲人喜歡認為自己對窮人更為「慈善」。至於像歐洲那樣給窮人那麼多算不算慈善，是一場很長的爭論。因為救濟有一個不良的副作用，會使人無法擺脫依賴。比如說，英國有二十五萬家戶是家中沒有任何一人曾得到過任何一份正式的工作。但是歐洲國家在其他方面是比較不慈善的。他們比美國更仰賴消費稅，這對窮人造成超乎比例的打擊。他們也更傾向通過「普遍」的福利來補助中產階級，特別是對老人。但是，對米克．傑格爵士跟艾爾頓．強爵士[9]發放免費公車證能有什麼意義呢？

歐美大陸共有的一個問題是，他們花了更多錢照顧老人而非年輕人。美國的預算與政策優先研究中心計算出，在所有福利支出裡，超過一半是流向老人。[25]大衛．威利茲是英國保守黨議員中最有頭腦的人之一，他說，英國的嬰兒潮世代（出生於一九四五與一九六五年之間的人）從政府系統中領走的，將超過他們所繳納的近百分之二十。[26]這場世代鬥爭中最大的輸家是年輕人。二〇〇七到二〇〇八年的經濟危機造成的負擔，不成比例地掉在年輕世代的肩膀上，而這個群體，不管他們其他方面表現如何，是最不需要為造成經濟危機負責任的一群人。[27]年輕人，特別是在歐洲，普遍覺得自己被拋棄了。[28]

這有一部分又是歐爾森法則在作怪。絕大多數美國政治人物寧願在公眾眼前脫光衣服，也不願意招惹美國退休人員協會。西方人口老化很快，而且年長的公民比年輕人更願意去投票。這使得政府不但向老人而非年輕人傾斜，甚至還倒向過去而不是著眼未來。尼可拉斯・伯格魯恩與內森・加德爾斯的憂慮是有道理的：「民主是投票支持過去，因為那就是投票支持現在的既得利益者。」[29]

## ❖第七宗罪：政治癱瘓與黨派僵局

六十年前，加州的政治是很溫暖的。在一九五〇年代早期，派特・布朗，現任

9 米克・傑格（Mick Jagger, 1943-），滾石樂團的主唱，七十三歲；艾爾頓・強（Elton John, 1947-），作詞作曲家、製作人、歌手，六十九歲。

布朗州長的父親，當時民主黨籍的州檢察長，常常跟厄爾．華倫，共和黨的加州州長，在星期五共乘一輛汽車從沙加緬度到舊金山。但是在過去三十年的大多數時間裡，加州都陷入黨派僵局之中。共和黨向右靠，民主黨向左走，兩陣營之間拉開一片廣大的無人地帶。傑瑞．布朗在二〇一一年再度當上州長後隨即提出第一份預算案，他說，政治就是一場「莫多克人」跟「阿拉美達人」間所進行的原始戰鬥（莫多克是一個鄉下的、保守的共和黨郡，阿拉美達則是舊金山東邊一個自由派的飛地）。

在支持特定黨派的媒體頻道上（比如福斯新聞）或在部落格上譴責這種敵對狀態蔚為一種風尚。但是問題有更深的根源。加州人正在選擇跟想法相同的人住在一起。舊金山大概是全國最左翼的飛地，中央谷地則是全國最右翼的地區之一。美國海軍的太平洋艦隊有三分之一駐紮在聖地牙哥，而舊金山的居民則投票反對軍方在高中設攤召募軍人。這種政治版的「同種配對」又被有意的選區劃分給強化了，造成十八世紀的腐敗選區[10]有了二十世紀的現代版。其結果是政治人物唯有訴求極端選民，才能得到政黨的支持。阿諾．史瓦辛格之所以能當上州長，只是因為一場罷免選舉讓他得以跳過共和黨的初選程序。[11]直到傑瑞．布朗以顯著的民主黨多數重返政壇之前，政治僵局在沙加緬度是司空見慣的。

華盛頓的癱瘓程度看起來甚至更為嚴重；通過預算都成問題，更不用說處理福利方案。在《比表象更糟》一書中，分別任職於布魯金斯研究中心與美國企業研究所的湯馬斯．曼與諾曼．奧恩斯坦認為，美國政黨的行為越來越像內閣制政黨：困在議事廳裡，被意識型態與仇恨所激化，但國會多數黨又沒有像議會內閣制那樣，手上有足夠的籌碼（補助、賄賂等）來貫徹自己的意志。自從一九五九年蓋洛普開始做民意調查起，美國人對國家的前景從來沒有像此刻這樣悲觀過，華盛頓則活在一個對外隔離與停止運轉的世界裡。在二〇一三年的國情咨文中，歐巴馬指出，「地球上最偉大的國家無法靠著在一個又一個人造的危機中漂流來推動其政務。我們辦不到。」到了該年十月，美國政府真的就關閉了。

歐元區的困境甚至更嚴重，被更大的經濟問題與更失能的政治體制所拖累。歐洲也許沒有那種激烈到讓共和黨人與民主黨人分裂的意識型態爭鬥：大多數歐洲政治人物都是務實的中間派，對美國人為了墮胎與同性婚姻而引發的文化戰爭提不起

10 英國歷史名詞，指人口凋敝但仍有資格選出國會席位的選區，通常由一人或一個家族所控制。

11 加州選民在二〇〇三年發動罷免當時的民主黨籍州長格雷．戴維斯（Gray Davis），選票上有兩個問題，第一個是同意／不同意罷免戴維斯（結果罷免案以百分之五十五點四通過罷免），第二個是圈選繼任州長。共和黨籍的史瓦辛格是在這樣的情況下繞過黨內初選，以選民連署方式直接挑戰州長位置，最後並以百分之四十八點六的得票數打敗民主黨與同黨的其他競爭對手。

興趣。但是儘管如此，歐洲還是在一些強大的力量勢均力敵的對抗中被癱瘓了。比如說在歐盟層級的政治人物想要把決策權集中起來，但是各國國內的政治人物（特別是在北歐）想要把這個權力留在本地。盎格魯撒克遜裔與北歐的國家想讓政府遠離私部門，而歐陸國家卻認為政府應該介入。這總是導致決策緩慢，即便事關所有人的利益。例如光是一個共同專利就耗費了十幾年：就算在這麼多年之後，單一市場仍然只適用在歐洲大約四分之一的商品與服務。然而歐元危機已經把僵局變成生存威脅了。這個在債務人與債權人之間、在北部歐洲人（受夠了一直援助逃避責任的傢伙）與南部歐洲人（受夠了一直被外國頤指氣使）之間的巨大鴻溝所造成的毒害已經越來越嚴重。結果是每一個救援的嘗試都變成：好人只做一半然後被怨到半死。

也許這一切僵局、丑劇與怨怒最危險的影響是外界很少看到的一點：這使得有才幹的人對這個已經被低薪與僵化的層級弄得面目全非的公部門更為裹足不前。這一點在某些私部門的領域特別清楚：政府如果打算與時俱進，特別需要了解這些私部門是怎麼回事。在加州，沙加緬度跟矽谷真正的落差表現在新進人員的素質上。二〇一二年的美國大選只送了六個工程師進眾議院，再加上一個物理學家、一個化學家以及一個微生物學者。[30]在歐洲，這個差距似乎更大。在二〇一〇年的英國大選進入下議院的議員當中，只有三個人填自己的職業是「科學或研究」（相較之下大律師則有三十八個）。[12][31]

## ❖見一下所有問題當中最嚴重的那個：就是你

這七宗罪最讓人擔心的一點是，那都是人類處境的一部分。人們總是傾向認為，國家之所以出問題，是因為把太多權力交到特殊利益團體的手上，或者受到官僚病的襲擊。但是最終來說，那都是因為把權力交給人民。民主之所以面目全非，是由於我們做了不實際的預期與提出互相矛盾的要求。

加州是民主危機的終極例證，因為加州的倡議制度讓公民得以直接控制納稅與支出。加州人過去行使這項權力的方式完全不令人意外：為自己爭取更多權益並且降低賦稅。他們給政府能徵收的稅，比如財產稅，設了上限；同時又投票支持增加開支的計劃，包括討喜的（廣設學校）以及嚴厲的（三振法案）。所有其他州也有同樣的問題，只是版本不同而已。如果美國陷入政治癱瘓，那麼墓誌銘很可以寫上「為人民所有，為人民所治，為人民所享的政府」。如果歐元區崩潰了，那麼墓誌銘應該

12 大律師（barrister）指的是英國制度中有資格在高等法院進行訴訟的律師。

是尚—克勞德．容克，盧森堡前首相（現任歐盟委員會主席），在二〇〇七年說的一句話：「我們全都知道該做什麼；但是我們不知道一旦做了該如何再度當選。」[32]

瓦爾特．巴傑特[13]喜歡說，防杜過度徵稅（並由此防杜過度政府）最好的辦法就是議會敏於聽取公眾的意見。但是他沒有考慮到大眾能夠同時要求低賦稅跟大政府，更沒有料到政治人物能夠提供大眾所要求的、卻把成本隱藏起來或者向未來世代舉債。西方選民很高興擁抱米爾頓．傅利曼的小政府革命，如果那代表支付較少的稅以及廢除繁文縟節。但是如果那代表政府的服務變少或者食品安全降低，選民們就不會高興了（傅利曼的黃金歲月是在自由派的舊金山度過而不是在支持傅利曼思想的德州城市拉雷多，這倒是很有意思）。有堅定信念的政治人物消失了，並不是因為有骨氣的人少了，而是因為選民不要他們了。「貝魯斯科尼就是我們」，如芝加哥大學的路易吉．津加萊斯如此表示。[33][14]

## ❖還有一個重要的美德

加州很容易讓人沮喪。一百年前阿根廷看起來充滿未來，但現在是個狀況極差的國家。破產現在是加州日常的一部分。當聖貝納迪諾破產的時候，市檢察長建議居民把「門鎖上，把槍上膛」，因為市政府已經負擔不起足夠的警力。在接任州長之後，傑瑞．布朗抱怨說：如果把民眾的福利拿掉，可能很容易就引發一場霍布斯式的「所有人對抗所有人」的戰爭。

然而在布朗領導下，有些事情已經改變。這個美國的希臘開始整修自己。他們已經跨出對一切藥物成癮的人來說最重要的一步：承認自己有問題。布朗已經讓預算達成平衡（加州參議院議長達瑞爾．史坦伯格描述這件事「簡直像超現實」）。加州當局預計預算盈餘可以往後維持一段時間（假如你忽略無基金準備的負債跟稅基會大幅變動的本質）。布朗也強迫民主黨人接受大幅度的削減支出，並說服選民接受加稅，以修復財政秩序。更重要的是，多虧史瓦辛格時代通過的一些法律案，加州體制的某些設計失誤已經開始被改正了。預算通過不再需要立法機關的三分之二多數。

13 瓦爾特．巴傑特（Walter Bagehot, 1826-1877），《經濟學人》自一八六〇至一八七七年間的總編輯，《經濟學人》在他領導之下增強了對政策的影響力。著有探討英國國會與王權的《英國憲政》（*The English Constitution*）一書。

14 貝魯斯科尼（Silvio Berlusconi, 1936-）曾擔任三屆義大利總理，是戰後執政最久的總理，他還是傳媒大亨、職業足球隊ＡＣ米蘭的老闆，出言大膽、作風開放，是八卦媒體經常報導的對象。路易吉．津加萊斯在著作《為人民的資本主義》（*A Capitalism for the People*）一書中警告美國不要落入貝魯斯柯尼式的權貴資本主義：重視生意人甚於重市場，關心政治青英是否口袋滿滿甚於關心窮人的處境是否有所改善。

在開放初選與選區重劃上這個州已經有快速的進展，也產生了一些有意思的結果。

那甚至有點像是中間務實主義的復活。開路者之一是麥可．米爾肯，前垃圾債券大王。他有一間總部設在聖塔莫尼卡的智庫，每年都會對州政府的狀況發佈報告，也接連提出構想來解決問題（其中許多方案都有資金為後盾）。另一位是尼可拉斯．伯格魯恩跟他的「長期思維委員會」：這是一個信奉技術專家治理的團體，由民主黨與共和黨政要以及企業領袖組成，致力於縮小矽谷與沙加緬度之間的差距。他們贊助了一些倡議案，也與布朗密切合作。州長本人也一再重申這種中間務實主義，因為他一方面抨擊共和黨只會減稅，另一方面也批評他所屬政黨（民主黨）的「政府中心主義」世界觀。他對《彭博商業週刊》說，「福利既造成依賴，也擴大政府的力量。如果一切都以政府為中心，那你就無法再說我們能靠自己的力量做更多事。這是不相容的。」[34]

需要整頓的業務仍然非常多，比如退休年金。財政平衡非常仰賴有錢人：頂端那百分之一的富人支付了州所得稅收的一半。加州許多城市的財務看起來仍十分危險。但是如果連失能的加州都能振作起來，其他州應該更有希望吧？我們確實能找到幾道希望的微光：從災難中復元並修正其錯誤，仍然是一個地區最值得讚賞的特質。歐元危機迫使一些經營不善的國家進行改革：義大利通過一個令人刮目相看的年金改革，西班牙已經開始整頓其扭曲的勞動市場。在美國，州層次的革新超過了華盛頓。堪薩斯設置了一個「廢除官」（the Repealer）的職位來消除繁文縟節；也發獎金給高中，如果他們的學生在特定行業裡通過資格認證。有四十五個州正在開發新的課程計劃，有三十八個州已經將教師的薪資與績效掛鉤，有四十二個州開始實施學校公辦民營。這樣的例子還可以繼續列下去。

甚至在我們這個處於「三個半革命」中心點的國家，也不是全無動靜。作為一個伊頓公學畢業的務實主義者，又卡在一個笨重的聯合政府裡，大衛．卡麥隆或許看起來像個不可能的激進派，但是他已經啟動一項計劃，預計到二〇一五年時將戈登．布朗大筆撒錢的政策撤除完畢，把公共開支降低到國內生產毛額的百分之四十以下，約當柴契爾夫人於一九九〇年留下的水平。卡麥隆先生引發的反對遠比柴契爾少，很大程度因為大多數撙節的開支都是出於非意識型態的理由：比如凍結加薪、讓地方議會共用設施、減少警用車輛的購置等等。要不是因為「保證不碰」醫療支出，卡麥隆本來可以用遠遠更大的幅度精簡政府（令人震驚的是，二〇一二至二〇一三年國民保健署的開支，約一千兩百億英鎊，若以實際購買力計算，是一九九七至一九九八年工黨上台執政時同一項目開支的兩倍）。但是卡麥隆推行了更勇敢的教育改革：把半數左右的公立學校以不同方式外包出去，好讓學校可以決定老師的薪水；以及福利改革：給付項目簡化了，也設置了上限。地方主義得到深化，所以地方選出的首長可以撤換警察首長。卡麥隆原本想讓慈善團體跟志願者做更多政府工作的「大社會」(Big Society)計劃，至少有部分嘗試得以持續下去。15

在整個西方，越來越多人追根究底地質問政府的規模與範圍，特別因為當前的危機如此巨大，而當權者的回應如此笨拙。他們不光是對一些不容質疑的成規磨刀霍霍，而且還提出激進改革的藍圖。保守派的智庫(比如瑞典的「亭布洛」)了解到，光是宣揚法規鬆綁是不夠的。他們越來越專注於重新設計政府。左翼智庫(比如英國的「政策網絡」)也認識到，如果左派還想有未來，就需要克服對萬能政府的仰賴。

對重新設計政府進行思索的人大有人在，比如哈佛商學院的麥可．波特跟目前任職於倫敦政府研究中心的安德魯．阿多尼斯。值得注意的是，過去十年來加入這場爭辯的人數非常可觀。不只有政治人物與政策專家，還包括商業人士。皮特．彼得森，黑石集團共同創辦人，就認同伯格魯恩對美國政府的絕望。他正投入數億美金來引起人們關注赤字的規模。一些老聲音開始帶著新的急迫感說話。曾協助高爾提出「重新發明政府」(reinventing government)倡議的艾萊娜．卡馬克，在布魯金斯研究所創立一個有效政府管理中心。曾任布萊爾政策小組首席顧問的傑夫．馬爾根，則十分樂見民間機構可以解決公共領域的問題。大衛．卡麥隆的首席顧問以及「大社會」計劃的幕後頭腦史帝夫·希爾頓，想要重新設計適合Google時代的政府。耶魯大學的彼得·舒克關切「為什麼政府如此頻繁地失敗」，而菲利浦·霍華德認為部分的答案在於「沒有人當家」這個事實。管理顧問公司與其他企業認識到，修正政府將會是未來數年裡一個重大的挑戰（以及企業的商機）。麥肯錫企管顧問公司已經在戴安娜·法瑞爾的領導下建立了一個處理政府業務的中心。德勤與埃森哲兩家顧問公司也都有龐大的公部門業務活動。

但是儘管如此，進步仍然緩慢，抗拒仍然強大，而且逆轉太常發生。政治人物常走回頭路。選民繼續那個改不掉的習慣：答應要戒酒了，但是又溜到工具間去偷喝一杯。即便西方模式仍是唯一選擇，這樣緩慢的進步也已經夠危險了。但情況已非如此。東方不只在經濟上行進，同時也在展開打造國家的事業，試著把西方花了數百年才成就的東西塞進幾十年的發展裡。在經濟領域，西方過去所稱的「邊陲」正以核心的姿態重新出現。關鍵的問題是，這個現象會不會也在政治領域發生。

15 卡麥隆的政治生涯到了二〇一六年遭到嚴重挫敗，在英國的脫歐公投當中，原本信心滿滿的留歐派意外落敗，支持留歐的卡麥隆只好下台，把黨領導人與首相的位置讓給德蕾莎·梅伊（Theresa May）。

CHAPTER 6

# 亞洲的替代模式 The Asian Alternative

任何想要探究政府未來的人，有一個朝聖之旅是必不可少的，那就是拜訪世界上最小的國家之一，去探望一位據說多年之前便已從政壇退休下來的亞洲老人。這位「內閣資政」[1]的藏身之處是一組小套房，就在新加坡內閣的會議廳樓上（當然，這完全是巧合）。內閣資政的身形瘦弱，眼光嚴厲，很快就對他的訪客談到這個世界的走向，並解釋為什麼西方模式的政府已經落伍了。他的話讓來訪者銘記在心。當我們兩人其中之一於二〇一一年去拜訪他時，會面的時間被延後了，因為剛被選定為中國下屆領導人的習近平想排在前面，以會晤這位「我們尊敬的長者」。[1]一些西方人也已經在排隊。柴契爾夫人公開表示，「他從來沒犯過錯誤。」亨利．季辛吉也

1 新加坡為李光耀退休後設置的一項職務；除了李光耀外，沒有別人擔任過這項職務。

說過，在他曾會面過的世界領導人中，沒有人比李光耀給他更多的教益。[2]

我們或可如此稱之：李光耀是「亞洲替代模式」的創建者，他把喬治・華盛頓、湯馬斯・傑佛遜與詹姆斯・麥迪遜融為一體。自霍布斯的時代以來，談到政治理念的發明，西方一直是唯一選擇。但是現在西方有了挑戰者，一種不同的做事方式；大多數西方人會由此聯想到強大的中國，然而體現這種方式最先進形態的卻是小小的新加坡。其他的亞洲國家在發展自己的政府時，都由此擷取靈感。這個模式有其缺失與矛盾，其中大部分都正在中國上演。直白地說，我們不認為那是理想的前進方式。然而世界上其他國家可以從這種亞洲替代模式學到非常多東西。在我們所生活的這個時代裡，西方已經不再擁有一切最佳政策了。

## ❖當哈利遇上海耶克

李光耀的一生就是這種轉變的典範。五十年前，很少亞洲人比「哈利」・李（Harry Lee）更西化：照英國外交大臣喬治・布朗（任期為一九六六至六八年）的說法，他是「蘇伊士運河以東最道地的英國人」。作為殖民地新加坡的明星學生，他在倫敦經濟學院與劍橋大學深入地吸收了費邊主義，並且跟他的太太柯玉芝一樣，也以最優等成績畢業於劍橋法律系。他曾為工黨打選戰。當一九五九年新加坡獨立，他以人民行動黨黨魁的身分在新加坡取得政權時，他仍是哈洛德·拉斯基的門生，也仍崇拜碧亞翠斯·韋伯。即便到了今天，他大致上也仍喜愛英國文化：當柯玉芝臨終前，他用朗讀路易斯·卡羅、珍·奧斯汀以及莎士比亞的十四行詩來安慰她。[2]然而在文學之外，他已經超越了少年時期的痴迷。李光耀在一九六〇年代逐漸轉向右派，把新加坡建立成一個抵抗共產主義的堡壘，並且強化了他對權力的掌握。到了一九七〇年代，如他在回憶錄裡所解釋的那樣，他已經拋棄了一切對共產主義的幻覺：就是這種左派的幻覺導致了「英國經濟無可避免的衰敗」。[3]到一九九〇年代時，他閱讀了海耶克《致命的自負：社會主義的謬誤》，開始制定對國際企業「門戶開放」的政策，憑藉的是新加坡高教育程度的勞動力、法治以及低稅率。接著他動手打造世界上最小的政府。

要嘲笑他所創造的東西並不困難。新加坡是一個有死刑的迪士尼樂園，一個由麥肯錫企管顧問公司設計的天堂，一個超大型的購物廣場，但是裡面禁止嚼口香糖，亂丟垃圾會遭鞭刑。儘管總是談論「亞洲價值」，李光耀卻是一個務實的機會主義者，必要時可以非常強硬。反對者被送進監獄，市民們被當成兒童對待。而且這位偉大

2 柯玉芝於二〇一〇年辭世，享年八十九歲；李光耀則是在二〇一五年過世，本書出版時他還在世。

的英才政治信奉者也抵擋不住家族關係的誘惑：他於一九五九年到一九九〇年擔任新加坡總理，而他的長子李顯龍在二〇〇四年接下這個位子。

然而一個簡單的事實是：新加坡的崛起是過去七十年的奇蹟之一：這個國家一度是貧困的沼澤區，現在卻成為全球經濟的旋風中心。新加坡人所享受的生活水平、學校與醫院，比他們從前的殖民主在英國還要更好，而且新加坡政府做到這件事只取用國內生產毛額的很少比例：在二〇一二年只佔百分之十七。新加坡不只對中國來說是榜樣，對所有新興的、正在建立本國福利系統的亞洲國家來說也是。

李光耀拿了現代西方國家的菜單，再加以修改：兩份霍布斯，一份彌爾，再加上少量的亞洲價值。這少量的亞洲價值引起最多的注意，因為李光耀跟他的追隨者推廣了一種形象：亞洲在文化上是不太一樣的，更專注於家庭，更投入教育與儲蓄，更願意信賴做官的菁英。但那真的只是一層香料調味，是後來才加上去的。牛肉本身更大程度是霍布斯思想。李光耀的出發點是：「儘管這麼說令人遺憾，但是人類固有的本性是兇惡的，那種兇惡的本性必須受到限制。」[4]新加坡比起西方國家，更威權、更干預、更專橫，特別是關係到國家主導的資本主義。新加坡還有毫不遮掩的菁英主義，甚至還有點保皇黨的味道。李氏家族就像利維坦的擬人化。但是新加坡也有一點彌爾的成份。這是個很小的守夜人國家，給人民提供向上爬升所需的機會，然後就讓他們自己去謀求自己的福利。只要不挑戰社會秩序，新加坡人很大程度能夠決定要為自己的疾病與老年做什麼樣的準備。

新加坡這種威權現代化的模式因此對西方國家的兩個基本信念提出了挑戰，那就是：政府應該是民主的，以及，政府應該是慷慨的。但李光耀的模式卻是菁英主義的與吝嗇的。其他亞洲替代模式不像新加坡建構得這樣好，路徑也不同，其中一個明顯比較粗暴的是中國模式。他們跟李光耀共有的是：第一，他們不相信西方擁有一切問題的答案，以及第二，他們意識到政府是全球競爭的關鍵。在西方，政府是混亂的、不長久的、以及缺乏計劃的。在新加坡，政府則經過精心設計、認真而且組織良好，這樣的描述同樣適用於亞洲各個新興國家（只有實行民主的印度是一個顯著的例外）。

這一點很重要。亞洲人在政府問題上就是比西方更為努力。就某些國家而言，比如中國，是因為他們自視為正在與西方競爭。不過更常見的原因是他們正在彼此競爭。李光耀的朋友亨利．季辛吉指出，當歐洲正處在一個消除國家界線的過程，或者至少正在決定要把這條界線消除到什麼程度，亞洲的運作卻仍然處在西發里亞條約的時代，各個民族主義日漸高漲的國家彼此碰撞。他們都拚了命尋找新的構想。

這並不代表他們都能選對。亞洲模式，如我們接下來將看到的那樣，有真正嚴重的結構問題。特別是當你開始把這個模式套用在中國這樣分歧的國家上。把亞洲替代模式往前推的民族主義，也可以輕易地把亞洲替代模式給摧毀。就像歐洲模式幾乎被兩次世界大戰摧毀一樣。亞洲模式也可以被一件事實瓦解：亞洲人不像李光耀或中國人所稱的那樣獨特，他們同樣想要一個吃到飽的自助餐。然而很清楚的是，有些亞洲國家對於政府問題比大多數西方國家進行了遠遠更為嚴肅的思索，而且所有這些努力都正在吐出紅利。我們接下來首先要看看新加坡，這個亞洲替代模式運作最好的地方。然後是中國，這裡的矛盾與失誤就明顯得多。

## ❖ 一個菁英主義的保姆，但她身材纖瘦

新加坡政府有點像瑪莉．包平斯[3]，但她不只是一個神奇的保姆，還十分專橫，甚至有點邪惡。「什麼才是對的由我們決定」，李光耀曾經說過。「不要在乎人民怎麼想。」

李光耀向來表示得很清楚，新加坡對商業是開放的：世界上很少有別的地方可以讓大型跨國企業的設點更容易、關稅障礙更低、稅務更容易管理。但是新加坡政府也會指導經濟。他們敦促當地企業在「價值鏈」上往上爬：先把籌碼下在製造業，

之後在服務業，然後現在是知識經濟。新加坡政府也持有島上最大公司的股份，比如新加坡航空與新加坡電信。

李光耀的霸道在政治上更引人注目。首先，他的威權主義相當不細膩：有共產黨嫌疑的人會被監禁，選舉也受到操控。從一九六八到一九八四年的每一場選舉，他所屬的人民行動黨每次都贏得所有席次。現在的控制比較細膩一點了：對媒體有所限制，但是全都在議會民主制的法律框架之內進行。人民行動黨在二〇一一年的大選中達到歷史新低：竟然只拿到百分之六十的選票跟百分之九十三的席次！新加坡當局認為，政府在問責制與效率之間達到了完美的妥協。政治人物會定期接受選舉考驗，也必須對選區選民有所回應。但是既然政府知道自己一定會贏，所以可以作長期的思考。「我們的優勢在於，我們能進行策略思考，並且保持前瞻性」，現任總理李顯龍，李光耀之子，如此告訴我們。「如果政府每五年換一次，要這麼做就比較難。」[5]

顯然這種優勢讓李光耀很滿意。但是這位老人之所以堅信不受干預的民主在發展中國家是行不通的，並不是因為政黨私利那麼簡單。「我並不相信民主必然帶來發

3 一九六四年迪士尼真人動畫《歡樂滿人間》（*Mary Poppins*）片中的仙女保姆。

展」，李光耀於一九九二年在民主化不久的菲律賓對他的東道主表示。「民主的浪費會帶來無紀律與失序的狀況。」[6]他在其他地方也說過：「比起民主，一個國家更需要發展的是紀律。」[7]在看到鄰近國家因族群紛爭而撕裂，他毫不猶豫地強迫人民必須住在族群混合的街區以防止衝突激化（百分之八十以上的新加坡人仍然住在公共住宅裡）。

另一方面，好的政府也仰賴受過良好教育的「好人民」來運轉這個國家。[8]在西方人眼裡，新加坡很像是柏拉圖的《理想國》，在其中，明智的「守護者」(guardians)階級統治著「銀質」與「銅質」的人。但是更直接的影響是來自中國的文官傳統，一個為政府挑選最優秀人才的制度。沒有任何國家比新加坡更努力提升其公務員素質，也沒有哪個國家採行如此大剌剌的菁英主義模式：政府很早就挑出有天份的孩子，用獎學金獎勵他們，然後投入大把資金訓練他們。表現最頂尖的人得到豐厚的回報，薪資可達一年兩百萬美金，半途停滯的人則被淘汰。確實，西方公務機關的頂層常常也得到非常優秀的人才，英國人甚至稱他們的政府高官為「大臣」(mandarins)，但是在新加坡，英才政治從上到下貫穿了整套系統。只有在班上前三分之一的人才能擔任教師（跟芬蘭與南韓一樣，同是教育評比很出色的國家）。校長常常在三十多歲時被任命，如果表現優秀還有績效加給，但是如果學校成績變差，很快就會被汰換。

測驗與考核無所不在。

新加坡正在製造一種新的菁英，無論是跟西方的資本主義菁英或者是跟以前國有經濟的官僚菁英，都非常不一樣。這種菁英階層的成員非常熟悉最新的管理思維，也能輕易把私部門的工作方式拿到公部門來使用。不過他們也樂於把自己的才華奉獻給國家。事實上，他們的職業生涯都在公部門與私部門之間切換。跟一群年輕的新加坡官員圍著桌子會談，更像是跟高盛公司或麥肯錫企管顧問公司的年輕合夥人會面，而不像是《副總統》或《幕後危機》裡的人物。[4] 坐你左手邊的人正被短期借調到一間大型石油公司上班；坐你右手邊的女士則是利用在財政部與國防部間輪調的空檔，到倫敦經濟學院、劍橋與史丹佛拿了幾個學位。高層官員會進進出出國家文官學院接受更多訓練。總理甚至會為他們撰寫企管碩士規格的案例研究。

李光耀的視野有明顯的漏洞。那常常偏離成一個簡單的公式：如果他說了什麼話，那句話一定不證自明是對的（假使他真有一句座右銘，那應該就是瑪莉·包平斯的口頭禪：「我從來不解釋任何事」）。近幾年來，新加坡的族群緊張開始加劇。柏拉圖說過，守護者應該以集體的方式養大，以便打破家庭的連繫。新加坡菁英則是

4《幕後危機》（*The Thick of It*）是英國BBC在二〇〇五到二〇一二年播出的政治諷刺劇；《副總統》（*Veep*）則是HBO改編自《幕後危機》，自二〇一二年開始在美國播出。

被家庭的連繫緊緊綁住，而且李光耀還保留了一點韋伯夫婦的傲慢，認為聰明人更容易生出聰明的小孩。再者，他的某些理念可以追溯到詹姆斯・彌爾跟他的圈子辯論過的一個主題：彈性選舉權的好處。李光耀曾經表示，他很想給四十歲以上且有兩個小孩的人兩票，以反映他們對政府是更重要的，然後當他們六十歲的時候再縮減回一票。[9]

這點出了新加坡的另一面：守夜人國家。儘管在管理上巨細靡遺，李光耀比任何現代統治者都更專注於讓政府不要膨脹，以及讓人民為自己的福利負起責任。新加坡世界一流的教育體系只佔國內生產毛額的百分之三點三。但是節省最多的地方，是限制社會福利，以及拒絕寵壞中產階級。李光耀認為，西方的錯誤就是變成吃到飽的福利國家：因為餐盤上的菜全都免費供應，每個人都吃過頭。相較之下，新加坡認為政府應該為人民提供一個良好的起點，之後則鼓勵他們煮自己的飯菜。

新加坡人把他們薪水的五分之一付給「中央公積金」，僱主再貢獻額外的百分之十五點五。這筆錢是用來支付他們住房、退休金、醫療照護以及下一代接受高等教育所需。在西方，福利國家的基礎是社會救助，支付的金額取決於你的狀況，所以你過得越差，得到的救助就越多。新加坡則是採行社會保險模式：你能從中央公積金拿到的錢，百分之九十跟你投入的數字掛鉤，所以努力工作的人會有回報。對於非常窮跟非常病弱的人，有一個很小的安全網來照顧。但是政府期待人民照顧自己的父母，並且為政府提供的服務付費，或至少負擔一部分。李光耀痛恨普遍且免費的福利。一旦你給了補助，他說，你總是無法收手。如果你要協助別人，他認為，給錢總是比提供服務好，特別是服務的價值沒有人理解。在他的觀點裡，「西方人已經放棄了社會的倫理基礎……在東方，我們的起點就是靠自己。今天在西方卻是反過來。」[11]由於允許人們把一切問題歸咎於社會，而不是認清他們自己才必須負責，西方的領導人已經讓接受慈善變成一種權利，「而且靠慈善維生的污名消失了」。[11]西方的問題很大部分是由於民主：「當你有直接民主，為了贏得選票你得贈送更多東西。這就成了一個永遠停不下來的喊價拍賣，成本與負債則讓下一代來為你買單。」[12]

以今天的標準來說，人口只有五百二十萬的新加坡是一個非常小的國家，但是並不比許多前現代的、形塑了我們今天怎麼看待政府的社會小多少。在不同的狀況下，李光耀也可能只是另一個老去的獨裁者，對西方民主及其敗壞指指點點，充其量不過是一個維多利亞搞怪秀的現代版。但是現在他的訊息之所以遠遠地傳出去了，是基於下面兩個理由。

第一，亞洲高度競爭的新興國家需要一個模式；這種渴望不只出於高漲的民族主義，也由於人口結構的因素。在整個亞洲大陸上，各國都急於建立福利制度。印尼從二〇一四年一月一日開始將其兩億四千萬人口納入健康保險。收取保費與支付帳單都由單一的政府機構執行，這是世界上最大的單一保險人制度[5]。中國與菲律賓也大幅度擴大了他們的健康保險計劃。[13]亞洲國家正在增加退休金、失業保險、最低工資、抗貧計劃、糧食賒購（food credits）以及其他福利項目。歐洲國家花了差不多半個世紀才建立起他們的福利政策。一些亞洲國家想要在十年內就完成建構。而且他們進行此事的規模極其可觀。對中國或印度全境提供退休金，相當於提供給整個歐盟再加上美國。

對所有這些狂飆的計劃而言，新加坡是個理所當然的模範。新加坡的體系運作極其良好，而且與許多亞洲國家自食其力的傳統十分吻合。亞洲大陸整體的社會支出只有富國水平的百分之三十，也比拉丁美洲錯綜複雜（並因此聲名狼藉）的福利體系要精簡得多。[14]亞洲到目前為止的發展是朝向社會保險計劃（像新加坡那樣），而不是朝向西方的社會救助體系。在南韓，比如說，你從社福體系能領到的百分之八十是跟你投入的數額掛鉤的。[15]在整個亞洲，公共醫療開支仍然只有國內生產毛額的百分之二點五；作為對比，經濟合作暨發展組織的富國是百分之七。

第二個理由是，西方的民主與自由市場資本主義模式發生了危機。在一九九〇年代，李光耀對亞洲價值的宣揚，就連亞洲人看來也有點古怪。華盛頓共識此時正橫掃一切。法蘭西斯．福山甚至說到「西方自由主義之外的所有可行的系統性替代模式已經全部耗竭」。[16]對於鄧小平統治的中國，美國人並不會聯想到經濟上的偉大成就，而是聯想到一九八九年在天安門廣場隻身朝著坦克車走去的那個學生。比爾．柯林頓當面對中國國家主席江澤民說，他「站在歷史錯誤的那一邊」。[17]

亞洲在一九九七年發生的經濟危機只強化了西方民主的傲慢，特別是當國際貨幣基金必須啟動一個四百億美金的計劃來協助南韓、泰國與印尼這些從外國銀行借了太多錢的國家。亞洲的領導人，甚至包括那些並不需要救助的，對國際貨幣基金、世界銀行跟美國財政部派來的人那種自以為了不起的霸道仍記憶猶新。那些人以為他們的智慧遠遠超過出問題的那三個國家。實行更高度的民主好像是往前走的唯一道路。在印尼，統治這個國家達三十年的蘇哈托家族失去了政權。南韓的情況則得到緩解。

今天這個局面看起來非常不同。截至目前為止，二十一世紀對西方模式來說非

5 單一保險人制度（single-payer system），例如台灣的全民健保，一來是所有國民強制納保，依照所得高低繳納保費；二來是健保局統籌所有業務：民眾和僱主繳納保費給健保局，醫療院所提供民眾醫療服務後再向健保局申請給付。

常糟糕。首先是美國的反恐戰爭，特別是入侵伊拉克，對民主形象造成深遠的損害。後來的信貸緊縮摧毀了自由的資本主義作為唯一解答的形象。最後的歐元危機以及二〇一三年華府的停擺證實了亞洲的懷疑：西方政府已經機能失調。越來越多的人看到，李光耀的理念恰好提供了福山先前認為不可能的東西：「一個可行的系統性替代選項」。[18]西方知識分子開始對民主與資本主義進行一場痛苦的重新考量。在《自由的未來》裡，法里德·扎卡里亞在自由的民主制度與不自由的民主制度之間做了區隔；前者能抑制政府的權力，後者則沒能這麼做。在《燃燒的世界》中，蔡美兒指出民主可能會鼓勵貧窮的多數去壓迫富裕的少數，比如在烏干達的印度人或者在東南亞的華人。

二〇〇〇年同時出現了「民主衰退」與「反民主復甦」的現象。根據自由之家的估算，全球自由從二〇〇五到二〇一〇年每年都呈現衰退；這是將近四十年來最長的連續衰退。[20]貝塔斯曼基金會則統計出，（由於有瑕疵的選舉或其他原因）不再真正稱得上民主的民主政體數量，在二〇〇六與二〇〇九年之間大約變成兩倍，達到五十三個。[21]雖然二〇一一年埃及的穆巴拉克政權被推翻以及阿拉伯之春的來到，給新一波的民主化浪潮帶來希望；但是隨著穆斯林兄弟會的民選政府於二〇一三年也被推翻，這些希望又破滅了。

結果是，新加坡模式吸引了遠在亞洲之外的仰慕者。杜拜嘗試在阿拉伯沙漠複製一個新加坡，配備著超現代的金融區、浮華炫耀的購物商場、國營公司、一個「政府卓越計劃」，以及從哈佛商學院教授羅伯特．卡普蘭借來的「重要績效指標」。這個小小的酋長國，以世界上最優秀的政府為基準來評估自己的績效：新加坡、紐西蘭、澳洲與加拿大。請注意，美國不在這個名單上。[22]在此同時，盧安達也試著成為中非的新加坡，追求相同的重商政策與威權治理。

很少被視為好政府典範的俄國，也喜歡援引新加坡的例子。當我們兩人其中之一於二〇一〇年走訪斯閣科沃管理學院，俄國頂尖的商學院之一時，看到一張阿諾．史瓦辛格的大幅照片旁邊，就掛著同樣大幅的李光耀的照片。弗拉基米爾．普丁表示自己受李光耀影響；在私下談話中，當他遺憾民主（或者在他的俄羅斯勉強可以算作民主的制度）帶來的限制時，論點也跟內閣資政十分相像。他開玩笑說，就算是一個前蘇聯的國家安全警察（ＫＧＢ），[6]也常常覺得要在公部門推動強硬且有效率的措施非常困難，如果他還想選舉的話：如果是統治哈薩克斯坦共和國的話那將多麼輕鬆啊！他們的領導人得票率一般都在百分之九十以上！但是就像所有其他現

6 普丁自己就是格別烏（ＫＧＢ）出身，任職期間自一九七五到一九九一年為止，共十六年。

代領導人談到政府效率時所表現的那樣，普丁也用甚至更羨慕的口吻提到另一個國家：中國。

## ❖良好社會秩序的快樂

讓亞洲替代模式流行起來的，不是別的，就是中國的崛起。說中國不過是放大版的新加坡顯然並不正確。其中一個區別是共產主義意識型態：中國的統治者繼續口吐馬克思主義的意識型態（即便他們的下一代駕著法拉利在街上呼嘯而過），而且他們永遠不會擁抱小政府的理念。另外中國也絕對更為粗暴：這次餵你吃藥的不是瑪莉・包平斯而是羅莎・克勒伯[7]。最重要的差別是這個「居中之國」的規模：新加坡只能擠進中國前二十大城市的名單。全人類的五分之一都在其國境之內，中國可說是獨一無二的存在。所以它代表的是中國替代模式，而不是亞洲替代模式。

然而從方向來說，而且方向在中國極其重要，新加坡扮演了超過比例的角色。鄧小平在一九八〇年代發現了新加坡模式，當時他正試圖從毛澤東晚年製造的災難中重建中國。「新加坡的社會秩序非常良好」，鄧小平於一九九二年說。「我們應該吸取他們的經驗，還要做得比他們更好。」[23]從那以後中國的領導人都到新加坡朝聖，去拜訪李光耀，同時他們的手下（比如從浦東幹院這樣的地方）也被派去新加坡進修。中國出於自傲，不喜歡說任何東西是亞洲的，但是習近平的「中國夢」是對亞洲價值的首肯，中國當局（胡錦濤）先前喊出的「和諧社會」也是這樣。最重要的是，中國當前的領導階層信奉李光耀的三個信念：一：西方民主不再有效率；二、資本主義與社會需要指導；三、把政府搞好是政權成功與存續的關鍵。

他們目前為止的成就令西方人神魂顛倒。全世界的企業巨頭在達佛斯的世界經濟論壇上共同肯定的一件事，就是中國政府是效率的典範，特別是跟陷入白熱化僵局的華盛頓以及焦慮無能的布魯塞爾做比較的時候。「北京是真的能做事」，一位美國的執行長嘆口氣說。「他們的政府人員太聰明了，這很可怕」，[24]世界首富之一如此讚嘆。會議所在的瑞士山屋迴響著種種中國的故事：契約迅速簽訂、道路火速興建、年輕的工程師設計了智慧型的汽車與革命性的軟體程式。

這裡面很多都是真的。中國偉大的崛起是過去三十年在地緣政治上最受矚目的一件事。中國現在是世界上第二大經濟體，最大的能源消費者，最大的商品出口者，美國政府債券最大的外國持有者，也是百萬富翁與億萬富翁人數最多的國家。中國

7《第七號情報員續集》（*From Russia with Love*）片中一個冷酷且有虐待狂的蘇聯女情報員。

也達成了人類歷史上最大規模的消滅貧窮。政府在其中扮演了重大的角色。中國政府（或者說中國共產黨：基本上這是同一回事）一旦決心要讓人印象深刻，它絕對做得到，只要它想做。它主導了令人嘆為觀止的社會轉型，而且沒有導致失序狀態。在處置「資本主義危機」上，到目前為止，它甚至做得比大多數資本主義國家還好。對這場金融危機，世界上只有一個國家的大多數國民都認可政府的應變措施，那就是專制的中國。[25]

如果拿來跟印度比較，這種成就的巨大就更為明顯，對民主人士來說也就更難面對。印度從一九四七年建國起一直是個民主國家（事實上全世界的民主國家總人口有一半在印度），有充滿活力的自由媒體、獨立的法官與審計人員。然而印度仍然在各方面落後於中國，從經濟成長率到基礎建設的品質。一九九〇年經濟開放之後，印度就停滯不前，同時中國卻持續改革。印度政府太大又太弱：太大，因為它用繁文縟節悶死一切；太弱，因為它的核心功能沒有適切地發揮出來，事實上根本沒作用。哈佛甘迺迪政府學院的蘭特．普利切特稱之為一個「手腳不聽使喚的政府」。[26]要發現印度政府哪裡出問題，最快的辦法就是喝一杯他們的自來水。另一個比較費腦力（也比較安全）的辦法，是看他們的高等教育體系。在二〇〇〇年時，印度的大學招收了百分之十的印度年輕人，相比之下中國是百分之八。七年之後，中國的大學招收了百分之二十三，印度的大學則是百分之十二。在QS世界大學排名裡，沒有一所印度大學能擠進前兩百名，就連著名的印度理工學院也不行。

這種比較出來的績效，不只高於印度，也高於美國，解釋了中國為什麼這麼驕傲。然而他們同樣有恐懼。中國官員知道他們的國家落後美國的程度，遠比人民所想的還要大。即便中國整體經濟很快能達到跟美國相當，國民平均所得還是遠遠落後；如果中國勞工繼續工時長而薪資低，那麼他們將只有美國勞工十二分之一的生產力；就算中國的國防預算成長快速，那還只是美國的一小部分（更何況中國仍然相當畏懼日本海軍）；即使中國的軟實力在亞洲有所增長，跟美國在全世界所構成的網絡仍然不能相比。雖然李光耀總是否定西方的弱點並且深信亞洲的優越，他完全清楚是誰排在前面：他認為中國的追趕是一項需要三十到五十年的工作，不過他警告，如果中國試著變成一個自由民主國家，「那就會崩潰」。[27]

也許更根本的是，中國的領導階層深知，中國政府並不全像人家說的那樣好，特別是在地方政府的層級。這個國家的超市在農曆新年前會銷售預先裝了兩瓶威士忌的公事包，作為給地方領導必要的「感謝」：二〇一三年當習近平大力推動反腐的時候，中國的威士忌銷量下跌了五分之一，讓一家西方的經銷商非常生氣。[28]在國際透明組織二〇一二年的清廉印象指數裡，中國排名第八十，落後新加坡七十五名。確實，如果你看任何一項效率評比的全球指標，這個受到吹捧的、讓達佛斯人士如此印象深刻的官僚國家其實到處都是洞：在世界經濟論壇的二〇一三至二〇一四全球競爭力報告裡，中國只排到第三十名，當中官僚主義跟賄賂兩個項目的成績都很難看。

越往基層，看起來就越不令人讚嘆。中國大多數地方政府都藉由圈地來平衡收支。他們用行政命令強制徵收土地，很少支付適當價格，並且在買下土地之後轉售給開發商，開發商再把蓋好的房子轉賣給市鎮中較富裕的中產階級。二〇一二年從銷售土地所有權的收入佔地方政府稅收的一半以上。[29]像教育這類公共服務是特別地參差不齊。是的，中國的大學是比印度的好，但是許多中國人抱怨大學是中產階級的碉堡，窮困的年輕人很少有入學的機會。是的，上海衝到經濟合作暨發展組織的國際學生能力評估計劃評比（PISA）第一名，擊敗其他六十個國家，但是大多數中國學校仍屬於另一個世界。投資水平一直很低，即便以開發中國家的標準來衡量。據共青團的機關報《中國青年報》指出，中國花在地方官員吃喝的經費是十六歲以下教育經費的五倍之多。[30]鄉下地方的學校非常悲慘。城鎮裡的學校好一些，但是要送小孩進較好的學校常常需要賄賂，而且所有外地來的農民工都被排除在外，因為攸關福利的戶口制度把他們牢牢地綁在出生地。

中國的政府常常像是同時在兩個不同的世紀裡運作。北京與上海蓋起了後現代的摩天大樓，讓訪客為這二十一世紀的中國充滿敬畏。但是中國也像是十九世紀早期的英國，也有「舊腐敗」。中國的菁英仍然試著把政治圈侷限於「在社會上有關係」的人，將改革運動斥為「搞破壞」，並且有一點把戶口制當成「濟貧法」來運用，也就是激勵人更努力工作以便取得城市戶口。此外，還有狄更斯描寫的那種霧霾。還有從鄉村湧向城市的大量移工：本世紀前五年裡將近有三千五百萬中國人進行了這樣的遷移（相較之下在一九二〇年之前只有三千萬人跨越大西洋去了美國）。

所以中國並非某些人宣稱的那種典範。不但沒有提供一個新模式，中國的利維坦還在費力解決轉型的問題，而且常常出之以急就章與零散破碎的方式。用最好的話來形容，這也只是一個正在進行的笨拙的工作，並產生非常不平均的結果。但是，重點仍然在於方向。我們並不打算解開這整團謎題，而是要檢視這個亞洲替代模式裡的兩個部分：一個是國家資本主義，一個是仰賴菁英領導的幹部隊伍而非由民主選出的政治人物。中國在這兩點上非常明顯地試著追隨新加坡，只是規模遠遠大得多。

## ❖利維坦作為最高的資本家

中國中央電視台總部看起來像是一個龐大的外太空侵略者，正在北京霧霾中跨著大步行走。中國國家離岸石油公司的總部像一艘郵輪，正從閃爍的海洋中浮起，位置就在中國外交部的正對面。北京到處都能看到國有企業蓋起宏偉的建築，以彰顯他們的新力量。

利維坦領導商業，這種構想一點也不新。一七九一年時，美國第一個財政部長亞歷山大・漢彌爾頓對國會提交一份「工業生產報告」；他想用這個計劃啟動這個年輕國家的經濟。漢彌爾頓對亞當・斯密那隻「看不見的手」毫無興趣。美國需要用關稅來保護自己新生不久的產業，如果你想看到這些產業茁壯起來的話。不管是好是壞，幾乎所有成長中的經濟強權都仰賴國家來刺激成長。從東印度公司到韓國的財閥，各國都採取了一種或許可以稱之為「團隊精神」的態度來面對企業。然而中國在這條路上走得特別遠。

中國政府不再嘗試運轉整個經濟，像過去在頑固守舊的共產主義時期那樣。它也有意地放棄一些國有企業，像柴契爾夫人之前的西方所常見的那些。相反地，中國政府控制「制高點」的方式，就是指導資本主義。私部門常常不像表面上那樣私有。有些公司，比如聯想電腦與吉利汽車，都有獲得國家資金。更普遍說來，共產黨會確保公司裡有代表可以為它發聲。共產黨在多數大公司裡，不論是私人還是國有公司，都會發展自己的組織，從辦公室到員工檔案都一應俱全。（吉利汽車的老闆

（李書福）據說就是他自己公司內共產黨支部的書記。）[31]黨部的會議能夠影響正式的董事會會議，而且常常推翻後者的決定，特別是在人員任用上。關於如何在海外運作的公司裡建立黨支部，由中央黨校發行的報紙在一篇報導中這麼說：「有人在的地方，就有黨組織跟黨活動。」[32]

國家指導經濟的主要工具，是一百二十家左右主宰各戰略產業的國有企業。這些是名目上各自獨立但是股份為國家所有的公司。即便在公部門全面縮減的時期，它仍然不變，甚至更有錢也更有影響力：中國移動擁有超過七億名用戶。[33]它們由兩個組織監管：一個是國務院國有資產監督管理委員會（簡稱國務院國資委）；這個組織在最大的國有企業中握有股份，使其成為世界上最大的控股集團。國務院國資委在過去十年裡，通過重組篩除了大約三分之一的子公司，從而帶頭創造了（中石化、中國石油、中國移動等）「國家冠軍企業」。許多國有企業對國資委的遵從程度，不亞於各省對中央政府，特別是到了分配紅利的時候。與國資委相較之下，另一個監管組織，中國共產黨中央組織部，則長了一副尖利的牙齒。成立於一九二〇年代的中央組織部（毛澤東擔任過部長），是當今世界上最強大的人力資源部門。中央組織部握有每一個黨幹部的檔案，密切監控高層人員的職業生涯，任命中國大公司裡的所有高層職務，並且按時進行調動，調動時也不多做解釋。二〇〇四年中央組織部將三家最大的電信公司高層做了輪調；二〇〇九年是三家最大的航空公司；二〇一〇年則是三家最大的石油公司。在《中國共產黨不可說的秘密》一書中，馬利德指出，中國五十幾間頂尖公司的老闆在他們的彭博終端機跟家庭照旁邊，都有一台「紅色機器」，可以跟黨的最高指揮單位進行即時（且加密）的連線。[34]

即便如此，共產黨還是給這些國有企業很大的自由度。黨預期他們像私人企業一樣行動，在海外競爭，並使用現代的管理技術。「有時候我們會發現部分公司做出一些與中國政策及利益有所抵觸的事」，外交部部長助理樂玉成（2011-2013）曾簡短表示。「我們叫他們停止，但是他們不管。」[35]確實，這個關係可以是倒過來的。國有企業能操控他們的政治上級。比如中國的石油巨頭對能源政策的影響力遠遠大過美國的石油公司。觀念在於：官僚與經理人都追求共同的戰略目標（通常是主宰一個特定產業），但是日常的運作與決策都由經理人自己來。

中國人認為，國家資本主義是一個學習的手段。國家冠軍企業已經給中國提供一個在不同產業（比如汽車或電子）中摘取技術的辦法。另外一個重大的好處，中國人強調，是獲得管理長才。就像新加坡派他們的公務員到私部門工作，從國企回來的官員也會懂得如何把事情做得更好。如果國家資本主義允許政治人物打造公司，那麼它也允許公司打造政治人物。這種情形可以用一個新造的詞來指稱，「整合的資本主義」(joined-up capitalism),跟西方製造混亂的資本主義不一樣。

中國版的國家資本主義已經遍及全球,部分原因是中國的公司積極地走向海外。中國在整個非洲大陸上熱切地追逐石油、木材、鑽石、銅以及鐵礦,與此同時中國商人則興建了購物商場與基本建設。中國也跟伊朗與俄羅斯達成能源協議。如今國家資本主義已經是所有這些海外活動的核心。國有企業的資金在中國的海外直接投資當中佔了五分之四。國有銀行也織起了一張軟貸款之網[8]。從中國的觀點看去,國家資本主義最妙的地方,就是外交與商業是同時並進。中國發現現在要跟俄國維持良好關係容易多了,因為俄羅斯天然氣與中國石油天然氣已經透過各種錯綜複雜的關係緊緊纏在一起。中國也正在經營通往中東的絲路,試圖成為該區域單一最大的石油進口國以及對該區域單一最大的工業製品出口國。

中國所做的不只是拓展關係網絡,也是有意地宣揚一種模式。當外國官員來到中國在浦東幹院這樣的地方接受訓練,幹院的講員會強調中國模式的優點:政府如何專注於國家冠軍企業上,如何吸引外國資本進入經濟特區,如何確保企業家加入共產黨,並因此同時對政治穩定與經濟活力做出貢獻。他們也拿中國明快的政府跟

8 軟貸款(soft loan)是利率極低的貸款,通常是借給開發中國家。

美國的政治僵局和印度的一團混亂作對比。中國政府還在世界各地的大學成立孔子學院，並嘗試用博鰲論壇對達佛斯進行意識型態上的對抗。《中國日報》、中國中央電視台、新華社以及中國其餘媒體也都起而效尤。[36]中國甚至為非洲聯盟在衣索比亞蓋了新的總部大樓。

這種軟實力所產生的效果是：國家資本主義重新流行了起來。對普丁跟他的KGB來說，這種主張非常對胃口。俄國的兩家國營公司，俄羅斯聯邦儲備銀行跟俄羅斯天然氣，就佔了俄國股市成交量的一半以上。在巴西，迪爾瑪・羅塞芙的政府把資源投注在少數幾間國家冠軍企業之上，從而催生了一種新的產業政策模式：通常是國家在企業裡取得小量股份。（塞爾焦・拉查理尼與阿爾多・穆塞基奧兩位學者，給這種模式取了有意思的別稱：「當小股東的利維坦」。）[37]南非也漸漸往干預主義靠攏。甚至在歐洲也有人試著重新擬定產業政策：弗蘭索瓦・歐蘭德跟艾德・米利班都準備要對企業發號施令了；米利班甚至還要規定價格。[9]

國家資本主義原來的版本崩潰了，因為將企業大量國有化是行不通的。現在這個版本會比較好嗎？中國這個新模式，由國家主導的資本主義，看起來確實比較進步且強壯，但是也帶有一些嚴重的弱點。

最明顯的是有貪污的機會。二〇一三年九月有消息傳出，國務院國資委主任蔣潔敏涉嫌「嚴重違紀」（即收賄的代稱）正接受調查。蔣潔敏先前長期任職於中國石油天然氣。這件事可能有政治因素：他原本是被罷黜的重慶市長薄熙來的人馬。但是另一個更深的疑慮是，國資委的工作到底做得怎麼樣。在其他國家，特別是俄國，國家資本主義都已經劣化成盜賊統治。美國智庫彼得森國際經濟研究中心認為，賄賂與無效率讓俄羅斯天然氣在二〇一一年蒙受四百億美金的巨額損失。

投資人對國家資本主義的評價並不高。國家資本主義最高峰也許是二〇〇七年，當時中國石油天然氣在上海證券交易所掛牌，不久後就成為歷史上唯一市值曾超過一兆美金的公司。二〇〇九年，全球市值最高的前十家公司裡，有六家是國有企業。到了二〇一三年，前十大只剩一家是國企，即中國的中石油天然氣，市值也只剩下其最高峰時的四分之一。在一個產業接著一個產業之後，投資人越來越不信任國有企業了。俄羅斯天然氣的股價只有獲利的三倍，相較之下艾克森美孚的本益比有十一倍。中國的銀行與電信公司的股價也比私部門的競爭者來得低，因為投資人擔憂政府會強迫這些公司做一些不顧及投資人利益的事情，像是架設網路或者拼命舉債。

9 艾德·米利班（Ed Miliband），英國工黨國會議員，曾於二〇〇八年出任布朗內閣新設立的能源與氣候變遷部長，在保守黨於二〇一〇年上台後擔任工黨黨魁，承諾要是工黨再次執政，瓦斯費與電費將凍漲直到二〇一七年。

即便有一些中國國企營運良好，但中國的經濟成長大都不是由國企推動的。位於北京的天則經濟研究所指出，如果把所有隱藏性的補貼（比如免費取得用地）計算在內，國有企業在二〇〇一與二〇〇九年之間的平均真實收益是負百分之一點四七。更早的研究顯示，如果以百分之百私有與百分之百國有為兩個端點，則每向國有端跨出一步，生產力就會逐步下降。[38]國有企業會榨乾稀有的資本，而這些資本本來可以流向真正的開創者如阿里巴巴。而且國家資本主義體系整體而言會壓制創新。你需要智性的自由才能找到突破性的想法，你需要更寬廣的文化自由才能打造生氣蓬勃的文化產業。「我們有功夫，我們有熊貓」，一位中國評論家難過地說，「但是我們做不出《功夫熊貓》這樣的電影」。[39]中國石油天然氣是唯一能擠進博斯公司[10]世界百大創新企業排行榜的國有企業。[40]

國家資本主義的紀錄，公道地說，是參差不齊的。它在某些產業，像是基礎建設，似乎運作得比較好，但是在其他地方，比如軟體業，就很糟糕。此外時機也很重要。國家資本主義在某個發展階段可以促進一個國家的經濟成長，但是在另一個階段卻會阻礙成長。對一個年輕的經濟體來說，這可以是個快速導入技術的好辦法，但如果是要從有限資源中創造出最大成果，或者是為了產生新構想（這也是為什麼中國如此熱衷於透過網路攻擊以竊取機密），那麼國家資本主義就不會太成功。一些最有遠見的中國官員指出，國有企業會隨著中國經濟趨於成熟而自然退出：這些企業應該被視為通往成熟的資本主義道路上的階段性產物，而不是目的本身。[41]

這筆總帳在世界其他地方甚至更糟。威權的現代化也許在新加坡與南韓留下了成功的紀錄。但是請看看阿拉伯世界：埃及的國家資本主義成為尋租與無能的藉口（最突出的就是由軍方經營的那十幾間公司，約當埃及經濟規模的百分之十）。或者請看撒哈拉沙漠以南的非洲：權貴資本主義減緩了經濟成長，也擴大了貧富不均。要讓國家指揮資本主義，你需要一個強壯且有能力的政府；然而悲哀的是，大多數被國家資本主義吸引的國家，其政府都是又弱又無能。

不過中國會堅守這個路線。他們有奉行國家資本主義的銀行、億萬富翁、官僚以及五毛黨。在把各式各樣沒有效率的地方列舉出來之後，一位中國分析師說，這套體系顯然已經來日無多了。他給的期限是「不會超過五十年」。[42]

10 博斯公司（Booz & Company），原本是一家美國管理顧問公司，二〇一四年被普華永道（PricewaterhouseCoopers）收購，現在改名為思略特（Strategy&）。

## ❖從毛澤東思想到英才政治

中國對西方模式進行抨擊的第二部分，是主張英才政治以作為民主政治的替代模式。在過去三十年裡，中國共產黨已經逐漸把對革命的信仰換成另一個新的信念，也許應該說是一個古老信念的更新版，即受過良好教育的文官階層。當前的中國菁英與李光耀一樣認為，英才政治可以提供民主政治的優點，比如可以定期更換最頂層的守護者，但又沒有民主政治的缺點，比如只注重短期效益以及有社會崩潰的可能。英才政治的領導群可以用數十年的眼光來思考（而不是止於下一個大選日），同時能防止國家在重大的社會變遷中瓦解。中國歷史上充滿了大規模的死亡與毀滅；從十三世紀的蒙古入侵（三分之一的人口在其間喪生）到毛澤東的文化大革命。一個穩定存在的英才政治使中國能夠迎向民主政治怯於面對的挑戰，比如快速擴張的退休金制度與醫療保險。[43]幾年以前中國鄉村地區還有百分之八十的人都沒有健康保險。現在幾乎每個人都有了。

共產黨的論據是，它會盡一切努力以確保高層的職務都是由有才能的人擔任。通往層峰的道路既漫長又辛苦：你得在中央黨校跟浦東幹院表現傑出，透過經營一個省份來證明你的管理長才（一個省的面積可能相當於好幾個歐洲國家的總和），並且透過營運一個國有企業來證明你有精明的商業頭腦（現在這種情況越來越常見了）。黨會在每一個階段監控你的表現：省長是根據好幾項標準來評估，比如促進經濟成長與消滅貧窮，你如果沒能達成目標，很快就會被降級。[44]這裡的重點是，這是以整個大陸的規模進行績效導向的治理。

為了找出未來的柏拉圖式守護者，共產黨非常努力地把基層編制給填滿。現在召募黨員的主要場所已不再是工廠了，而是大學。馬利德描述了與三名清華大學（中國的麻省理工學院）學生談話的過程。學生們說，「成為黨員是傑出的象徵」，以及「如果你是黨員，就更有機會拿到政府的職位。」在高中以及大學裡，最好的學生能得到黨職以作為獎勵。[45]貝淡寧[11]曾在清華教書將近十年；他說，在二〇一〇年，百分之二十八的大學生、百分之四十三的應屆畢業生以及百分之五十五的研究生都是黨員。[46]共產黨也積極建立一條通往商業界的橋樑；目前國內三分之一的企業家都加入共產黨了。如果要給中國共產黨取一個更好的名稱，大概就是「國家發展黨」。

中國當局對英才政治如此熱衷，是有深層原因的。中國的父母一千多年以來都這樣告訴自己的子女：「用勞力工作的人被統治，用頭腦工作的人管理他人。書讀得

11 貝淡寧（Daniel A. Bell），加拿大籍政治學者，現任清華大學教授，對於新加坡與中國的英才政治抱持正面看法。著作中譯有左岸出版《民主先生在中國》（*East Meets West*）。

好就能當官。」問卷調查顯示，大多數中國人喜歡「被賢能的守護者階級統治」這樣的概念。[47]對高超智識的崇拜助長了這種想法。在這個國家裡，嬰兒配方奶粉上照例要標明「促進腦力發育」好賣給虎媽，麥當勞的網站也推出一位羅納德教授（Professor Ronald）作為賣點；他提供給小孩子乘法跟語言的快樂課程。[48]

經過仔細挑選與提拔的聰明年輕人解決了大問題，這樣的例子並不難找。深圳有一個年輕的公務員馬宏[12]，正在做大衛・卡麥隆試著在英國推動的工作：打造一個「大社會」。她讓非政府組織提供公共服務，主要是照料老人。她撤除對地方非政府組織大多數的監管措施；他們全部所需要做的只是向她登記。到了二〇一二年年中，她已經募集了五千多個「社會團體」並向他們支付了數億人民幣的經費，好讓他們執行社會工作。[49]所有團體都由第三方單位就公司治理項目進行評鑑：評鑑分數越高，就會獲得越多經費。到了二〇一二年，她已經關閉了二十六個非政府組織，並警告另外七十個內部水平未達標準的團體。她這個模式已經被複製到全國各地了。

馬宏是一個縮影，顯示了中國最優秀的公務員如何試圖解決社會問題。她一開始是參考世界各地哪些辦法有用。她於二〇〇五年在香港做了研究，注意到差不多百分之九十的社會工作是由非政府組織在政府的資助下完成的。她也非常讚賞新加坡，並借用了新加坡的配套辦法：讓非政府組織登記非常容易，但是表現不佳就嚴厲懲罰。她想讓這些社會團體成為中國社會的動力引擎，「就像私人公司在經濟領域裡扮演的角色」。[50]事實上，她認為公部門需要用私部門那樣的方式加以改變；政府為公司與慈善團體創造正確的環境，好讓後者能做得更多。「我們正處在一個從大政府到小政府的轉型期中」，她說，「而且正從小社會變成大社會」。

這些工作為馬宏贏得了中國最具聲望的公部門創新獎，[13]而且她是官員階層一個典型的切面：放眼全球、資訊充分，能做長期規劃。不過中國也是個很大的地方。這套英才政治在實務上的運作到底有多好？

這套中國制度可以拿下兩項優勝：菁英的循環流動以及長期規劃。最頂端的三名官員：總書記、國家主席以及國務總理，最多可以當兩任，也就是十年。近年來這些職務的交接是完全和平的。共產黨設下了保護措施，以防止毛澤東式的個人崇拜重新出現。新任的領導人並非由卸任的領導人挑選，而是由資深領導人集體選出。所以達佛斯人士說得沒錯：中國頂層的行政部門至少跟西方的一樣有效率。

就像新加坡一樣，中國的領導階層真的能夠作長程的考量，特別是跟西方的對手相比。在華盛頓沒有多少人會思考二〇一六總統選舉之後的事。偶爾有人會說，

12 馬宏，深圳市民間組織管理局局長。
13 第五屆（2009-2010）中國地方政府創新獎。

美國行政部門的運作只在大約六個月的時間裡有策略可言：就是總統上任的第二年開頭，在他提名的各項人選得到參議院認可之後，直到期中選舉[14]開始之前。但是在亞洲，有許多人是會進行長期規劃的。尼可拉斯．伯格魯恩（慈善家，曾贊助加州改革運動）指出，中國式的英才政治非常有利於聚焦長期問題以及納入獨立專家。他很願意建立一個西方版的英才政治，即便相關人士不由選舉產生。

但是不民主的菁英主義會帶來一大堆問題：這些問題也開始在中國顯露出來，特別是在地方層級。比如說，就在離馬宏不遠的地方，楊建昌的日子就很不好過。他是深圳市人大代表以及羅湖區消費者委員會主任（隸屬於工商局）；該單位負責處理商品仿冒的問題。他有一個稱號：中國最負責任的民意代表。二〇〇五年，他做了一件不尋常的事：他開了一間接訪室來處理民怨。人與信件像洪水一樣湧入，大部分都是抱怨政府。二〇一二年時他已經接受了高達三千個陳情案，幫助大約兩萬人，而且由於這些努力，他遭受了威脅、詐騙以及毆打。一個特殊的狀況是農民工。深圳一千四百萬人口當中超過一千萬是外來的農民工；他們要把戶口遷來深圳非常困難。他所追查的惡棍跟官員當中有一些進了監獄（比如說因為販售黑心食品），但是在深圳人形容為「強大的利益集團」干預下，更多人躲過了懲罰。[51]

像馬宏一樣，楊建昌是個自豪的共產黨員。他的接訪室裡有許多他穿制服的照片，還附上各個共黨要員的名言。也許你會以為，一個奉行英才統治、又正在推動反腐的政權，一定會熱烈歡迎楊建昌作為負責任政府的表率。但是北京卻禁止楊建昌這樣的民意代表設置私人辦公室。（楊建昌仍繼續他的行動，信件仍繼續大量湧入，大多數都是掛號信，這樣陳情者會知道他已經收到信，並且將信轉送到正確的官員手上。）這凸顯了中國政府很大程度在面對改革訴求時是捂起耳朵且麻木不仁的。一個西方的大型跨國企業老闆要見一名高階官員也許很容易，但是對一個普通的中國公民來說，僅僅想見一名低階官僚幾分鐘就已經是一場可怕的磨難：你得奮力穿過凶悍的安全人員以及全力阻撓的隨扈；這些人存在的主要功能就是把你遠遠地隔在外面。人民真的生氣了。有時候怒火就爆發出來了：二〇一一年在廣東省的烏坎村，民眾甚至由於一樁土地變賣爭議而把村委會給推翻掉。不過大多數的不滿與挫折並沒有產生這麼厲害的爆發，而是比較接近楊建昌處理的那些陳情。此外，惱火的平民百姓可以在微博上找到完美的發洩平台，於是你會看到接連不斷的各種牢騷，抱怨公部門辦事慢、學校差、醫院髒，以及官僚無能。

習近平嘗試在各省建立紀律，並從北京派出許多人員。這個國家的二十二個省

14 期中選舉是美國參眾兩院以及各州州長在總統就任兩年後所舉行的部分改選，可以視為新上任總統的期中考試以及下一次總統大選的前哨戰。

長——大多數是在第十八屆黨代表大會進行權力改組時被挑選出來；習近平也是在這個時候上台——現在有了中央政府作為後台。[52]五年之前，只有兩位省長直接由北京指定。所以中央有可能進行財政整肅：雖然中央政府的負債只佔國內生產毛額的百分之二十二，各省的負債加起來至少也有這麼多。但是要控制這些負債將是困難的任務。以深圳為例，在部會整併之後，產生了一大堆副首長，全都為了權力而爭得你死我活。在某些具有全國重要性的事務上，比如吸引外資或者防治SARS，中央政府能夠強迫各省官員快速作為；但是在許多其他事情上，地方政府是不理會中央的。有一句古老的諺語：天高皇帝遠，說的就是這個情況。

皇帝的朝廷也不像中國人所宣稱的那樣奉行英才政治。共產黨裡的許多權力菁英，包括習近平，都是「紅二代」。而且所有的中國領導人，不論他們是二代還是平民，都會系統性地使用他們的權力來累積財富與特權。一份於上海發行的財經雜誌《胡潤百富》在二〇一二年估計，八十三名最富有的全國人大代表以及全國政協委員所擁有的淨資產總額超過兩千五百億美金。[53]這還只是已公佈的淨值。二〇一二年，根據《紐約時報》的張大衛報導，當時的國務總理溫家寶的近親控制了二十七億美金的資產。[54]

這種額外的特權待遇將整個體制鞏固了起來。《新民周刊》於二〇一二年報導，中國有超過三百五十萬輛公務汽車，耗用公帑五百億美金，而且政府每年為海外旅遊、汽車與招待支出大約三千億美金。[55]一篇廣為流傳的網路文章對權力菁英在大眾眼中的觀感做了總結：「他們開頂級汽車。他們去專屬夜店。他們在最好的酒店裡睡最軟的床。他們的傢俱全是用最好的紅木做的。他們的房子俯瞰最棒的風景，位於最安靜的地段。他們打高爾夫球，用公費旅遊，享受奢華的生活。」[56]黨領導人的孩子們似乎都能上最好的學校，不論在中國或外國，然後再進美國與英國最好的大學。薄熙來的兒子（薄瓜瓜）讀的是哈洛公學與牛津的巴利奧爾學院。他甚至能進哈佛的甘迺迪政府學院，儘管他在巴利奧爾學院的導師們拒絕給他寫推薦信：因為他在牛津的時候，把時間都用在社交以及在保守黨的大學部社團搞政治了。[57]

儘管如此，如果就此認為中國所宣稱的英才政治完全是假的，將是個錯誤。這個體制的缺失並不是中國獨有。如果希拉蕊．柯林頓贏得二〇一六年的總統選舉，那麼美國從一九八九年起的總統名單將會是布希、柯林頓、布希、歐巴馬、柯林頓。常春藤盟校最大宗的學生都是來自有錢人以及與權貴關係良好的家庭。民主的印度也有裙帶關係的問題。國大黨從印度獨立以來一直是尼赫魯與甘地兩家的家族企業。到了二〇〇九年，印度的國會議員幾乎有三分之一都來自有政治背景的家庭，而且世襲現象在年輕世代比上一代更為顯著。所有三十歲以下國會議員的席位都是「繼承」而來；四十歲以下的議員繼承席位的比例則為三分之二。

所以對中國英才政治的最後評斷，跟對國家資本主義是一樣的：兩者都有好的部分。這兩個制度讓中國能夠進行長程規劃；很少有西方政府能做到這件事。兩者都有腐敗的風險，而且比西方的情況嚴重。再者，在新加坡相對容易規訓的事情，在這樣巨大的國家裡就變得難以使喚。試想，中國有四個省份可以擠入世界前二十大人口最多的國家名單。

## ❖對北京共識的總評

這能告訴我們什麼？亞洲替代模式無疑是西方模式至今所面對過的最有份量的挑戰：遠比舊日的蘇維埃聯盟（或者毛澤東統治的中國）更有份量。在中國，威權的現代化已經領導這個國家走過一段驚人的物質建設的成長期。而且在這過程中，這個政府已經在一般中國人眼裡成功地建立了統治的正當性。二〇一三年的皮尤全球態度調查顯示，百分之八十五的中國人對國家的方向表示滿意。這是該項調查中滿意度最高的國家。相較之下，美國的滿意度只有百分之三十一。

中國的成功使各界廣泛地重新評估北京共識與華盛頓共識之間孰優孰劣的問

題。湯馬斯．佛里曼，世界最知名的討論全球化的作家，已經修正了他的根本信條：「一黨專政當然有其缺點。但是如果領導者是一群適度開明的人，像今天的中國那樣，那麼這個制度也可以有重大的優點。」[59]馬丁．賈克探討了《當中國統治世界》會是什麼情況。[60]就連約翰．威廉森，這位打造了「華盛頓共識」一詞的先生，也承認北京共識正快速超越他所創造的概念。在金融危機發生之後，就政府問題教訓他人的已經是中國人，而不再是美國人了。「如果其他國家想要向中國學習，他們首先得採取一個類似的政府形式」，〔北京大學國際政治系教授〕王緝思如此建議。[61]另一位中國知識分子，復旦大學特聘教授張維為認為，美國的優勢已經被逆轉，而且美國的政治體制注定了美國要走向衰敗。選舉人團制選出了二流的總統，比如小布希。社會福利體制正在給經濟施加無法持續承受的負擔。從前的人輸了選舉就會接受失敗。但是現在政治立場的兩極化是如此嚴重，以至於輸了選舉就致力於削弱對手。根據張維為的看法，世界上有兩個不同的政治模式正在彼此競爭：一個建立在英才統治的領導上，另一個則以全民普選為基礎。他認為，「中國模式可能會勝出。」[62]

不過中國下一個階段的發展會比先前困難得多。隨著中國富裕起來，成長率開始趨緩。當局設置了防火長城，正足以說明他們對公共輿論有多麼緊張。[63]這個政權也痛苦地意識到，統治的正當性與績效息息相關。經濟成長必須維持下去，這毫無疑問。但是提供更好的醫療服務與教育同樣是非常迫切的需要。由習近平提倡的「中國夢」隱含了一項承諾，就是政府將比從前更加照顧人民，就在這個中國開始變老的時刻。中國現在是每五名勞動者就得負擔一名老人；到了二〇三五年這個比例將變成二比一。對福利的需求不斷增加、人口紅利消失、再加上低效率的政府：中國的未來也許比自己所想的更像西方。

同樣的說法也適用在亞洲替代模式之上。即便讚賞新加坡模式、也著手實施相對克制的福利政策，其他亞洲政府還是很可能在壓力下不得不擴大福利，特別是當人口逐漸老化的時候。到了二〇三〇年，日本以外的亞洲將佔去世界老年人口的一半以上，以及全世界非傳染疾病（比如癌症與糖尿病）醫療負擔的一半。隨著亞洲富裕起來，亞洲人也會要求一張更為慷慨的社會安全網，而這種西方化的跡象令人不安。在亞洲大部分地區，開出福利支票都會贏得選票，而暫時性的福利計劃，比如泰國二〇〇九年協助貧窮勞工面對信貸緊縮，則往往變成永久性的。如同我們一位同事所指出：亞洲的「老虎經濟正在變成袋鼠經濟，一面走一面把受撫養者帶在身上」。[64]

因此，許多亞洲國家將有可能變得更像西方。李光耀的小政府威權主義的願景將變得不那麼鮮明。但是亞洲仍將與西方顯著不同，原因有三：第一，區域內的大多數政府都看到西方出了什麼問題。確實，這正是其他亞洲領袖從李光耀的「亞洲價值」中最能領會的一點。第二，因為亞洲人才正要開始，科技使他們有機會跨越西方，建立更好的社福制度。要建立一套以智慧卡為基礎的福利系統，從零開始，比從已有數量龐大的軟體系統開始，要容易得太多。有一些令人期待的跡象顯示亞洲是善於創新的。我們將在本書後半仔細觀察許多這些跡象。

這指向第三個理由，為什麼亞洲仍然讓我們覺得像個替代模式：因為亞洲正在嘗試。就算李光耀的「亞洲價值」最後被發現是空話，而且習近平的「中國夢」變成一場噩夢，新加坡與北京對如何改進政府的思考也還是遠遠比羅馬或華盛頓來得多。歷史的教訓告訴我們，當國家彼此爭相產生更好的政府，他們的水平往往就會提高。考慮到美國與法國的大學生中輟率分別是百分之四十與百分之二十五，[65]而南韓的大學就學率稱霸世界，如果你想思索高等教育的未來，你能從美國和法國還是從南韓學到更多東西？如果你想設計一個退休金系統，你會關注美國的社會安全體制還是新加坡的中央公積金？

這些問題的答案一點都不難，而且西方在這些問題上給人的印象並不好。但是有一個很大的例外使西方還沒有完全落伍，而那甚至是亞洲人提出來的。法國作家與知識分子多明尼克．莫伊希，寫了一篇很好看的文章描述在二〇一〇年拜訪奧斯陸的事（挪威人也是在這一年將諾貝爾和平獎頒給著名的中國異議人士劉曉波）。在每一個他所參訪的政府部會跟智庫裡，他都看到同一群中國官員，而且他們非常積極地做筆記。後來裡面有個人禮貌地對他解釋：「挪威是中國的未來。」[66]這樣說也許很過頭。但是中國人不只向新加坡，他們也向北歐世界尋找啟發，這是非常正確的。

# PART THREE
# 第三部

# 改變之風
# THE WINDS OF CHANGE

CHAPTER 7

# 未來最早發生的地方
# The Place Where the Future Happened First

在二十世紀中大多數時候，瑞典都是世界上最接近社會主義天堂的存在：一個披著北歐衣裳的費邊夢。有見識的官員們建造「folkhemmet」，或者說「國民住宅」，同時國家照顧每個人的需求，金髮的官員們合理地規劃一切，一直管到你如何正確設計自己的廚房。同時，有社會責任感的公司，像富豪汽車與易利信，則製造財富。這是介於資本主義與共產主義的「中間路線」，由於馬奎斯．柴爾茲發表於一九三六年的同名書籍（即《中間路線》）而聲名大噪。[1]瑞典甚至有自家版本的韋伯夫婦：貢納爾．默達爾與艾爾娃．默達爾夫婦；他們提倡經濟計劃、優生政策以及男人分

1 馬奎斯．柴爾茲（Marquis Childs, 1903-1990），美國記者，在為《聖路易郵報》工作期間前往瑞典參觀住房展覽，寫了兩本小冊子與《中間路線》這本書來描述瑞典在社會經濟方面的進步。《中間路線》讓柴爾茲聲名鵲起，也讓小羅斯福總統得到啟發並派團前往歐洲考察合作社系統。

擔家務。

但是在一九六〇年代，隨著平等概念的含意擴大，瑞典比歐洲其他地方都更猛烈地向左前進。他們以「兒童本位學習」（也就是讓十來歲的孩子任意發揮）之名廢除了擇優教育，並且以社會團結之名鼓吹收入平等化。不管對什麼問題，答案總是同一個：再設一個政府部門。從一九六〇到一九八〇年，公共支出佔國內生產毛額的比例幾乎變成兩倍，然後在一九九三年達到百分之六十七的歷史頂點。公部門在一九五〇與一九九〇年之間增加了一百萬名新僱員，但是同時期私部門的工作並沒有創造任何新的就業。那你怎麼支付所有這些新增的政府呢？答案同樣是一成不變：加稅。童書《長襪子皮皮》的作者阿斯特麗德．林德格倫，一九七六年時收到了一張稅率為百分之一百零二的所得稅單；她於是寫了一個童話故事，講一名作家龐培利波薩（Pomperipossa）放棄了寫書，改靠社會救濟金過著無憂無慮的生活。經濟學家們於是得到了一個新辭彙：龐培利波薩效應（Pomperipossa effect）。

社會民主黨，一個從一九三二年到一九七六年無中斷地統治了瑞典四十年的政黨，不斷地從企業身上榨取更多的稅，並加上越來越多的規範。「新資本主義的時代即將結束」，該黨黨魁奧洛夫．帕爾梅於一九七四年表示，「未來的關鍵是某個種類的社會主義」。也是在這一年，貢納爾．默達爾獲頒諾貝爾經濟獎，而且由於命運的古怪轉折，海耶克跟他一起共同獲得了這個獎。八年之後，艾爾娃・默達爾由於裁減軍備的努力贏得了諾貝爾和平獎。到一九九〇年時，你很難想到還有別的地方比瑞典更完美地呈現出李光耀嗤之以鼻的那種「吃到飽」國家長什麼模樣。

但是現在請再看一下。瑞典已經把公共開支佔國內生產毛額的比例從一九九三年的百分之六十七降到今天的百分之四十九。邊際稅率也從一九八三年的最高點降低了二十七個百分點，來到百分之五十七，同時廢止了一些錯綜複雜的財產稅、贈予稅、富人稅與遺產稅。在歐洲其他國家深陷債務的此時，瑞典像一座財務正直的燈塔發出光芒：政府把自己綁進一件財政緊身衣，強制自己在景氣循環中必須實現財政盈餘。瑞典的公共債務從一九九三年佔國內生產毛額的百分之七十下跌到二〇一〇年佔百分之三十七，同時期總預算則從赤字百分之十一變成盈餘百分之〇點三。這使一個小而開放的經濟體能從二〇〇七至二〇〇八年的金融危機中快速恢復。雖然預算赤字爬升到國內生產毛額的百分之二，但是公共債務仍然低於百分之四十。

思維的改變程度甚至更大。不可碰觸的制度紛紛像聖牛一樣倒下，鮮血瀰漫了斯德哥爾摩的街道。當地的智庫滿溢著比如「福利企業」與「精實管理」這樣新鮮的理念。事實上，瑞典所做的許多事，是政治人物知道他們應該做、但是很少有勇氣去嘗試的。瑞典人為退休金制度建立了一個健全的基礎，把確定給付制換成確定提撥制，也對預期壽命的變化做自動調整。他們重新打造了他們的政府，也縮小了政府的規模。瑞典人擁抱傅利曼「教育券」的程度，超過世界上任何其他國家，當然也超過謹小慎微的美國人。依照這個制度，父母們可以把小孩送到任何他們選擇的學校就讀，私人公司或志願團體也可以設立「免費」的學校，也就是政府只負責出資但是並不經營的學校。結果斯德哥爾摩有一半的學童是上這種獨立學校；而全國幾乎有一半的家長都放棄了學區的學校（不是選擇另外一間較遠的，就是去獨立學校就讀）。超過百分之六十的獨立學校是以營利機構的形態經營的：大多數是營運一到四所學校的小型企業，但是也有一些隸屬於「國際英語學校」[2]這樣的大型連鎖品牌。

斯德哥爾摩的聖戈蘭醫院是一個很好的例子，可以說明瑞典多麼樂於將新思維付諸實踐，哪怕是在醫療這個福利制度的核心部分。從病人的角度來看，聖戈蘭醫院跟其他公立醫院並沒有什麼兩樣。診療是免費的，只收取一個象徵性的、也是全國標準的費用，以防止人們濫用這套制度。但是聖戈蘭醫院從一九九九年起的營運者已經是一間私人公司卡皮歐；該公司現在為一間合資企業所持有，出資者為包括北歐資本與安佰深集團在內的多個私募基金。醫生與護士是卡皮歐的僱員，對老闆跟董事會負責。幕後的氣氛跟一般醫院非常不同。醫生們熱切地討論借用「豐田汽車生產模式」以及改善「流程」與「品質」。醫生與護士彼此之間在過去常常保持一種職業上的距離；但是現在他們在團隊裡並肩工作與討論，就像日本汽車工廠的僱員一樣。每個人都在尋找改善的辦法。一個是使用一系列的小吸鐵標籤來追蹤病人的進展、以及哪張床位是空的。另一個是分散病人在日間出院的時間，而不是集中辦理，以便他們能容易叫到計程車。儘管一直提到豐田汽車，聖戈蘭醫院感覺起來最像醫院版的廉價航空。一個病房有四到六個病人，裝潢也是極其節省。但是重點在於縮短等待時間以及提升「接待人數」，這也有助於降低在醫院裡感染疾病的機會。

所有這些數據，比如手術的成功率，都是公開資訊，所以病人與納稅人都可以查詢。瑞典是醫療紀錄的創新國家，個別醫院的績效統計都是公開的。由於在國家聯盟計分表上吊車尾非常難看，各醫院都有強大的動機盡更大的努力。波士頓顧問集團的一項研究顯示，瑞典的國家白內障登錄系統不只降低了眼睛手術後散光的嚴重性，也把最好與最壞醫院的差距縮短了一半。聖戈蘭醫院的分數相當好。斯德哥爾摩郡議會曾經在一九九九年討論過要關閉這家醫院，但是不久前已經把卡皮歐的合約延長到二〇二一年。

2 國際英語學校（International English School），創辦於一九九三年的雙語連鎖學校，強調適合學習的環境與良好的升學表現，二〇一四年時在瑞典各地有二十九間中學。

聖戈蘭只是前線，後面還有一場更廣泛的革命。聖戈蘭的執行長布麗塔・瓦爾格倫，本行是一名麻醉科醫師；她把這家醫院比做一隻在獵狗賽跑中領先的野兔。瑞典的醫療服務現在可說是富裕國家中最有效率的。瑞典平均住院日是四點五日，相較於法國的五點二日，德國的七點五日。這個效率也表示了瑞典需要較少的醫院。瑞典每千人有二點八張病床，法國六點六，德國八點二。然而不論用任何標準，瑞典人都非常健康：已開發國家中瑞典人壽命最長。而且他們的經濟體質也大幅改善。一九九三年時，瑞典人平均比英國人或義大利人窮。二十年之後，隨著經濟成長與生產力超越歐洲其他競爭者，瑞典人的財富再度領先了。

其他北歐國家也待在同一家休閒健身中心裡，但是不像瑞典那樣用心鍛鍊。所有四個北歐國家都有AAA的債信評等，債務負擔也顯著低於歐元區平均值。丹麥開啟了一系列改革，把退休年齡從六十五歲提高到六十七歲，並且首創了一種「彈性安全制」：公司要解僱員工很容易，幾乎就像美國那樣，但是政府會幫失業的勞動者找新的工作。此外，政府也給教育改革添上一個有用的轉折：允許父母用他們自己的現金（有限度地）「追加」教育券。這創造了一個興旺的市場，特別是在哥本哈根，從傳統家庭讀的大學院校、穆斯林讀的宗教學校，一直到為老嬉皮的小孩開設的實驗學校，都雨露均霑。丹麥也成為某些人所稱的智慧政府的領航者。在轉型成電子化政府與無現金經濟的路上，丹麥人非常先進。當地人炫耀說他們可以用簡訊來繳稅。丹麥政府不再向同一家老供應商訂購輪椅，而是要求各家公司提出更廣泛的「移動方案」，並期待這能打開一項新的產業。並非所有創新都成功：一項意在「敦促」人們過健康生活的肥胖稅就必須撤回。但是就像瑞典人（以及新加坡人）一樣，丹麥人正在實驗，他們試圖把福利政策中最好的部分保留下來，同時試著用新的辦法來提供服務。

到目前為止，這個實驗成效出奇地好。北歐人在社會融入、競爭力與國民幸福等指數都名列前茅。他們有非常高度的女性勞動參與率與世界上最高的社會流動性。[1]他們繼續自豪於擁有慷慨的社福制度。約百分之三十的勞動力在公部門裡工作，是經濟合作暨發展組織平均的兩倍。他們繼續相信，把開放經濟與對人力資本進行公共投資兩相結合是正確的。但是新的北歐模式著手之處不是擴張政府，而是服務個人。他們先講求財政責任而不是注資刺激經濟。他們先強調抉擇與競爭，而不是家父長主義與政府計劃：在加拿大智庫佛瑞塞研究所所做的經濟自由度指標上，丹麥與芬蘭現在都領先美國，瑞典也正在迎頭趕上。古老的單向齒輪已經被逆轉：北歐人不但沒有讓政府擴大並讓它伸入市場，而是把市場擴大並讓它延伸到政府裡來。

## ❖我已經看到未來；它有一頭金髮

北歐人之所以重要，有三個原因。第一，他們是西方世界中最先碰到未來的地方：他們比其他人更早用完現金。第二，他們解決了關於利維坦的一個核心爭論，即：利維坦究竟有沒有可能被控制。在過去一世紀裡，鮑莫爾病跟老年社會的人口結構負擔看起來是無法逃避的。但是北歐人證明了還是有能做的事。第三，他們才剛剛開始利用科技的力量：我們認為，這個方向還有很大的潛力。俾斯麥最愛說的一句話：政治是「可能性的藝術」。如果要修正「什麼是可能的」這樣的觀點，北歐人是很好的出發點。

北歐人最先碰觸到未來。他們被迫改變，因為他們的舊模式破產了，而且一旦發現他們能打造一個更好的國家，他們就不斷革新。回顧從前，瑞典的革命有許多階段。一九七〇年代與一九八〇年代的特徵是日漸擴大的不滿。瑞典人越是習慣在宜家家居與H&M服飾店裡選購商品，對於必須排隊使用政府一體適用的種種服務就越是感到不滿。透過亭布洛這類智庫以及僱主聯盟這樣的商業組織，自由市場的理念也開始滲透到這個國家。一九八三年左派以一種特別莽撞的方式衝過了頭。社會民主黨考慮用產業工會基金收購瑞典最大的幾間公司，以便將經濟的制高點收歸國有。這件事不但同為社民黨的首相帕爾梅無法接受，也引發了大規模的示威抗議，約有十萬名商界人士在國會前集會，媒體稱之為「執行長的遊行」。

所以早在一九九〇年代之前好一段時間，瑞典模式就已經有一些裂縫。但是瑞典之所以進行改革，主要原因是崩潰。在一九九一年，瑞典跌入當地人所稱的「漆黑危機」：瑞典的銀行體系停擺，外國投資人喪失對「第三條路」[3]的信心，房貸利率在短時間裡暴漲到百分之五百。卡爾．比爾特的保守黨政府利用這個危機推動了一連串徹底的改革，包括大幅削減公共支出與徹底改變提供公共服務的方式。事後觀之，瑞典這次裁減支出十分幸運，因為其他經濟體在這個時候狀況很好，外在的需求也很強。但是這些改革的推動都帶有瑞典特有的風格，政府也努力尋求民意認可。一群由專家組成的委員會為改革規劃藍圖，最後提出了一百一十項關於經濟自由化與政治制度革新的政策草案。

其他北歐國家也迫於類似的困境而不得不改變。丹麥在一九八〇年代早期發生了「馬鈴薯危機」：之所以如此稱呼，是因為人們覺得或許會跌回只能以馬鈴薯果腹

3 第三條路（the Third Way）試圖在右派的經濟發展與左派的社會福利間尋找平衡。這套想法曾經在一九九〇年代到二十一世紀初盛極一時，主要的提倡者在思想界是安東尼．紀登斯（Anthony Giddens），在政界則包括美國前總統柯林頓、英國前首相布萊爾、德國前總理施洛德。

的日子。挪威與芬蘭在一九九〇年代初期跟瑞典一樣也碰上動搖國本的金融危機。芬蘭的危機特別嚴重，因為蘇維埃共產主義的崩潰摧毀了芬蘭最可靠的市場（畢竟兩隻左腳鞋在自由市場裡賣不了幾雙）。但是這場危機不僅僅是因為現金短缺。在舊日的北歐模式裡，國家的運作有賴於幾間作為骨幹的大公司能夠生產足夠的現金。但是在一九九〇年代中，像易利信與富豪等骨幹公司卻面臨了全球競爭。同時舊模式也取決於人們願意接受由上而下的指令，但是北歐人民的要求卻越來越高。一個家父長主義的福利國家在一個後家父長主義的社會裡無法存活。

環顧世界，今天許多其他政府都面臨了北歐人在一九九〇年代所遭遇的問題。西方國家做了它不能指望實現的承諾。不過更有趣的是，為什麼北歐人的改革能夠持續下去？那是因為，當他們一開始重新設計政府，就發現這是行得通的。

許多改革都產生了不只成本更低廉、而且效能也更好的政府。「彈性安全制」為丹麥保存了技術勞動力，又讓丹麥躲掉歐陸上最大的問題之一：勞動市場被劃分為受到過度保護的內圈跟沒有安全僱用的外圈。瑞典的教育券不只產生了成本更低、而且還是更好的學校。安德斯．波爾馬克與麥可．林達爾檢視了一九八八年與二〇〇九年之間瑞典所有中小學的學生，他們發現，在一個特定的地區增加「免費」學校，會使許多指標（從在校成績到大學入學率）有更好的表現。[2]而且受益最大的是正常的公立學校，不是「免費」學校。

所以當我們在檢視西方國家的時候，還可以保留一些希望。艾伯特·傑伊·諾克在他一九三五年的《我們的敵人：國家》結尾處總結說：「根本沒有任何事情」可以阻止政府的成長。而且正如我們已經看到的，小政府支持者的氣勢已經衰弱了一百五十年。政治人物曾經一再嘗試逆轉政府的膨脹，有時候甚至還成功了一段時間。但是即便小小的裁減也需要極大的努力：柴契爾夫人與雷根時代的政治狂飆就是例子。然而在短期的節約之後，肥大症又復發了：小布希的揮霍就是例子。曾經有段時間你簡直無法不相信，「政府將不斷擴大」就是現代政治的鐵律。

不只四肢肥大，生產力也十分低劣。多年來顧問公司不斷向政府鼓吹管理效率與電腦化的優點，但是直到現在並沒有造成什麼改變。組織再造導致士氣低落，新電腦則是又貴又沒用。英國的國家統計局指出，在一九九九年與二〇一三年之間，私部門的生產力上升了百分之十四，但是另一方面，在一九九九年與二〇一〇年之間公部門的生產力下降了百分之一。畢馬威會計事務所公部門業務主任亞蘭·道尼指出，如果公部門跟私部門的生產力以相同速度成長，那麼英國政府在提供相同服務的情況下，一年可以節省六百億英鎊——這個數字幾乎等於政府預算的結構性赤字。[3]

北歐國家提供了強大的反證：控制政府成長同時改善其效能是有可能的。聖戈蘭醫院是改善服務與生產力的一個模範。問題在於：你能改善到什麼程度？悲觀者會提出各式各樣的反駁：北歐國家太小了，總人口只有兩千六百萬呢。北歐的起點是巨大的公部門，所以很容易就有不少地方可以節省啊。最後他們會說，你無法繞過鮑莫爾成本病以及快速老化的社會。

我們的論點與此完全相反。北歐人不過是個開端。在二十世紀，科技常常使權力集中也使管理規模擴大。但是到了二十一世紀，科技將越來越往相反方向推進。科技不只讓政府縮小，還讓它更好。在二十世紀，好的政府改革一再地被特殊利益團體破壞。但是到了二十一世紀，好政府的改革者將越來越容易駕馭共同利益。這並不意謂政府必定會瘦身。但本章的主要論點是，至少這是可能的。

## ❖鮑莫爾病被逆轉？

威廉．鮑莫爾的核心論題是，在製造業中提升生產力的機制並不適用於服務業。值得慶幸的是，我們有重要的證據指出，他所認為的「疾病」，實際上是科技落伍造成的。數位革命已經大範圍地改變了服務業，比如零售，也改變了知識產業，比如新聞與出版。藉由類似的節省勞動力的技術，這種革命很快也將改造教育與醫療產業。

鮑莫爾最喜歡舉弦樂四重奏為例，事實上卻證明越來越不是這樣了：第一流服務的價格正大幅滑落。也許要演奏貝多芬的弦樂四重奏仍然需要四個人。但是現場演奏跟錄音的音質落差越來越小。而且取得第一流的錄音也變得便宜許多。用一個MP3播放器加上Spotify十美金的月費，你不只能聽一場沒有任何咳嗽與演奏廳雜音的弦樂四重奏，你還能在你想要的時候跟你想在的地方聽貝多芬任何曲目的錄音，更不用說幾乎所有曾經被製作過的錄音你也都能這樣聽。

這個道理同樣適用在政府身上。現在我們有機會逆轉鮑莫爾效應。以明星大學教授為例。在從前，教育界的生產力確實受限於你能把多少人塞進一間講堂裡。但是現在科技正在改變這一點。為什麼要付一年數千美金的學費去一間大學聽二流教授講課，如果你能免費觀看一位世界級明星教授講課的錄影？現在在美國，有十分之一的大學生完全透過網路上課，有四分之一則是部分時間這麼做。哈佛大學已經有學生自發地組成讀書小組以觀看TED演講並進行討論。頂尖大學比如麻省理工、史丹佛以及加州柏克萊大學，都已經開始把他們的演講以及課程材料放上網路。中國人民大學提供免費的高等教育（但是不包括幾百塊美金的申請費與批卷費用）。評量公司已經研發出能給學生書面作業打分數的電腦軟體，連申論題也適用。[4]

人們常常誇大科技改變教育的能力。湯馬斯・愛迪生曾預測動畫將取代學院的課程。從前的人也曾以為通訊課程是未來趨勢：一九一九年時，約七十所美國大學因為太擔心這一點，以致自行開設了這類課程。曾經也有成功的案例，比如英國以電視節目為基礎的開放大學，但是那並沒有改變教育的本質。然而現在已有跡象顯示，教育將走上互動的模式。而且這場革命並不限於高等教育。

新科技鼓勵更有效的教學方式。中小學教師可以「翻轉教室」：把他們重要的課程錄影起來，讓學生在家裡看，然後用上課時間進行個人指導。科技甚至能提供個人輔導，還不用錢。二〇〇四年撒爾曼・可汗製作了一系列影片然後放到YouTube上，用來教導他家族裡的孩子們學習。這些影片很快吸引數百萬人的關注（包括比爾與美琳達・蓋茲夫婦；他們也用這些影片來教自己的小孩）。可汗是一位非常出色的教導者。如果你要把材料複習一次的話，只要暫停或重看即可。可汗學院現在每個月為四百萬以上的學生服務，從億萬富翁的小孩到臨時工的子女；而且提供超過三千堂課程，從簡單的算數到微積分與財務金融。

放眼公部門，你會看到拜科技之賜，到處都有類似的機會開始出現。幾乎每個情況都可以歸結到相同的幾點。科技使工作者更有生產力；科技可以傳播資訊，使人們看到他們的學校或醫院有多好；科技還可以把更多的力量交到一般市民手裡。科技讓一般人更容易匯聚起來並解決集體的問題，而且這個過程常常可以跳過政府。共乘是一種降低大眾運輸壓力的辦法。電子公路里程收費使得公共財更容易計價。事實上，這種機會在公部門到處都是。

公部門所提供的服務，特別是在原本的核心領域，已經悄悄地大幅提升了效率。根據霍布斯的看法，國家存在的主要理由是提供法律與秩序。即使最強悍的哲學激進派都認為國家應該保護人們不受犯罪侵害。不然一個守夜人的用處是什麼呢？執行這項任務在傳統上一直是政府最勞力密集的業務。這也是保守派在要求政府瘦身時向來會跳過的一個項目，正好相反的是，保守派在指出青少年犯罪跟惡性犯罪帶來的危險，所以要求更多警察巡邏的時候，向來都比誰都大聲。就連柴契爾夫人也對警察工會心生畏懼。這也是唐・諾維在加州做得非常成功的領域。

然而在已開發國家的犯罪率，從大約一九九〇年代中期開始有了顯著的下降（這個趨勢開始的時點因國家而異）。二〇一二年，英格蘭與威爾斯被竊的汽車有八萬六千輛。在一九九七年這個數字是四十萬。二〇一二年，銀行、房貸協會[4]與郵局被搶

4 房貸協會（building societies）主要是為會員提供金融服務以資助其購房，通常為抵押貸款的方式。但這種機構也會提供直接金融服務，在全英各地都有分行或代理處，因而成為歹徒搶劫的目標。

的事件有六十九起。在一九九〇年代，這種事件每年平均五百起。暴力犯罪在美國全國下降了百分之三十二，在大城市下降了百分之六十四。[5]

原因是什麼呢？許多右派人士會宣稱那是因為判刑變重了。這個說法並不真的經得起檢驗，因為某些不再把那麼多人丟進監獄的地方，犯罪率的下降也是一樣快。一個更有力的原因是，犯罪者從供給面減少了，因為大多數犯罪是由年輕人所為，而年輕人的數量趨於減少。不過，最主要的原因應該是我們預防犯罪的能力有了進步。這件事跟街上巡邏的警察關係不大，跟更聰明的科技關係很大。

警方已經開始運用這類科技。例如以電腦找出犯罪「熱點」並根據這些訊息配置警力。這個辦法使曼哈頓某些街區的搶案下降了百分之九十五以上。[6]警方也用閉路電視（在英國到處都是而且還在擴散中）來監看大眾，並用手機位置追查不法之徒。他們還用ＤＮＡ資料庫來辨認罪犯，而且資料庫很容易就可以用電腦搜尋。然而最重要的原因是，科技讓一般人手上有了更大的打擊犯罪的力量。智慧型裝置越來越便宜。即便小商店也願意花錢購置閉路電視跟電子標籤。防盜設備無所不在。汽車變得更難偷了，因為有中央控制鎖與引擎防盜鎖。銀行變得更難搶了，因為有防彈玻璃和標記紙鈔。

科技也有可能在霍布斯另一個重要的政府功能裡取代人類勞力，那就是戰爭。

武裝無人機可以殺死高價值目標。武裝機器人可以在戰場上跟一般士兵並肩作戰，或者完全取代真人。大型無人機可以用視訊監控來偵察情報或者搜出化學與生化武器。無人駕駛的地面載具可以偵測爆裂物。機器人不只能把人從危險中拯救出來，它們還能執行人類不可能完成的任務，比如抬起坦克車、在爆炸中毫髮無傷、以及連續多日在沒有食物與水的情況下執行任務。美國陸軍擁有不下一萬兩千部的機器人，包括進行偵察的微小「昆蟲」以及震懾敵方的巨型「戰狗」。五角大廈也正在研發「能量自主戰術機器人」，能夠吞食任何在身邊找到的有機物質來補充能源。機器人將會逐步侵入公部門的其他領域，讓公部門有機會大幅降低成本同時又提升效率。

## ❖未來是灰色，不是紅色

然而，任何從治療鮑莫爾成本病而省下的收益，難道不會被人口結構給吃掉嗎？到了二〇三〇年，經濟合作暨發展組織的富國俱樂部中有百分之二十二的人口將超過六十五歲，幾乎是一九九〇年時的兩倍。短短六年之後中國也將趕上。一個高齡的社會將以兩種途徑把國家弄垮：第一，支付退休金的成本將巨幅上揚；而且慢性疾病的擴大會讓公部門裡效率最低的一環，即醫療，承擔越來越沉重的壓力。但是北歐人證明了這不必然是一場災難，即便看起來很可怕。

如果期待高齡社會不至於給醫療成本帶來重大壓力，那就太不實際了。醫療很可能是經濟當中最難逆轉鮑莫爾病的一個區塊。但是這並不意味此事沒有可能。我們將在下一章考察，把科技導入醫療照護可以有哪些可能的收益。我們相信現在有一場革命可能已經上路了：越來越多醫療照護是由醫生以外的人力完成的，包括護士、病人自己，甚至機器人。但是如聖戈蘭醫院的例子顯示，即便沒有這些新措施，要更有效率地提供醫療服務也十分可行。瑞典人在兩個領域遙遙領先。第一是他們使用醫院登錄系統，能顯示醫療體系內的每個部分在治療不同疾病時的績效如何。另一個是每次你去醫院都要徵收的小額費用：這個小額費用阻止了吃到飽的福利國家，如李光耀所指稱的。

對某些左派的正統主義者而言，收這個費用就是背棄了國民保健署這類機構所做的重大承諾：這些服務對接受端將永遠免費。但是瑞典人遠遠務實得多。那些承諾是不同時空的產物：那時候的醫療服務還很陽春。但是如果醫院被超限使用，對社會並沒有好處。所以藉由稍微修改一下福利，瑞典人讓醫院更有能力對所有人開放。

北歐人對福利津貼也採取同樣的態度。一九九八年瑞典人對退休金的財務推行一種新的激進措施，以便讓年金制度免於破產以及避免賦稅的大幅增加。他們把退休金制度改成更接近確定提撥制而不是確定給付制。他們加入了一個私有化的元素，讓瑞典人可以把部分的退休金存入一個民營的退休金體系。今天有過半的瑞典人先後在不同時點積極地選擇加入這個私有的市場（對那些選擇不參加的人，他們的錢會自動流入一個政府經營的投資基金）。瑞典人還把退休年齡延後到六十七歲，並啟用一個自動調整的機制，讓退休年齡與國民預期壽命掛鉤。他們也設置了一個斷路器，當經濟陷入衰退時就會生效：如果經濟不能負擔，退休金就會跟著減少。

這些措施都是建立在跨黨派共識的基礎上：瑞典人非常了解，只有他們以負責任的態度處理財政預算，「國民住宅」才能存續下去。他們也繼續與這個問題奮戰。就在歐蘭德政府指派了一個「未來對策委員會」來設法因應高齡社會的相關影響，把法國的退休年齡恢復到六十歲的此刻（一項近年來最不負責任的討好選民之舉），瑞典首相弗雷德里克·萊茵費爾特指出，瑞典人將必須工作到七十五歲為止。

其他腦袋清醒的國家也採取類似行動：英國把退休年齡提高到六十八歲，美國提高到六十七歲，但有許多但書。延後退休年齡有三重好處：政府透過省下退休金的支付減少財政支出，透過讓勞動力繳稅更久而增加財政收入，並且促進經濟的整體生產力。從前退休最重要的原因是人們的身體由於砍柴與挑水而耗損了。但是現在人們活得更久，也過著更健康的生活。根據美國城市研究所的計算，美國有百分之四十六的工作對工作者幾乎沒有任何體力上的要求。[7]而且有越來越多證據指出，較老的工作者也可以很有用；有些研究顯示企業家精神的高峰期介於五十五歲到六十四歲。[8]雷・克洛克開始打造麥當勞加盟體系的時候已五十多歲，而哈蘭・桑德斯上校創辦肯德基炸雞連鎖店時已經六十多歲。四十年前的人們認為搖滾樂手在變老之前就會退出江湖。然而儘管一輩子都在拋出陰暗的預言，並且抱怨「腰腹膝腿以往隨心所欲，如今處處失靈痛若針錐」5，但李歐納・柯恩還是在巴塞隆納的舞台上度過了他的七十五歲生日。

## ❖既得魚也得熊掌

比起今天大多數重大議題，關於政府的爭論更是預設了一個零和的世界：左派一成不變地主張「削減」政府將損害窮人，而右派則認為擴充福利措施將損害經濟。但是事實上有很多改善政府的辦法都是零成本的。拿掉農業補貼就是這樣一個簡單的辦法。廢除了現代版的穀物法，就會產生立即的好處：降低公共支出並擴大經濟成長的空間。維多利亞時代的自由主義者特別抨擊「舊腐敗」。今天則已經有好例子證明政府可以瘦身又不損及基本服務。一九九〇年代早期，賄賂被視為生活現實的一部分，在某些國家則是從事商業不可避免的一種成本。當時並沒有專門打擊賄賂的國際法，也沒有致力對抗的公民社會組織。德國甚至允許本國公司把對外國的賄賂從稅裡面扣除，法國與英國也這麼做，只是手法比較精緻。但是在那之後，相關法律有了顯著的加強，越來越多反賄賂法案通過。三十八個國家簽署了經濟合作暨發展組織一九九七年的反貪污公約，許多人公司遭到法律追訴，包括德國西門子與英國航太系統，還有，科技也使得國際透明組織這類團體更容易察覺到貪污腐敗。

沒有人會宣稱貪污已經被擊敗。確實，在俄國與中國，在他們參與全球資本主義經濟的過程中，就存在莫伊塞斯・奈姆所稱的「貪污大爆發」。然而一件簡單的事實是，在西方許多國家，賄賂已經不像從前某些時候那樣被容忍。

這也是瑞典帶來的更進一步的教訓。北歐模式並不比新加坡的更完美。二〇一〇年，瑞典一處由私募基金經營的老人之家爆發了醜聞。媒體爭相報導老人如何被托付給一個「死亡之家」，而私募基金的高層則把非法取得的利潤藏到海峽群島[6]上。今天的瑞典，對於過去曾經有過的團結情感與令人驕傲的平等主義，仍懷抱著強烈

5 這句話出自柯恩的作品〈歌之塔〉(Tower of Song)，他說，「啊！老友逐一先我而去，曾經滿頭青絲轉眼成灰，腰腹膝腿以往隨心所欲，如今處處失靈痛若針錐。」

6 海峽群島（Channel Islands），位於法國諾曼地外的英吉利海峽上，是英國皇家屬地。

的鄉愁。也許他們會為此制定更多規範。但是一般瑞典人不會重返一個由政府來告訴他們小孩該上哪一間學校的體制。瑞典政府也不會放棄利用私部門的金錢與技術。

儘管有自己的毛病，瑞典的新體制事實上是高度成功地更新自舊日的中間路線。瑞典繼續像一個「社會主義」國家那樣運作，向國民提供接受端免費的醫療與教育等公共財。但是瑞典政府運用了「資本主義」的競爭辦法，來確保這些公共財能以最好的方式送交到國民手上。

瑞典跟新加坡都無可懷疑地證明了一點：政府可以變得更苗條與更好。威廉．鮑莫爾以及其他經濟學者嚴峻的警告是不恰當的：我們沒有理由認定政府改革是一個注定失敗的事業。這並非零和的遊戲。但是改革者該如何前進？這個問題有兩個答案。第一個是實際層面的：每個人，不論左派或右派，都可以讓政府運作得更好。第二個是意識型態的：人們需要問自己，他們到底想要政府做些什麼。我們接下來的兩章就要觀察這場革命如何在這兩個前線上挺進。

CHAPTER 8

# 修正利維坦 Fixing Leviathan

在一九三〇年，通用汽車是世界上最受讚譽的公司，堪稱去中央化的中央化管理傑作。老闆阿爾福雷德．斯隆坐在一個由經理人堆起來的金字塔頂端，而這些經理人負責監督從原物料採購到汽車貸款的一切業務。同時他給公司各部門很大的營運空間，讓他們生產出適合「所有用途與所有預算」的汽車：凱迪拉克訴求有錢人，奧斯摩比注重舒適與隱密，別克強調奮發向上等等。斯隆的外號是「沉默者」；他比愛發議論的對手亨利．福特更了解到競爭優勢的來源正在改變：從賣給人們第一部車，到鼓勵人們換車；從一個重大的革命理念：生產線製造，到另一個革命理念：永不懈怠地改善整個過程。他常常自豪地說他的專業是在管理。

今天世界上最受讚譽的公司這個頭銜有很多競爭者，不過不管這個名單怎麼列，Google一定包括在內。對斯隆來說，Google在加州山景城的總部一定更像一間幼稚園而不是辦公所在，裡面有Google的識別色彩，桌球檯以及供小睡片刻的豆莢艙。但是這間公司的成功可一點都沒有幼稚之處。從兩名史丹佛學生一九九八年的一個靈感開始，Google已經成長為一個貨真價實的酷斯拉公司（Googlezilla），控制八成的線上搜尋市場，主宰線上廣告，甚至還有機會用汽車自動駕駛技術為斯隆的老行業帶來革命。Google的求職者只有百分之一能拿到工作。他們的工作時數比舊時代的通用汽車員工長得多（後者並不排斥「三杯馬丁尼午餐」[1]與悠閒地打高爾夫球，即便斯隆反對）。為了讓他們持續工作，Google提供了一切他們所需的東西，從衣服乾洗、按摩師到配備WiFi的公司巴士。

在斯隆的時代之後，各公司對這位偉大的先生所有的管理思維幾乎都進行了重新考量。它們用流動網絡取代陡峭的階層結構，除了核心功能之外把其餘部分都外包出去；不斷蔓延的企業集團也已經過時，現在流行的是專注一個領域的專業公司。它們甚至在創新這種核心功能上也與別人協同合作：一度跟通用汽車一樣自成一國的寶鹼，現在有一半的企劃是從公司外部取得。但是最重要的是，所有公司都持續在移動中，重新思考自己的作為，然後再重新思考自己思考的所得。沒有多久以前，諾基亞與美國線上仍然是代表未來的公司，人們也還在討論如何用柯達相機拍照。十年之前臉書還沒出現，Skype也還是一個愛沙尼亞的新創企業。在斯隆的時代，工作是一輩子的，年紀可以換算成資歷。他營運通用汽車二十年。但是在過去二十年裡，美國執行長的平均任職時間減半了，只剩下五年左右。在職務鏈的更下方，流動率甚至更高：美國零售業員工的平均任職時間是將近三年[1]（零售業現在僱用的員工遠比製造業要多得多）。新的高科技廠商僱用的人數通常只有前輩廠商的一個零頭。全盛時期的伊士曼．柯達公司有十四萬五千名員工。而Instagram在二〇一二年四月被臉書用十億美金買下的時候（在柯達提出破產申請之後幾個月），這家分享照片的公司才成立十八個月，員工也只有十三個人。[2]

三股力量讓企業界翻天覆地。第一是Google本身所體現的東西：科技。電話花了七十一年才進入美國一半的家戶，電力花了五十二年，電視三十年。但網際網路只花了十年就達到人口的一半。[3]現在Google正在實驗超高速網路，其傳輸速度比一般寬頻還要快上一百倍。[4]第二股力量是全球化。斯隆的通用汽車是被日本人翻過來的，不是被福特或克萊斯勒。快速成長的新興市場正在冒出全球化的跨國企業，比如中國的華為電信。即使是非洲也跳到西方的前頭，比如肯亞正在推行「行動貨幣」（也就是用手機付款）。第三股力量是消費者的選擇。在亨利．福特的世界裡，

1 三杯馬丁尼午餐（three-martini lunch），美國流行語。能夠在午餐時喝到超過一杯馬丁尼，表示你是個有錢有閒的商務人士。

你要什麼顏色的車都可以，只要那是黑色就行。但是現在你有各式各樣的顏色可挑。有線電視公司提供數以百計的頻道。亞馬遜提供你上百萬種書籍，還能在訂購次日送到你家。「一個款式一體適用」過去了，現在是「多樣化市場」的時代，如（《長尾理論》的作者）克里斯．安德森所形容。[5]顧客與其說像個國王，毋寧更像暴君。

這些都使管理的藝術更加重要。即便有的只是流行一時，管理技巧實際上還是對生產力有重大的貢獻。最好的例子就是通用汽車：底特律在一九七〇年代跌得鼻青臉腫，因為豐田這樣的日本汽車公司採用了美國的管理思維，再加上精實生產。美國人直到從他們的日本對手那裡學到精實生產之後才再度活了起來。即便現在各公司都在密切關注對手的一舉一動，管理還是可以造成很大的差別：兩名經濟學家，史丹佛的尼克．布魯姆與倫敦經濟學院的約翰．范．里寧的研究證明，一間公司如果能運用最被廣泛認可的管理技巧，也就是商學院教的那種，那麼績效就會超過其他同業。[6]

## ❖四個可怕的認定

政府的問題是停留在斯隆經營通用汽車的時代。即使是利維坦肚子裡的人也知道這一點。「我們在資訊時代裡生活與做生意」，歐巴馬曾經抱怨，「但是政府最後一次重大的組織再造卻是發生在黑白電視的時代。」[7]主要問題不是缺少電腦或錢，而是完全缺乏跟上時代的能力。公部門之所以不肯改變，是基於四項認定；這些認定在斯隆經營通用汽車的時代都行得通，然而在Google的時代已經沒有意義。

第一：組織應該盡量把事情拿到內部來做，就像汽車廠曾經自己煉鋼那樣。推到極端，這意味著政府將壟斷一切在想像中可碰觸到公共利益的事物。這是一個在蘇維埃集團盛行的想法，很大程度也在那裡崩潰了。但是一個較溫和的版本：政府應該盡可能把事情拿到內部來做，這種想法仍然在我們這裡流行。這將造成巨大的成本。勢力龐大的生產者遊說團體（比如教師工會）被制度化，穩穩佔住福利國家的核心，並把私人組織與志願團體從公部門排擠出去。

第二：決策應該中央集權。這個認定也可以追溯到二十世紀中期，當中央政府為福利政策籌劃藍圖時。在美國，「新政」與「大社會」讓華盛頓的權力如此嚴重地凌駕各州，以至於一位伊利諾州的參議員埃佛里特・迪克森嘲弄地說，再過不久「唯一還有興趣知道各州邊界在哪裡的人，大概將只剩下蘭德—麥克納利[2]了」。[8]有些時

2 蘭德—麥克納利（Rand-McNally），美國的地圖出版商，創辦於一八五六年。

候政府能集中權力是重要的：當國家遭受敵人攻擊，或者被一場重大危機猛烈震撼。但那種幫助小羅斯福使美國經濟起死回生、或者讓法國在二戰後能進行重建的邏輯，拿來經營大學或提供社會福利，成效似乎就沒有那麼好。

第三：公共機構應該盡可能齊一化。官僚對整齊劃一有一種職業性的偏好。例外意味著異常，而異常就代表混亂。在二十世紀的大部分時間裡，這種認定似乎與時代並無衝突。大量生產的成功使得像碧亞翠斯．韋伯與德懷特．艾森豪這樣南轅北轍的人物都深信，政府效能的秘訣，就在於把一切都轉化成大機器裡的齒輪。再者，對平等思想的崇拜，意味著政府的職責是要確保沒有人會因為運氣差或階級偏見而得不到他們應有的一份。但是今天這種對齊一性的強調，在一個彈性生產與消費者選擇的世界裡，似乎已經過時了。

公部門裡很少有比工作人員更齊一的事物了。如果用種族跟性別來看，他們當然是多樣的，通常也因為公部門給自己制定的法律就是這樣。但是如果說到心態與經驗，這群人就齊一到令人沮喪的地步。公部門主流的心態是，他們是終身職，而且他們的薪水低到駭人聽聞（這兩點有時是對的）。升遷取決於年齡。快速升遷是例外而非常態。私部門現在是全球化的：三分之一的英國公司由外國人經營，而且上一次英超聯賽冠軍被一支英國球隊拿下是十幾年前的事。然而英國的公部門一直都是英國。

在某些國家，這種齊一性還延伸到整個統治階層。理論上法國非常善於讓人員在私部門與公部門之間切換；但是實際上，就像在中國一樣，切換位置的都是同一個小集團，特別是畢業於國立行政學校的那些菁英。我們刊過一張精彩的合照，上面是「伏爾泰班」，即國立行政學校一九八〇年的畢業班，其中有四個人於二〇一二年出來競選總統，包括後來勝出的弗蘭索瓦·歐蘭德及其前女友塞戈萊娜·羅亞爾（二〇〇七年敗選的社會黨總統候選人）。本班同學還有金管會主委、安盛保險集團總裁以及巴黎地鐵董事長。[9] [3] 根據兩位學院人士的研究，在六百多個法國高層官員裡，有百分之四十六畢業自三所「大學校」（包括國立行政學校）。[10]

最後一個認定是，改變只會越改越壞。如果公部門有個座右銘，那就是「永遠不要做你沒做過的事」。成功之道在於一切按照規矩、低調不出頭，並且讓事情照常運作。在公部門裡，創新會給你帶來麻煩，而且常常是唯一讓你丟掉飯碗的事。想要改變體制可能招致國會調查與小報獵巫。關於公部門最棒的喜劇是《部長大

3 另外兩個出馬競選總統的人，其一就是安盛保險集團總裁的亨利·德卡斯提（Henri de Castries）；其二是在席哈克擔任總統期間出任總理（二〇〇五－二〇〇七）的多明尼克·德維勒潘（Dominique de Villepin）。

人》4，劇情主軸就是抗拒改革：劇中主角漢佛萊爵士是一名公務員，他認為自己的工作就是要阻止傲慢的上司把各種愚蠢的計劃付諸實行：他每次說「好的」之後接著都是「不行」。東尼·布萊爾抱怨公部門的工作者「總是認為『如果一件事向來是這麼做的，就永遠都應該這麼做』。我從來沒遇過有哪一群人比他們更頑固地堅持這個想法」。

這解釋了為什麼績效會有這樣大的落差。在Google時代的私部門裡，一個新科技或理念在幾個月內就會被複製。在公部門裡，不同體系的績效差異令人震驚。麥肯錫曾經統計過，某些西方國家在一個取得大學學位的學生身上所花的錢超過平均值的百分之三十，但是結果並沒有比較好，另外有些國家花的錢低於平均值的百分之七十，但是結果也沒有比較差。這種差異不只出現在國與國之間，也出現在國家內部。麥肯錫估計，美國績效低落的州與其他州之間的教育成效落差，每年耗費這個國家高達七千億美金或者國內生產毛額的百分之五。[11] 醫療生產力專家約翰·奧德漢姆爵士提到，在英國南部兩個類似且鄰近的區域裡，醫院的「非計劃性入院」（也就是比較昂貴的服務）人數差異達八倍之多。他也指出，從類似的診所轉來醫院門診的人數，在這兩個區域之間存在著十三倍的差異。僅僅把最花錢無度的醫院支出降低到國民保健署的總平均水平，一年就能夠省下接近一百五十億英鎊，而這是（保守黨—自由黨）聯合政府要求保健署在五年期限內節省的數字。

政府不但不去縮小這些落差，甚至還有部分跡象顯示政府比以前更懶惰。美國於一九三三年建造舊金山大橋時只花了四年，於一九五六年興建州際高速公路網的主體時只花了十五年。但是如菲利浦．霍華德所指出的，在科德角附近建造一個風力發電廠的計劃已經審查十年了，其間由十七個專職機構負責研究，同時又有十八個官司在法庭之間來回糾纏，而且審查很可能還需要另一個十年。[12]政府投注越來越多資源去履行過去留下來的義務，而不是投資未來。史托爾勒—勒培爾兩位學者的美國財政民主指數，旨在衡量政府收入當中可以視情況動支的比例（也就是扣除社會安全保險或聯邦醫療保險等法定支出後剩下的錢）。這個比例從一九六二年的將近百分之七十下跌到二〇一二年的百分之十上下，而且這條線的趨勢還在往下。

## ❖真的很難改革

上面的談法也許讓人覺得，讓政府更有效率單純是個意願的問題，只要從

4《部長大人》（*Yes, Minister*），BBC在一九八〇到一九八四年播出的電視喜劇。

Google找一些厲害的經理人來，事情就能搞定了。但是還有一個最終的因素，讓政府半個世紀以來一直落在私部門的後面：政府真的非常難改革，通常比私人企業要難得多了。

商界人士到政府任職的紀錄相當難看。有時候是因為那些人出於自私，只致力於保護自家的商業利益。義大利人一再把票投給西爾奧維・貝魯斯科尼，指望他能用生意人的技術讓一個罹患硬化症的經濟復甦起來。好吧，「如果你問他留下了什麼，就看看你的四周吧。」[5]貝魯斯科尼在二〇〇一至二〇一一年這十年當中當了八年的義大利總理。在這段時間裡，義大利的國民生產毛額下跌百分之四，[13]是世界上除了海地與辛巴威之外最差的經濟表現，同時政府負債與賦稅佔經濟規模的比例雙雙上揚。另一方面，這個貪婪的老色鬼不久前才勉強逃過了牢獄之災。[6]

對比之下，另一個媒體大亨麥可・彭博經營政府就很成功。他兩度連任紐約市長，享有的聲望之高令人驚訝。但是他說，他本來沒有了解到，經營一座城市跟經營一間公司有這麼大的差異：

每個人關心的事情都不一樣，而且你得面對的媒體干擾程度遠遠大得多。你不能給優秀的職員很高的薪水……在商場你可以做實驗，可以支持能致勝的計劃。好的部分能拿到錢，不好的部分會萎縮。但是在政府，不好的部分能得到所有的關注，因為他們有最兇猛的捍衛者。

幾乎所有的事到了政府都更困難。作為一位媒體大亨，彭博可以衡量一名銷售員在日本賣出多少彭博終端機。但是你要如何衡量一名教師在教室裡做了什麼？特別是你如何衡量那些讓「洋芋片先生」足以稱得上真正出格的那些天才火花？[7]我們許多人都記得某些老師給我們留下的深刻印象，我們也記得那些愚笨與懶惰的老師。但是你要如何發展一套評量系統，來懲罰後者卻不至損害前者？出格的老師常常打破一切規範來表達他們的觀點，所以任何約束他們遵守一套既定公式的評量系統極可能適得其反。但這並不是放棄評量的藉口。私部門裡也有很多領域的生產力是難

5「如果你問他留下了什麼，就看看你的四周吧。」(si monumentum requires, circumspice)，拉丁文銘文。這句話出自克里斯多福．雷恩（Christopher Wren）的墓誌銘，他是倫敦聖保羅大教堂的建築師，死後就葬在教堂的地下墓穴。

6 貝魯斯柯尼在二〇一〇年因疑似與一名未成年肚皮舞孃進行性交易而遭到起訴，二〇一三年法院判他七年徒刑並褫奪公權終身。貝魯斯柯尼提起上訴，二〇一四年上訴法院推翻了一審的判決。

7 電影《萬世師表》（*Goodbye Mr. Chips*, 1939）中的男主角，本姓齊平（Chipping），但因學生討厭他，就給他取綽號，叫他「洋芋片先生」。

以評量的，比如新聞界。但是我們需要認清，含混不清是公部門裡廣泛出現的一個顯著問題。

還有一些重要的哲學理由，可以解釋為什麼政府的效率較低。政府跟私人公司是非常不同的存在，公民也是跟顧客非常不同的生物。政府不能像公司打發找麻煩的顧客那樣打發找麻煩的公民。政府也必須阻止我們做一些我們或許想做的事，比如在後院裡蓋摩天大樓，因為他們必須在我們的欲望跟其他公民的欲望之間取得平衡。他們也必須強迫我們做一些我們不想做的事，像是繫上安全帶、甚至上戰場打仗。政府有很多事情沒有選擇的餘地。他們必須把施政的連續性視為絕對優先：他們不能隨便停止維護國界安全幾個禮拜。他們同樣不能任意把一部分的規則套用在一個公民頭上，然後又把另外一套規則套在另一個公民頭上。

政府行事緩慢並不總是壞事，好比說，決定是否要開戰，或者要不要根據有爭議的證據判處某人有罪。詹姆斯．Q．威爾森在談到美國政府時也許有點誇張，他說：「我們可以不誇張地說，憲政秩序的活力，來自想使政府『無效率』的欲望。」[14]但是他正確地指出，公民們有意地以各式各樣的辦法限制了政府的行動自由，以免政府對自己的國民橫行霸道。約瑟夫．奈伊說，美國人並不真正希望政府運作良好：「政府是有點特別的東西。政府擁有強制性的權力，所以你對它保持一種健康的懷疑心態是很要緊的事。」[15]

## ❖為什麼這次可以不一樣

近幾十年來已經有過十餘次修正政府的嘗試。小布希就表示過他有一個「管理待辦事項」，內容主要是他閱讀彼得·杜拉克的心得。高爾有過一個「徹底改變政府」的計劃。隆納德·雷根任用格雷斯委員會來降低政府浪費。吉米·卡特提倡精實政府。這些計劃全都一事無成或者後繼無力。所以為什麼我們會認為公部門現在可能已經到了根本變革的邊緣？為什麼在這麼多失望之後，這次可以不一樣？

最顯而易見的理由是財政危機：許多地方的政府財政都捉襟見肘，就像瑞典二十年前發生的那樣。另一個原因也要追溯到北歐人：政府可以做得更好。

還有很多空間可以提升效率。先後有許多政府都瘦身成功，而且沒有擁抱任何偉大的理念。他們只是把水龍頭關起來而已。這就是加拿大十年前所做的，而且，儘管對大社會做了種種政治修辭，這大致上也是大衛·卡麥隆的政府在英國所做的事：預算一裁掉，地方議會突然就發現他們也能共享設施，而大眾並不感覺到有什麼差別。公部門工會如此擔憂這類「裁減」，但是如果跟私部門或民間社會日常進行的那種精簡比較起來的話，根本是微不足道的。（兩位作者其中之一曾經在巴黎參加過一次私人晚宴，席間一群法國商界人士禮貌地聆聽某位政治人物抱怨他的部門不得不實質上裁減百分之五的成本。接著有一位商人說，他在兩年多一點的時間裡把成本降低了百分之二十，而且，他帶點酸味地強調，不只是「實質上」[8]。政治人物於是就閉嘴了。）你不需要一個商業天才來告訴你，把歐巴馬健保法的中央網站healthcare.gov發包給五十五家獨立公司製作，不是個聰明的辦法。[16]還有強迫那些逃稅的國民繳稅，或者更善用政府的採購力，不過是一般常識。比如說，英國的國家審計局就斷言，國民保健署一年可以節省五億英鎊，或者八億美元以上，如果他們把採購力統整起來的話：公立醫院實在沒有必要購買二十一種不同形式的Ａ４檔案紙與六百五十二種不同的手術用手套。

不過，只是改善Ａ４紙張或手術用手套的購買，效果有限。認真的改革者必須改變兩件事：國家想要做的，以及國家怎麼做這件事。在下一章裡我們將考察一些深刻的哲學問題：我們認為國家應該做哪些事。在本章中，我們將把焦點放在一個問題上：國家能不能把已經在做的事情做得更好。而且在這裡，情勢終於開始有了轉變。

全球化與科技，這些使私部門改頭換面的力量，也開始讓公部門有所改觀；更有效率的政府形式正在擴散。為了說明這個過程，我們將把重點放在利維坦當中與政府的怠惰關係最大也最有機會破產的部分：醫療照護。

越來越多病人要求越來越多醫療照護，這種前景困擾著世界各地的政府。差不多一半的美國成人已經有慢性疾病，比如糖尿病或高血壓；隨著世界變得富裕，富人病也在蔓延當中。不過醫療體系的改變很緩慢。美國整體勞動生產力在過去二十年裡每年成長百分之一點八，但是在醫療照護上卻每年下跌百分之〇點六，如布魯金斯研究所的羅伯特．科克與不久前仍在哈佛大學的尼基爾．薩尼的研究顯示。[17]還有一些勢力龐大的利益團體從現行的高成本模式中撈取豐厚的油水。華盛頓七個最大的遊說組織中，有五個是由醫生、保險公司或藥廠經營的。

## ❖事物的核心

在比較現代的治國能力跟現代的管理藝術時，一個特別引人注意的地方是，治國能力可以多麼的視野狹隘。由全球化所統治的企業世界，經理人永不停止地從彼

8 這裡所說的「實質上」(in real term) 還要扣除通貨膨脹的影響，所以這位商人的意思是他「實際上」降低的成本還要更多。

此身上學習。政府也能學習，但是他們習慣分成階段：第一次世界大戰之前與之後的費邊主義，一九八〇年代的私有化浪潮。現在又興起了另外一批構想，其中某些最有趣的構想竟然來自最意料之外的地方。

就像底特律過去常常瞧不起日本用劣質金屬製作的汽車，美國醫生現在也將印度醫院與落後和骯髒聯想在一起。印度政府在二〇一二年只花費百分之一的國內生產毛額在健康照護上。印度長期缺乏醫療人員：每一千名印度人只有一點六個醫生、護士與助產士，低於世界衛生組織建議的二點五人的水平，更不用說美國與英國每千人應有十幾人的標準。印度的嬰兒死亡率是中國的三倍，美國的七倍。然而如果談到對健康照護的徹底反思，印度卻是世界上最創新的地方之一，代表人物是德維．謝蒂，一個建立了連鎖醫院的企業家；也許有一天美國的外科醫生記起這個人的名字時，會像美國的機械工程師想到豐田喜一郎那樣。

謝蒂是印度最出名的心臟外科醫師，曾進行印度第一次的新生兒心臟手術（病人只有九天大），德蕾莎修女也是他的病人。但是他最出名的地方是把亨利．福特的管理原則運用到健康照護上。謝蒂的旗艦醫院，位於印度科技首都班加羅爾的納拉亞納．赫如達亞拉亞醫院，有一千張病床，相較之下美國的心臟醫院平均只有一百六十張。謝蒂與他四十餘名心臟專科醫師組成的團隊每星期在一個名副其實的醫療生產線上執行大約六百床手術。沒有任何一間西方醫院能這麼做。就像亨利·福特（謝蒂多次表示受到福特的啟發），謝蒂也認為規模經濟與專業分工可以大幅降低成本與改善品質。龐大的病人數量使他的外科醫生們在特殊手術上取得世界級的專家技術，同時充裕的輔助設施讓他們可以專注在專長上，而不用把時間浪費在管理上。他們的外科醫生一年平均進行四百到六百床手術，相較之下美國平均只有一百到兩百床。謝蒂自己則已經開過一萬五千次心臟手術。比較有錢的病患付較高的費用，好讓比較窮的病人得到免費治療，但是由於經濟規模，手術費還是相當低：這間醫院可以開兩千元美金的心臟手術，相較之下美國要一萬美金；而且這間醫院的手術成功率跟美國最好的醫院相當。謝蒂還試著容納更多印度人到他的體系，他派出「流動診所」到附近的鄉村醫院進行心臟疾病的檢查，也跟各種地方自助團體建立健康保險方案，這些方案現在涵蓋了兩百五十萬人，每個月保費大約十一美分，而謝蒂大約有三分之一的病人來自這個方案。雖然幾乎是免費為這麼多窮人服務，謝蒂的整個企業仍有合理的利潤。

謝蒂的帝國正在擴張。在心臟醫院之外，他的團隊又建立了三家醫院：一家創傷中心，一家有一千四百張病床的癌症醫院，以及一家有三百張病床的眼科醫院。這些醫院共用一些核心設施，比如檢驗室與血庫，以便達到經濟規模。他們也在印度其他地方建立「醫療城市」。謝蒂計劃在未來五年內把可支配的病床數增加到三萬張，使納拉亞納醫院成為印度最大的私人醫院集團，並對供應商取得更高的議價能力，以進一步降低成本。在倫敦的蓋氏醫院完成醫生訓練的謝蒂，也想把自己的理念帶到國外。他已經與印度、非洲與馬來西亞的醫院建立起視訊與網路連線，好讓他的外科醫生們能提供指導。他還在開曼群島上建立一所兩千張病床的醫院，向美國人提供心臟手術，費用只要美國人在本土必須支付的一半。

印度有一群企業家專門把大量生產的技術應用到健康照護上，謝蒂只是其中之一。其他還有生命之春醫院把接生費用降低到四十美元，是當地同級醫院的五分之一。亞拉文德眼睛照護系統一年對大約三十五萬病人提供手術，約當英國國民保健署提供的眼科手術的百分之七十，但是成本只要百分之一。開刀房至少有兩張手術檯，所以外科醫生轉個身就可以開下一檯。亞拉文德已經把這套訓練模式輸出給約三十個開發中國家。同時，另一個印度眼科團隊視覺之春，一個社會企業，以授權的模式對十三個國家的零售商提供所有診斷與矯正遠視所需的器材。

大約十年以前，這些印度的開創者對西方的醫療改革者來說可能不過是些有趣的小把戲。今天他們的理念卻吸引了注意，因為各地方的政府都在尋找省錢的辦法。英國智庫「改革」已經對謝蒂與亞拉文德表達支持，這是一間致力於對福利政策的基本構成進行改革的研究機構，也與唐寧街保持密切連繫。哈佛商學院的克雷頓·克里斯汀生（或許是世界上就創新議題最受景仰的作家）認為，公部門將被他所稱的那種「變種」給顛覆，也就是從組織中新生出來的有機體。很重要的一點是，變種可能從任何地方冒出來。

克里斯汀生的變種可以顛覆勢力龐大的生產者團體。以印度的健康照護革命為例，重點不只是大量生產，而在於徹底反思醫生的角色。在過去一個世紀裡，健康照護都以醫生為中心：沒有他們，手術不能進行，也沒有處方可以被開立。他們經營醫療業，而且從這樣的地位撈到非常大的好處：在美國，最有錢的百分之一幾乎有一半是醫療專業人士；佔領華爾街運動不知道為什麼竟然遺漏了這件事實。要取得這個受社會信賴的位置，醫生要接受非常多訓練：至少需要七年，大學四年還不計算在內。美國的醫學院畢業生有百分之八十背負貸款，平均負債十五萬美金。

醫生這種位於醫療體系核心（而且獲利豐厚）的角色現在受到威脅了。[18]病人並不高興聽醫生說些過時的、或者他們從網路上也能大致猜到的建議。在此同時，沒有取得醫生資格的人，包括護士與人工智慧機器，卻可以執行很多更為例行的工作，特別是慢性疾病。根據麥肯錫的統計，慢性疾病吃掉全球健康照護的支出高達百分之六十。再根據喬治華盛頓大學的詹姆斯·考利調查，美國醫生的助理可以完成一個全科醫師大約百分之八十五的工作。但是醫生非常積極地捍衛自己的地盤。當美國國家醫學院呼籲讓護士在基礎醫療中扮演更重要的角色時，美國最主要的醫生遊說團體，美國醫學會，就澆了一盆冷水：「護士在健康照護團隊中至關重要，但是教育與訓練是無可替代的。」亞洲與大洋洲醫師聯盟，一個區域性的醫師遊說團體，則要求把「任務重分配」限制在急診部門。

事實上，現在最需要做的正是任務重分配，而且印度將在這個革命中扮演一個超乎比例的角色。原因有兩個。第一，印度除了讓非醫生人員負擔更多功能之外，其實別無選擇。英國每一萬病人有二十七點四個醫生，印度則只有六個。第二，印度的健康照護體系是如此原始，簡直是一張白紙，所以可以做實驗。亞拉文德為每一個眼科外科醫生僱用六名「眼睛照護師」，讓他們做許多不需要外科訓練的工作。另外，該公司有百分之六十以上的工作人力是「鄉下女孩」；她們負責接待病人、維護醫療紀錄，協助醫生處理一般性的事務。L・V・普拉薩德眼科中心則訓練高中畢業生成為「視力技師」，負責部分驗光師的工作。印度衛生部曾提議設置一個新的三年半學位，讓畢業生在鄉村地區提供基礎的保健工作。但這項提議立刻就被印度的醫生擋了下來。然而有一個鄉村健康照護工作者實驗計劃（就是衛生部與謝蒂想要推廣的那一種）卻發現，參與計劃的工作者完全有能力診斷一般的病痛，並且開立適當的藥物處方。

在打擊醫療膨脹的努力當中，印度同樣是指揮中心。所謂醫療膨脹，指的是醫療器材的成本居高不下。在謝蒂的醫院不遠處，奇異公司正在實驗一種創新的「設計加製造」技術，最多可以把醫療器材的成本降低到百分之九十。該公司的手持心電圖機器Mac 400，就是一個好例子。這部機器售價一百美元，只有傳統心電圖機器成本的一半，並且每個病人做心電圖檢查只需要一美元。相較於傳統的心電圖機器相比，Mac 400拿掉了所有非必要的功能以降低成本。原本為數眾多的按鍵只剩下四個。笨重的印表機換成一個簡單的標籤列印機。整套機器小到可以放進一個小背包裡。奇異公司現在正把這些「印度製」的器材引進美國，特別是到鄉村地區。

理念不會只是流往單一方向。許多新興國家都到英國的國民保健署來為自己本國尋找一個可行的模式。一個單一保險人制度的健康保險（即政府負擔所有人的醫療費用）對較大的國家像中國、印度、墨西哥與南非有不少吸引力；這些國家目前的健康照護體系仍然參差不齊，而且有大量的失業人口（也就是無法被保險涵蓋）。新興國家的政府也積極地讓普通科醫師發揮守門人的功能，以防止病人阻塞醫院的等候室或者糾纏專科醫師。例如來自伯明罕的醫生耐提・帕爾，就與一些前國民保健署的同事，成立了一家社會企業，在印度城市建立了大約一百五十間基礎醫療診所，模式比照英國的普通科醫療服務。[19]

這些理念的流動也不侷限在健康照護。比如說，談到福利，巴西扮演的角色就跟印度在醫院上一樣。主要的功臣是「家庭津貼」，一個成功的「有條件現金撥付」制度：窮困的家庭如果做好一些事情，比如送小孩上學或者帶他們去健康檢查，這套系統就會向他們撥付津貼。這個計劃的費用不高，只佔巴西國內生產毛額的百分之〇點四，但是對貧富不均的問題產生很大的影響，因為這個制度鼓勵窮人改變行為。[20]又如巴伊亞州政府，在購物中心之類的便利場所設置國民協助服務中心，提供一系列從辦身分證到提供醫療救助等公共服務。有的服務中心甚至設在卡車上以便開到偏遠地方：一定程度來說，就是裝了輪子的福利國家。

也許印度的心臟醫院與巴西的福利卡車無法完全實現他們的承諾。但是這兩者同時象徵了一項最大的改變：公共比較的重要性。一個成效卓著的領導項目就是教育領域裡的國際學生能力評估計劃（ＰＩＳＡ）。某位英國部長私下稱ＰＩＳＡ為學校改革的最重要工具。儘管有不少問題，例如用上海的成績來衡量中國所有學校的品質，但這個計劃讓美國、英國與法國人看到，他們的學校比芬蘭、南韓、日本與加拿大糟糕得多。芬蘭人看到了自己排名第一，而全世界都爭相來觀摩他們。美國父母現在知道美國小孩的數學幾乎跟斯洛伐克的小孩一樣好，但美國政府為此花的錢是斯洛伐克人投入的兩倍。這應該是個可以合理拿來請教美國各個教師工會的問題。美國的改革者阿曼達・雷普利於二〇一三年出版了一本頗具影響力的書《世界上最聰明的孩子：他們怎麼辦到的？》，以PISA評比作為起點，介紹了美國青少年在芬蘭、南韓與波蘭度過一年交換計劃的過程（波蘭不久前才在PISA評比中超越美國）。雷普利的美國學生驚訝地發現，他們東道國的學生多麼努力讀書，多麼不仰賴計算機，校方又是多麼嚴格地追蹤考試成績。沒有一個養出聰明孩子的國家，會像美國這樣，覺得呵護成績落後的學生是聰明的或有同情心。

公民們開始理解，他國政府在某些事情上做得更好。理念正在跨越國界，而這些理念之得以傳播，部分是由於另一股巨大的力量，不僅已經重塑了私部門，而且終於開始影響到公部門，那就是科技。

## ❖ FIXTHESTATE.COM

曾經投資臉書的創投家彼得・蒂爾，在一次應邀演說中談起科技如何影響生產力時，在他的白板上畫了一個簡單的圖表：投入是Y軸，產出是X軸。然後他畫了兩個點。私部門的點在右下角：相對少的投入但得到很多產出。政府的點在左上方：

一大堆投入卻換得很少的產出。蒂爾是知名的自由至上主義者，熱衷的活動包括「海上家園」與太空旅遊。他這張圖表也許公部門看起來不喜歡，但是對於解釋過去四十年卻是一個很好的指引。科技令人遺憾地沒能改變公部門。數十億的預算被花在購置新電腦上，但是除了武裝部隊之外，對效率沒產生什麼作用。當第一批初級電腦在一九五八年投入使用時，英國稅務當局每徵收一百英鎊的稅成本大約是一點一六英鎊。今天，儘管計算力又便宜又無處不在，這個成本還是要一點一四英鎊。[21]

許多最糟糕的科技砸鍋事件都跟健康醫療有關：歐巴馬健保法的首度公開展示非常失敗，因為網站故障連連。運作首日只有六個人成功地登記了歐巴馬健保。過去二十年裡，健康醫療的部門花了大筆經費購置個人電腦，但是工作方式沒有根本的改變：大部分的新電腦實際上都是速度稍微快一點的打字機或者虛擬的檔案櫃，對於減少文書作業的幫助實在很小。美國半私人的保險體系要填的表格遠比歐洲國有的保險公司要多得多。新藥也是科技，但是這個科技意味著開支只會更多。能消滅人為錯誤的機器人與機器被證明為無端的白日夢：病人只想跟真人談他的病。

不過人們總是在短期內高估科技的效用，長期下來又低估科技可以帶來的改變。這個現象也適用於公部門。以機器人為例。就像無人機已經協助軍方進行許多任務，機器也讓醫生更為精準，下刀更為俐落，超過人類的手能辦到的程度，甚至還可以進行遠距開刀：早在二〇〇一年，紐約的醫生就用機器設備透過網路遠端遙控手術，為史特拉斯堡一位（非常勇敢的）婦女切除膽囊。或者以成排的電腦與成堆的醫療紀錄為例。就像電腦現在讓許多公司互相連線並且越來越準確地對消費者提供服務，同樣地，「大數據」也可以讓衛生部門提供量身訂作的醫療服務。

然而帶來最大改變的，是網際網路。公佈黑名單的作法逐漸被用在健康照護的領域，就像在教育領域那樣。[9]只是這次醫師工會與公立醫院扮演了跟教師工會一樣的角色，痛斥任何想評估他們績效的行為是過度簡化。對於我們一般人來說，想知道一間醫院支出多少錢、花多少時間處理一名病患以及活著從醫院走出來的機率為何，似乎並沒有不合理。這也是為什麼瑞典的醫療登錄系統大有機會往外推廣。

網際網路也使得追蹤慢性疾病更為容易。現在已經有小小的偵測器可以接在或置入你的身體，讓你的醫生（或者代理他的機器）知道你的胰島素水平，要是有狀況也可以發警報。這不只意味著你可以大幅減少看醫生的次數，同時還降低了慢性疾病惡化成緊急狀況的機率。在英國一項亂數挑選的實驗顯示，六千名接受遠程追蹤的慢性病病患當中，進急診室的人少了百分之二十，死亡率更是銳減了百分之四

9 指上面說的PISA評比。

十五。紐約的蒙蒂菲奧理醫學中心因為對年老的病人進行遠端追蹤，結果他們的入院率下跌超過百分之三十。

這種遠程追蹤的革命也撐起了所謂的自助革命。殘障者權益運動人士所喊的一句標語，為此做了很好的總結：「不通過我，就不要為我做任何決定。」匿名戒酒會幫助人們面對酗酒問題的紀錄非常好。所以現在網際網路上冒出了數以百計的新團體，比如「病友連線」會協助罹患重病的人交換訊息，也提供社交援助。再者，讓病人多為自己的健康負責所省下來的錢非常可觀：沃爾夫森預防醫學研究中心發現，英國癌症病例有大約百分之四十三是「生活方式與環境因素」造成的。社會上越少重度吸煙者與酗酒者，健康照護的帳單就越便宜。

更廣泛地說，網路協作讓人們可以為自己做一些從前政府為他們做的事。芬蘭成立了一個數位平台，讓志願者可以幫忙把國家圖書館的館藏數位化。丹麥政府公開了稅務紀錄，讓外界的學者可以研究例如貧富不均的問題，不然政府只好自己掏腰包做研究。愛沙尼亞用網路協作完成了一次重大的嘗試：清除國內有礙觀瞻的垃圾。志願者使用GPS標示了上萬處非法傾倒廢棄物的座標，然後發動五萬人的大軍進行清理。FixMyStreet.com讓英國人回報路面坑洞或燈泡燒掉的街燈。波士頓有一個應用程式，讓波士頓人把問題用照片拍下來，例如讓人不舒服的塗鴉或道路坑洞，連同GPS座標寄給市政府；市政府環保局或工務局的人員就會接到一張工作單。另外一個應用程式SFpark，幫助舊金山的駕駛人找到停車位（「少繞圈子多過日子」）。德州的一個小鎮曼諾發起了「曼諾實驗室」，當地人提出的改善建議如果被接受的話，就會得到獎勵。獎品包括可以隨行警察看他們執行勤務，或者有機會當一天鎮長。這些改革常常會自我延續下去：當華盛頓特區的市長文森．葛雷要求華盛頓居民製作「用於民主的app」，三十天內他就收到四十七件用於網頁、iPhone與臉書的app作品。

這只是一個巨大的「哥白尼革命」的開端（借用東尼．布萊爾顧問馬修．泰勒的用語）：使用者將被置於公部門宇宙的中心。當前中央集權的國家是建立在「資訊是短缺的」這個理念上。國家的力量得自於一項事實：它知道許多一般人不知道的事。但是資訊現在是世界上最充分供應的事物之一：用一部電腦或一部手機，任何人都能接觸到巨量的資訊。如Google總裁埃里克．施密特，以及希拉蕊．柯林頓的助手杰瑞德．科恩，在《新數位時代》書中所指出的，這件事改變了個體與當權者兩者之間關係的本質。由上而下的國家可能變得更像一個網路，能動員數以千計甚至數百萬資訊充分的公民，去發揮他們的熱情與能力。這樣的公民有一個名字，如數位大師唐・塔普斯科特所稱的，「生產性消費者」（prosumers）[10]。

這些事情還有另外一面。一個更加網路化的國家一定會期待那些獲得新力量的公民們為自己的行為負更大的責任。政府會像一些私人保險公司那樣，屢屢提醒人們的行為。一間南非企業「發現集團」用智慧晶片卡來追蹤人們多常上健身房，以及購買什麼食物。我們不難想像李光耀也可能這麼做。為什麼不提醒父母讓他們的小孩準時到校？為什麼不要求住房擁有者保護自己的財產？這種對公民責任的強調最顯著的例子就是倒垃圾。幾年之前我們大多數人都是把垃圾丟進桶子就不管了，現在我們會按照能不能回收先做垃圾分類。

## ❖多元主義的快樂

隨著全球化與科技開始改變政府與被管理者之間的平衡，有些人認為自己能看到一個清楚的模式。東尼・布萊爾就是其中之一。他說：「現代西方政府誕生於一個大量生產以及指導與控制的時代，政府告訴你該做什麼事而且提供一切給你。但現代生活的重點是選擇，而政府不應該是唯一選擇，即便政府可以帶來某些好處。」他指出，創造一個由小中央與大量公眾以及私人提供者組成的「後官僚主義政府」，對中間偏左派而言應該是一個特別值得擁抱的事業。「在其他每一個行業裡，向我們提供服務的團體都擔心丟了我們的生意。我們必須讓政府敞開大門，面對透明與競爭的要求，不然足夠有錢的人就會買通政府不受監管。」布萊爾不相信公部門只能不斷擴大。他認為關鍵在於要把政府拆成較小也更創新的單位，像是美國的公辦民營學校跟英國的學園中學[11]「當做選擇的越來越多是消費者而不是政治人物，我們就可以讓政府變小」，布萊爾如此預測。[22]

這很大程度仍是未完成的工作，如布萊爾所承認。但是如果你考察一下舊政府背後的每一個主要預設，就會看到那些預設正開始受到挑戰。想控制一切的欲望讓步給多元主義，齊一性讓步給多樣性，中央集權讓步給地方主義，黑箱讓步給透明，還有守舊主義，或者說抗拒改變的心態，讓步給實驗精神。在每一個項目上政府都開始有了動靜（雖然它應該可以走得更快）。我們將一項一項討論。先從多元主義開始。

10 生產性消費者（prosumer），由producer與consumer組成的字。指可以自行生產所需商品和勞務的消費者，或者同時消費並生產訊息的人。

11 公辦民營學校（charter schools），在州政府的資助下由家長或公司所辦的學校。學園中學（academies），一種由教育部出資、由非營利的公益信託單位經營的中學，獨立於地方政府，且可接受私人贊助。

如我們在瑞典所看到的，政府不決定公共服務由誰提供的話，可以產生極大的好處。政府不必然是提供者。這話聽起來也許平平無奇。但是在政府內部「把採購者與提供者分割開來」是革命性的，因為給政府的核心機關注入了競爭元素。事實上，在緊急狀況中，政府的思維也一向是如此：當一九四〇年英軍眼看要被困在敦克爾克時，沒有任何工會人士跳出來質疑，把解救部隊的任務外包給一支私人的船隊是否正確。而且歐陸上許多旗幟鮮明的左翼政府，包括法國與德國在內，也早已用私人醫院來照顧公費保險的病人。紐西蘭與澳洲也逐步把高層官員看作位高權重的經理人，負責跟彼此競爭的供應商訂定績效合約。在一九七〇年中期，美國的公部門，即聯邦、州以及郡市政府加總起來，把總開支的百分之四十用在為政府工作的人身上。今天這個比重已經降到百分之二十九。[23]這種角色分割也催生了一群專門提供公共服務的全球化新公司，比如英國的信佳集團就在本國經營監獄，在加拿大提供汽車駕照監理業務，也在阿拉伯聯合大公國營運空中交通管制中心。

對於多元主義有兩種反對的聲音。一種是意識型態上的：還是有很多左派人士更關心服務是怎麼提供的，而不是那些服務到底好不好。但是左派最後還是得面對一個抉擇，他們到底要跟公部門的少數勞動者站在一起，還是要站到作為多數的國民那一邊。另一個嚴肅的反對理由是實務上的：採購者與提供者的角色分割並不總是那麼順利，跟人們所希望的有所落差。把業務外包出去可能會把事情弄得更複雜。你需要新的經理人來選擇供應商，又需要一層監管者來督察他們做的好不好。英國國鐵被拆散成一百個不同的單位，不同的公司經營各自的區域也擁有各自的基礎設施，以至於如果出了什麼狀況（事實上也一直出狀況），你很難確定是誰的責任。美國的醫療是如此混亂，原因之一就是有太多東西被發包出去。政府最後支付了大部分（最明顯的就是透過賦稅優惠），但是很少是直接給付。跟私部門合作有可能是一團混亂。美軍在伊拉克所發生的濫權案例，最糟糕的都是民間安全廠商所為。而且評鑑的執行也很困難。你如何阻止一個學校為了提升績效，而把問題學生趕出去？錯誤的評鑑制度也可能造成災難。英國的斯塔福德醫院在二〇〇五與二〇〇八年之間，每年死亡的人數比保險精算所預測的高出四百到一千兩百人，只因為經理人如此執著於達成目標，以至於他們慣性地置病人於不顧。[24]

但是正因如此，我們更應該把這套系統弄得更好，而不是完全予以放棄。合約的簽訂應該周詳，外包業者應該接受嚴密的督導。[25]評鑑制度的設計應該謹慎與細緻。各個合約供應商的績效如何，其訊息應該讓公民盡可能地得知，就像在瑞典的情況一樣。此外，各國政府已經越來越懂得使用像「績效與給付掛鉤」的手段來控制私人公司，例如信佳集團為英國政府經營唐開斯特監獄所得的收入當中，有百分之十需要滿足「再犯率降低百分之十」的條件才能給付。公部門最好的監管者就是公民自己。這就是為什麼應該讓他們更了解政府的運作，以及更大程度讓他們選擇該把錢花在哪裡，畢竟那是他們的錢。

## ❖多樣性的魅力

第二個重大改變（與前一個也並非沒有關聯），是政府已經不那麼一成不變，越來越願意容忍根據不同宗旨所組成、成員也來自四面八方的各種組織跨入到公部門。制度多樣性的例子當中最引人注目的是教育領域。在美國，特許公辦民營學校大約有五千所，學生總計一百五十萬名。這些特許學校都不一樣，從「反璞歸真」的、進步傾向的以及技職導向的都有。在英國，有一半的學校都是高度自治的「學園中學」；而政府正打算進一步推動這種模式。另外，家長與教師團體也可以自創「免費」學校，本質上就是由公共出資的教育新創事業。

公部門內的學校多樣性本身就是一件好事。如果有科技中學給有科技頭腦的孩子讀，有「名揚四海」的中學給有舞台細胞的孩子讀，那麼你就有較大的機會找到一間適合你小孩的學校。在美國，參與「知識就是力量計劃」的中學實施了較長的每日上課時數、較多的上課日（星期六也上課）以及較長的學年週數。有時候這些實驗也會慘遭失敗：部分特許公辦民營學校已經變成災難。但是整體來說，這些教育的「變體」在促進整個教育體系進步以及催生新理念上有很好的表現。在瑞典，學生上免費中學比率較高的區域，其學習表現優於區域整體平均。[26]最大的改善出現在非特許學校。根據倫敦經濟學院不久前的報告顯示，英國學園中學的表現不只較好，也使得鄰近學校的表現變好。[27]

在爭取人才方面，各國政府也很願意多所實驗。澳洲政府給予高層官員幾乎是新加坡等級的酬勞：他們相當於英國內閣秘書長的職務，年薪大約是五十萬英鎊，是英國內閣秘書長的兩倍。澳洲在對外延攬長才方面也非常出色：他們先是用較低階的任命把人找來，然後再把這些人「洗」到高階職務上。英國在這方面也開始稍有起色。戈登．布朗很晚才試著打造他所謂的「全才政府」，將中間派的商界人士，如渣打銀行的默文．戴維斯，找來協助主持貿易、投資與小型企業部。大衛．卡麥隆則是任命加拿大人馬克．卡尼來領導英格蘭銀行。還有澳洲人大衛．希金斯，也擔任過一長串高層職務，包括主持英國政府的區域發展機構、倫敦奧運籌辦管理局以及英國國營鐵路公司。

各國政府也積極地與志願團體合作。「用程式改變美國」是和平工作隊與「為美國而教」的跨界組合。這個組織負責維護一個願意協助解決社會問題的技術人才資料庫（這些技術人才被稱為「程式員」〔Coders〕），然後找出需要科技來解決的問題，並指派人才庫裡的成員與政府官員合作，以提出創新的解決辦法。這些程式員完成的解決方案有長長一串，比如波士頓有個網站可以辨識被雪封死的消防栓；另一個在檀香山的網站可以偵測海嘯警報系統的電池是否故障；一個可以告知父母學校巴士是否遲到的GPS系統；還有一個為徒步者設計的費城壁畫導覽。

這些努力正在改變公務生涯的結構。大學畢業就進政府部門工作，然後踏著險峻的職級梯階登上頂端的日子，即將結束了。專任公務員越來越常被調派到私部門工作。私部門的人也越來越容易進出公部門。但是從一個自給自足的機器過渡到一個流動的網絡，中間還有很長的路要走。

## ❖往地方去

許多最好的新構想都是來自地方政府而非中央政府，這是值得注意的事。二十世紀中葉對中央集權的巨大熱情已經消退了。

環顧世界，地方政府都在提出自我主張，顛覆國內政治，並在過程中打亂了老舊的意識型態劃分。這些地方政府擁有極其活躍的人物，比如芝加哥的拉姆．伊曼紐爾以及臺拉維夫的容恩．胡爾達。某些著名的意識型態跨界者也來自地方政府：在倫敦，保守黨市長鮑理斯．約翰遜熱烈地推行，用他自己的措辭來說，「徹底共產主義式的」腳踏車共享計劃；而他的前任市長，「紅色的」肯．利文斯通，則實施一套完全奉行自由市場精神的道路收費辦法。[12] 地區性的政治人物在公共思維上逐漸超越全國性的政治人物。人們不只更為信賴他們，也常常更有興趣傾聽他們的看法。在一次拜訪中國的行程裡，比爾．柯林頓跟上海市長（徐匡迪）一起上廣播節目。三分之二打進來的電話是找上海市長，而不是這位世界級的超級明星。[28]

地方主義在兩個地方特別成功。第一是美國。華盛頓特區的政治僵局讓雄心勃勃的地方政治人物別無選擇；他們只能自己挽起袖子。「地方選出的官員要負責做事，而不是辯論」，麥可．彭博說，「要負責創新，而不是吵架；要有務實思想，而

12 肯．利文斯通（Ken Livingstone），工黨，自二〇〇〇年到二〇〇八年間擔任倫敦市長，以支持婦女、同志與少數族裔的權利以及反對倫敦地鐵民營與伊拉克戰爭的左派立場，被暱稱為「紅色的肯」。鮑理斯．約翰遜（Boris Johnson），保守黨，連續在二〇〇八年與二〇一二的市長選舉中擊敗「紅色的肯」當上市長，並在二〇一六年的脫歐公投當中積極鼓吹脫歐。在卡麥隆下台後，獲新任首相德蕾莎．梅伊延攬入閣擔任外相。

不是黨派精神」。明尼蘇達與麻薩諸塞州試行的「求職福利」(welfare to work)計劃[13]，後來成為比爾・柯林頓的福利改革。麻州還率先實驗了一項醫療照護改革；歐巴馬推行到全國的計劃就是由此而來。事實上，密特・羅姆尼在競選總統的時候所反對的健保改革計劃，正是他自己作為麻州州長時所率先試行的：對地方好不見得對中央好，反之亦然。一個有趣的註腳。

地方主義特別成功的第二個地方是在新興國家。銳意革新的政府常常把地方政府用作改革的實驗室：請看一九八〇年代深圳或廣東在中國扮演的角色，或者今天在中東的經濟特區。光是杜拜就有一百五十個經濟特區，比如國際金融中心（使用英國的法律體制來解決商業紛爭），或者吉貝阿里港自貿特區（世界上最大效率也最高的港口之一）。印度與中國是如此巨大，以至於他們不得不給各個人口超過一億的省份相當程度的自主權。布魯金斯研究中心的比爾・安索利斯指出，「由地方領袖治理的地區逐漸佔到印度與中國很大一部分；他們形同管理全世界的三分之一人口，而且是由下而上。」在某些情況下會出現災難與腐敗；但是也有人表現非常亮眼。比如說，古吉拉特邦首席部長納倫德拉・莫迪也許有一些令人不舒服的教派包袱[14]，但是他善用了自己的權力，推行了印度最親商的政策，並把古吉拉特邦變成印度製造業與出口的領導地區。很多商界人士都希望他能更上層樓，讓這些政策在全國推行。

我們有很好的理由預期地方主義在未來將扮演更大的角色。世界各地的都市已經變得越來越重要，住在都市裡的人口比例已經從一八〇〇年的百分之三與一九〇〇年的百分之十四，成長到今天的超過百分之五十。到了二〇五〇年，這個數字可能達到百分之七十五。在開發中國家，每五天就有超過一百萬人往都市遷移。有些都市是名副其實的龐然巨物，例如重慶，曾經是薄熙來的權力基礎所在地，位於一個包含三千萬人口的區域中心，約當丹麥人口六倍，差不多等同於加拿大人口。都市也是知識經濟的要塞：新美國基金會的帕拉格．康納計算出，全球的四十二個都會區佔有世界經濟產出的三分之二，在創新上所佔的比重甚至更高。費城聯邦儲備銀行[15]的傑拉爾德．卡力諾指出，都市人口越稠密，發明能力就越高：每平方公里的受僱人數每提高一倍，每人的平均專利數量就上升平均百分之二十到三十。

全世界的都市也正在擺脫自己國內的上級政府，並互相締結關係：舊金山與印度的資訊科技重鎮班加羅爾，已經建立了緊密的連繫；底特律也與印度的汽車首都

13「求職福利」(welfare to work)，即鼓勵接受社會救濟者找工作，比如向他的新僱主支付一筆津貼。

14 指二〇〇二年古吉拉特邦發生嚴重的伊斯蘭與印度教兩教派暴力對抗的事件。為時兩個月，死亡人數眾多。莫迪是印度教派，被指責為未積極阻止血腥事件發生。莫迪於二〇一四年當選為印度總理。

15 美國聯邦儲備銀行體系包括十二間區域儲備銀行，費城是其中之一。

普那，展開頻繁的往來。在州與邦的層級也是如此：加州的傑瑞・布朗對於與中國地方政府締結交誼向來特別積極。各種理念在地方政府之間快速傳遞，無需經過中央政府的媒介：舉例來說，已經有超過三百個城市推行了腳踏車共享計劃。在舊世界裡，最重要的全球關係是建立在國家政府或首都的連繫上；但是在一個網路連結更為發達的世界裡，施政卓有成效的市長與州長們互相連結成一張越來越繁複的關係網絡。

## ❖一個小實驗

我們希望這場第四次革命能趕走最後一個舊政府的禍害，在某種意義上，就是舊政府其他禍害的總和：政治守舊主義。這種拒絕改變的心態是否已經被新發生的什麼事情改變了呢？人心的改變是很難追蹤與記錄的，但是我們認為，如果你把上面我們描述過的各種現象考慮進來，那麼有某種東西已經動起來了。

無論是出於絕望，還是出於希望，官員與政治人物正在改變他們的思維。政府應該提供一切、政府喜歡整齊劃一、政府傾向於把一切中央集權化，這些古老的信條，你都能從西方世界各地找到很好的例子，發現它們正在崩解當中。這些例子個別看來也許不算什麼，但是加總起來就有相當重大的意義。新的模式正在一點一點地浮現出來。我們現在經歷的這種變化，其引人注目的程度一點都不亞於霍布斯、彌爾與韋伯夫婦所造就的那些改變，儘管目前還沒有人成功地把這場第四次革命用鮮明難忘的文字捕捉起來，並為之披上一件獨特的哲學外衣。

很大程度是因為這場革命是從下面冒出來的：市長推動實驗、父母要求更好的學校、理念跨越了邊界。上面的人也有一點改變。創新得到新的重視。北歐的政策實驗室，比如丹麥的MindLab與挪威的Design Lab，[16]正開始成為流行。歐巴馬政府成立了一個新的社會創新及參與辦公室，以匯整社會企業家們提出的聰明方案，並「將之送進橢圓形辦公室。」[29]他們有意願採取更務實的態度。如歐巴馬在第一任就職演說中所表示的，「我們今天提出的問題，並非政府是否太大，還是太小，而是政府是否能把事情做好。」[30]但是這個政府是好壞參半的。自我標榜為務實主義者的歐巴馬，一再地反對教育券計劃，然而在華盛頓特區，這樣的計劃卻廣受黑人市民的歡迎。

這些將有所改變。包括美國在內，政府別無選擇，只能找出快速有效的解決方

16 MindLab，一個跨部會創新小組，旨在結合公民力量為社會問題尋找新的解決方案。Design Lab，由一民間基金會Sitra推動的策略設計與政府革新計劃，已於二〇一三年結束。

案。但是如果政治人物能把這一套組織改革提升到一個更高的層次，那麼這一切將能更快發生。回顧過去，前三次革命共有的特徵，是少數領導者有能力高舉幾條綱領來驅動所有其他人。維多利亞時代的自由主義者之所以成功，是因為他們把握到幾個重大的理念，像是用人唯才與開放競爭，並將之深植於政府的心臟之中。費邊黨人的成功也是出於相同理由。今天的改革者同樣需要舉出幾個核心的理念。這些理念就是我們接下來要談的內容。

CHAPTER 9

# 國家的目的何在
## What Is the State For?

托克維爾在《民主在美國》（1835）書中指出，「對於一個新世界來說，新的政治科學是不可或缺的」。托克維爾對這個「政治科學」有一種普遍性的定義。《民主在美國》一書檢視了政治學的標準元素，比如聯邦制的本質以及政黨的組織，但是真正令托克維爾著迷的並不是國家的組成，而是貫穿並推動國家的那種精神。民主與平等這兩個原則是如何接手成為現代生活的組織原則？為什麼美國遠比托克維爾自己的國家法國更能跟上時代，「為一個新世界創造了新的政治科學」？

本書提出的看法是，從近現代的開端以來，分別有過三種新的「政治科學」對三個新世界而言不可或缺：強調君權的十六與十七世紀政治、強調個人自由的十八與十九世紀政治（托克維爾所說的民主很大程度也包括在內）、以及強調社會福利的二十世紀政治。我們的第四次革命則是，有鑑於新科技與新的政治壓力，一次對政治科學進行重新想像的嘗試。

上一章我們檢視了第四次革命的運作機制。世界各地正進行著什麼，以便使政府更有效率？威廉．鮑莫爾與其他人所指出的進步障礙已經受到鬆動。但是我們光靠務實的改革沒辦法走太遠。既得利益永遠都能讓務實的改革者遭遇挫敗，如果讓他們繼續守著道德制高點的話。真正決定政府運作成敗的，是那些賦予政府生命的理念。就像作業系統決定了電腦的運行好壞一樣。政府的危機不只是一個組織的危機，而是一個理念的危機。

國家與個人之間的社會契約現在需要被詳細檢視，就像霍布斯與彌爾曾經做過的那樣。二十世紀的政府已經在霍布斯的秩序理想與彌爾的自由理想之上，又添加了一連串的理念：我們現在對於何謂平等，以及公民身分所包含的權利，有了遠遠更為寬泛的理解。寬泛到了過頭的地步。政府變得腫脹與過度負擔。即便由世界上最有效率的技術官僚來營運，這樣的政府仍將是一團巨大無比的混亂：由於企圖太大而過度膨脹，而且被互相矛盾的目標左右拉扯。更糟的是，這樣的政府還變成自由的敵人。

因此，能夠給予我們最大啟發的革命，就是那一場最牢牢根植於自由的革命。西方政府需要重新掌握十八與十九世紀那些偉大的自由主義者的精神：美國的開國元勳、英國的彌爾與湯馬斯・巴賓頓・麥考利，以及法國的托克維爾與尼古拉・德・孔多塞。維多利亞時代初期的政府不僅肥大且深受恩庇關係影響，我們這個時代的政府則是深受福利政策影響，兩者之間有很多相似之處。我們的利維坦跟不上網際網路的時代精神，就跟維多利亞早期的政府跟不上鐵路時代如出一轍：政府吸納了巨量的資源，但是不懂得利用現代科技來提升生產力；政府死守著舊世界，與商業社會中最有活力的元素失去連繫；民主的核心也被權力擴張與既得利益削弱了。自由主義者於是起而為那需要捍衛的事業而奮戰：那事業就是自由。

## ❖自由的政治學

十九世紀的自由主義者認為國家的核心是自由，社會的核心是個人。對他們來說，國家存在的意義不是為了實現平等或博愛或法國大革命的其他陳腔濫調。而是為了賦予個人最大程度的自由，去發揮上帝賦予他的能力並實現他全部的潛能。這麼做不只本身是一個善，而且是一個駕馭進步旋風的辦法。

古典自由主義者認為，自由的本質在於免於他人干預的自由。「唯一值得自由之名的自由」，彌爾曾令人印象深刻地說，「就是有自由以我們自己的方式追求我們自己的利益」。[1]他們不認為國家應該消失：特別是彌爾認識到，使用魚叉的自由可能代表著小魚的毀滅，假設這魚叉沒有被強力限制住的話。他們也願意為了維護其他價值，比如正義，而就自由做出妥協。但是他們堅持，有一個最小範圍的個人自由，是國家沒有權力侵犯的：一個自我決定的領域，必須被保護以免於外力凌駕。至於這個領域具體應該多大，則成為激烈爭辯的題目。以自由之名而必須被保護的權利內容該有哪些，也同樣爭論不休。但是所有人都同意一個基本內涵：意見的自由（包括宗教信仰的自由），個人隱私的自由，表達的自由，以及財產的自由。如果國家侵害這些基本自由，那就是濫用權力，也就變成暴政。

他們的訴求首先而且主要是一個道德訴求：人們有權利依照他們自己的信念過他們自己的生活。他們實踐自己作為人的價值，如果他們只是自己的工具，而不是為別人意志的工具。這就是為什麼康德認為「父權主義是一切可想像的最壞的暴政」。不過他們的自由主義也同樣是務實的。社會主義者認為，為了促進共同福祉的緣故，對自由橫加干涉是合理的。自由主義者則相信這是一個錯誤的權衡交換。不只個人自由可以完全與經濟進步與社會和諧相容，甚至還是其先決條件。亞當・斯密認為，經濟進步是追尋自我的個體之間互相締結契約的結果。彌爾則主張只有在人們被給予最大程度的自由，以思考他們所希望的，文明才能進步。這就是為什麼格萊斯頓要為了國家的利益汲汲於節省蠟燭頭與乳酪屑。古典自由主義者擔心的是，人們也許會忘記自由真正的意義。即便當國家正在做一些你也許會認可的事，像是抽富人稅以救濟窮人，但是你必須認清，那就是在縮減自由，而且每一個對自由小小的侵害，加起來就會變成很大的損害。這一點麥考利在一八三〇年評論羅伯特·索錫的《關於社會的談話》時說得非常清楚。索錫對於英國在廢除修道院[1]之前政府所扮演的角色做了一個理想化的呈現。我們這位偉大的歷史學家麥考利，則對這本書進行了嚴厲的抨擊：

> 他以為政府的工作不只要確保人民的人身與財產可以免於攻擊，而且還應該當一個樣樣精通的傢伙，同時是建築師、工程師、學校老師、商人、神學家、出現在每個教區的慈善貴婦、走進每一個家庭的包打聽，不斷窺探、偷聽、調解、告誡、幫我們花我們的錢，而且還替我們選擇該持有什麼意見。他的基本原則是……沒有人可以為自己做任何事情……像他的統治者替他做的那樣好，以及，一個政府越是干預個體的習慣與思想，就會以相同比例變得更趨近於完美。

1 十六世紀上半葉，亨利八世通過兩個法案，廢除了英格蘭與威爾斯的修道院，將其財產沒入國庫，並強化王室對教會的控制。

麥考利提出一個非常不同的自由派視野：

英國至今為止的文明之所以進步，不是由於索錫先生的偶像，這個無所不知與無所不能的政府百般的干預，而是由於英國人民的明智與勤奮……我們的統治者增進人民福祉最好的方式，就是把自己嚴格地框限在他們合法的職責之內，讓資本自己找到最能獲利的途徑，讓商品自己找到公平的價格，讓勤勞與才智獲得他們自然的獎賞，讓懶惰與愚蠢遭受他們自然的懲罰；同時要維護和平，捍衛財產權，降低法律的代價，並且在每一個部門裡嚴格地奉行節儉。讓政府做到這些，人民必將做好其他一切。

從麥考利的時代起，其他這些人民「必將做好」的事情已經變少了。在某些情況下，這是因為自由的概念被擴大了，或者說遭到誤用。共產主義理論家照例以「真正的」自由之名為專制主義合理化。但是更普遍說來，是兩個因素的交織造成了這個結果：政府隱藏於無形以及民粹的要求。麥考利如果看到今天英國政府管轄的範圍之寬，不知道會做何感想。政府的警力透過成千上萬的閉路電視永不停止地監視著公民。一個秘密的政府部門監聽所有的通訊。政府化身為學校老師，規定國內每一所學校要上什麼課程，還營運百分之九十的學校。政府化身為保姆，規定爬樓梯跟丟垃圾的注意事項。政府還化身為廣播者，二十四小時透過電視與收音機放送節目。

自由的重要性在西方逐漸式微；這件事讓部分自由至上主義者以及以賽亞・柏林等少數哲學家感到憂慮，但是幾乎不曾在廣大的民眾間引發絲毫的抗議。比如說，英國人喜歡「大姑媽」（〔Auntie〕有些人對BBC的暱稱），也覺得監視器讓他們感到安全。這一定會讓麥考利跟彌爾更為憂心。因為對這些舊時代的古典自由主義者來說，大政府與大眾民主的密切連結是一個嚇人的光景。他們警告，民主相對於君主暴政不必然是一種進步，如果那只是把鎮壓的權力從少數人手裡移交到多數人手上的話。美國的開國元勳制定權利法案並且設置最高法院，是為了限制行政權的權力，即便這個行政權受到多數民意的支持。托克維爾由於對柔性專制主義有揮之不去的憂慮，強調權力從中央移轉給地方的重要性：這也是他對美國深感著迷的一個原因。麥考利則著重人才的挑選：應該通過高水平的教育與嚴格的檢驗，挑選出最好與最聰明的人來出任政府高層，菁英的行政部門將作為立法權的制衡力量。

在很多方面這些老自由主義者所擔憂的都已經發生。人們一次又一次地投票請政府做更多的事。自由已經受到損害。但是看起來，無論民主制度或者政府，都絲毫沒有因此變得更好。民主制度變得相當破敗，這是本書結論的主題。至於政府，則是陷入矛盾的處境：在直接民主的支持之下，治理機關從來沒有如此強大過；但是在這腫脹、過度負擔的狀況裡，政府也很少像現在這樣惹人厭或缺乏效率。自由已經被放棄了，人們卻沒能換得多少回報。

## ❖利維坦的矛盾

光是把西方各地對政府信賴度的民調數字加總起來，也不足以呈現選民如今對其統治者的鄙視。十八世紀的「舊腐敗」激發了某些世界上最偉大的諷刺作家與藝術家。如果沒有腐敗選區跟政治賄賂，當時的詹姆斯．吉爾雷、威廉．賀加斯以及喬納森．斯威夫特能做些什麼呢？[2]這種諷刺的精神在今天並未消失。當二〇一三年美國聯邦政府關閉，紐約《每日新聞》的回應是用賀加斯風格稱國會為「狗糞屋」（House of Turds），影射美劇《紙牌屋》（*House of Cards*），劇中刻劃的西方政治人物，跟《副總統》與《幕後危機》一樣，不是騙子就是蠢貨，不然就是兩者混合的下流版。兩名清醒持重的政治評論家〔湯馬斯．曼與諾曼．奧恩斯坦〕不得不讓《比表象更糟》出第二版，因為情勢的惡化如此嚴重與快速。一家本來應該是正經嚴肅的雜誌把貝培．格里羅跟西爾奧維．貝魯斯科尼一起放在封面，標題為〈派小丑來！〉，然後被大量讀者抗議所淹沒——來自小丑的抗議嗎？[3]一位競選德拉瓦州國會席次的候選人克莉絲汀·奧堂奈承認「涉獵」巫術，並把反對自慰當作競選的關鍵訴求，這個立場顯然與紐約市長參選人安東尼·魏納互相衝突。[4]看到一個這樣的世界，十八世紀那些偉大的諷刺文藝家會怎麼說呢？

所有這些都把政治變成一種喜劇形式的娛樂。現在誰想競選美國總統，就得上喬恩·史都華的脫口秀節目，[5]這就說明了許多事。不過那是一種帶著毒刃的笑。潮水般的敵意使治理比以前更困難。聯合執政逐漸成為常態：在二〇一二年，經濟合作暨發展組織的三十四個國家裡，只有四個政府在國會中享有絕對多數。而且政治

2 詹姆斯·吉爾雷（James Gillray, 1757-1815），十八世紀英國漫畫家。威廉·賀加斯（William Hogarth, 1697-1764），十八世紀英國畫家與彫刻家。

3 這裡指的是二〇一三年三月四號的《經濟學人》。封面副標為〈義大利災難性的選舉如何威脅歐元的未來〉。〈派小丑來！〉借自百老匯舞台劇《小夜曲》（*A Little Night Music*）劇中的一首歌。現實中，格里羅是名退休的喜劇演員，而貝魯斯科尼是個天生的小丑。（見本書〈導論〉）

4 二〇一三年紐約市長選舉期間，因為媒體曝光，魏納承認在網路上勾搭女性，並將自己的暴露照片傳送給對方。魏納並未退選，後來以不到百分之五的得票率在民主黨內的初選中落敗。

5 喬恩·史都華（Jon Stewart, 1962-），美國新聞搞笑節目《每日秀》（*The Daily Show with Jon Stewrd*）的主持人，自一九九九年接下主持棒直到二〇一五年離開節目，十六年來得獎無數也深受觀眾喜愛。上過史都華節目的總統候選人包括歐巴馬、約翰·麥坎與約翰·凱瑞。

僵局也越來越尋常。美國國會從一九九七年起就不曾準時通過一次像樣的預算案。比利時在二〇一〇與二〇一一年之間有五百四十一天沒有政府。西方政府正處在一場中年危機裡。

## ❖過度負擔及其不滿

在本書中我們一再把政府當作利維坦，一隻權力飢渴的怪獸。同時現代政府也像《查理與巧克力工廠》裡那個貪吃的男孩奧古斯塔．古魯波：被給予太多自己所渴望的東西：太多職責與太多權力，最後由於自己最深的本能而受到懲罰。政府在巧克力河流裡喝下太多巧克力了。[6]過度餵食是左派與右派攜手造成的結果。主要的罪犯是左派（如我們在整本書中反覆指出的）；他們一再給平等、博愛與自由的概念套用新的詮釋，以合理化塞爆政府的行徑。機會的平等變成結果的平等。博愛變成所有人都可以領的福利，而不是所有人都應負的責任。結果是自由的理念變質了，正如同彌爾與以賽亞．柏林所憂慮的那樣。人們不再把它理解為免於外界干預的自由，而是當成免於社會禍害的自由，比如無知或匱乏。

這造成一些實際上的後果。政府做得特別糟糕的事，很多都屬於原本就不可能的夢想。政府越是無法達成那些不可能的目標，就越是使用小手段去粉飾自己的失敗。二十世紀最偉大的經濟學家之一羅納德．科斯，檢視了為什麼這麼多政府計劃不是成效低落就是適得其反。他的看法是：

一個重要的原因也許是，現在的政府太過龐大，以至於達到了邊際生產力為負的程度，也就是說，政府每新增一個職務，造成的損害大約都超過所帶來的效益……如果聯邦政府設置一個資助童子軍的計劃，讓他們協助老太太們過馬路，那麼我們可以確定，第一，錢不會全部都交到童子軍的手上，第二，一些他們幫助的人既不老也不是女性，第三，一部分的計劃將會變成阻止老太太穿越繁忙的十字路口，以及第四，許多老太太將會因此喪生，因為她們現在得到沒人看守的路口去過馬路；至少那邊沒人攔著她。

進步的（左派的）施政項目變得弄巧成拙。每一個新的政府部門、計劃或福利

6 英國作家羅爾德．達爾（Roald Dahl, 1916-1990）於一九六四年出版的兒童奇幻文學。二〇〇五年拍成同名電影。故事中的古魯波參觀一個神奇的巧克力工廠時，掉進一條巧克力河並吞下過量的巧克力。他象徵天主教七宗罪中的「貪婪」。

方案都讓政府更難以顧好其核心功能。當私人企業家擴張時，常常能享有經濟規模。這類效益在政府身上比較少見：在一個不必面對損失客戶或倒閉威脅的部門裡，橫向連繫出錯與機關肥大才是遠遠更常見的現象。這也讓進步的政治陷入惡性循環：政府變得更大，因為選民對政府要求更多，但是隨著政府開始變成負擔，選民又對政府喪失信心，以至於又對政府提出更多要求。那些驅使政府擴張的力量，同時也導致政府的威信受損。政府讓人民持續感到挫折與憂慮，而一般人則擔心拿不到本來以為拿得到的退休金與醫療照護。

但是這種過度餵食並非僅是左派的傑作。右派犯下像格魯波那樣的錯誤也不遑多讓。比如說，請看一下在九一一之後這個警衛國家有了何等的成長。在這一點上，一來這也是應選民的要求，二來，選民也因為滿足了欲望而受到懲罰。自由與安全之間的均衡大幅地傾斜了，結果是安全未必有了保障，自由卻無疑受到縮限。直到不久以前，人們都認為警衛國家之惡只出現在別處，比如關塔那摩拘留營、巴格達中央監獄[7]以及特別引渡條例。然而通過兩名吹哨者布拉德雷・曼寧與愛德華・斯諾登的揭露，一個名副其實的秘密利維坦出現在世人眼前：它有能力每年對九千兩百萬份文件進行分類，並給予一百八十萬人「最高機密」的審查許可，包括曼寧，一個二十歲出頭、職務低微、而且有情緒不穩定紀錄的二等兵。[2]誰在主管這一切呢？

監聽美國公民（以及非美國公民比如安格拉．梅克爾）私人談話的法律授權，是來自一個秘密法庭（美國外國情報監控法院）根據一個秘密的法律詮釋所發佈的秘密法庭命令。誠然，這件事有一個參議院委員會（美國參議院司法委員會）的監督，但是負責監管的政治人物也受到更多保密宣示的約束：美國中情局局長在被問到斯諾登所揭露的監聽是否仍在進行時，毫不介意對國會撒謊。

這裡顯現的超載症狀是左右合力造成的。沒有人確實知道到底發生了什麼事。每一個新的政府部門或政府計劃，都把公民與民意代表監督政府行為與糾正其錯誤的能力弄得越來越薄弱。政府就像一個浮腫的大型企業集團，例如一九六〇年代全盛時期的國際電話電報公司（ＩＴＴ），涉入如此多不同的事業領域，以至於頂層的經理人完全不清楚下層組織裡發生了什麼事。請看圍繞著白宮的醜聞，從監聽梅克爾的行動電話到針對特定保守派團體進行額外嚴格的查稅，而且當中最大的醜聞是，歐巴馬的拙劣辯解（他怎麼可能知道手下的兩百萬人都在做些什麼？）也許是真的。喬納森．勞赫把這種脫離現實的感覺在《民主硬化症》一書做了很好的描述。他說，美國政府「也許已經逐漸演變成一種它大致上再也無法恢復的狀態：一個盤根錯節

7 巴格達中央監獄（Abu Ghraib）位於伊拉克首都巴格達西方三十二公里。美軍佔領伊拉克期間在這裡發生過虐囚醜聞。

的、很大程度會進行自我組織的結構，其中百分之十到二十在政治人物的掌控下，但是百分之八十到九十則握在數以千計、難以計數的侍從團體的手裡」。[3]他這些話用來形容白廳或布魯塞爾也同樣適切。

當一個企業失控，通常就會虧損，債務也會攀升。英國政府從一九七五年以來只出現過六次財政盈餘。美國政府則是在一九六〇年之後的五十二年裡只達成過五次盈餘。[4]從一九六五到一九八〇年的二十五年間，聯邦的年度赤字超過國內生產毛額百分之三的次數只有三次。但是在過去二十五年裡，次數變成十三次。負債超過國內生產毛額百分之百的國家數量多得嚇人；正如我們在上一章所指出的那樣，如果不是在註腳裡隱藏了各式各樣的長期負債與義務，財政數字還要更難看。

這些舉債很少是用來支付政府投資。從巴爾的摩到巴西，舉債都是用來支付福利方案。蕭伯納說過一個笑話：政治人物永遠可以指望保羅投他們一票，如果他們能把從彼得那裡偷來的錢轉手送給他的話。民主的問題比這個笑話還嚴重，因為保羅是一個老人，而彼得要麼是個小孩，要麼還沒出生。

## ❖減輕重擔

9

What Is the State For?

# 國家的目的何在

所有這些加起來，就是一個無法工作的政府，不論你的政治立場為何。我們的出發點是自由主義：我們希望政府能小一點，個體能更自由一點。但是我們並非自由至上主義者。即便在目前這種嚴重失衡的狀態裡，現代政府仍有許多值得驕傲之處。那些把政府視為魔鬼的人，忘記了山姆大叔贏得了第二次世界大戰，建立了巨大的州際高速公路系統，把一個人送上月球，為網際網路奠定了基礎，而且發明許多拯救性命的藥物。德國人有更多理由感激他們的政府：它把這個國家從納粹的廢墟中挖了出來，把政治極端主義從歐洲的中心趕了出去，並且協助打造了一個強大的工業集團。我們相信政府有一些極其重要的功能，不只是提供一個守夜人，也協助提供基礎建設。印度之所以落於中國之後，一個理由是印度政府在建設道路與提供學校方面太無能。智利之所以領先阿根廷，不只是因為政府比較苗條，也因為政府更有能力。我們也相信在縮減政府的時候不能脫離務實主義的考量。讓所有人自己購買自己的健康保險也許很對自由市場派的胃口，但是歐洲的單一保險人制度，比起美國混亂的私人保險體系，要更有效率也更為公平。

「政府是人類擁有的事物當中最寶貴的東西」，阿爾弗列德．馬歇爾在一九一九年的《工業與貿易》中寫道，「而且為了讓它以最好的方式執行其特別的工作，沒有哪一種關切是太過分的。不過有一個前提：政府不應該做那些在時間與地點的限制下並不特別有資格做的事。」然而在這許多年裡我們所做的差不多都是讓政府承擔新的任務，當中有許多它並不特別有資格去處理，而且所有這些任務加總起來，構成了政府扛不起的重擔。

把這樣的重擔置於政府頭上已經造成了兩個不容忽視的危險。第一，政府將被自己的重量壓垮。一個小而強壯的政府比大而虛弱的政府更好，不只因為一個大政府會介入我們的生活以及花費我們許多錢，也因為這樣的政府通常連自己基本的任務都不能做好。第二，一個浮腫的政府使民怨高漲。伍德羅．威爾遜與小羅斯福的顧問伯納德．巴魯克，喜歡叫別人「把票投給承諾最少的人，因為他最不會讓你失望」。自從巴魯克的時代起，人們一直把票投給承諾最多的人，而那種失望變成憤怒的機率是非常大的。

政府如何著手減輕這些重擔？我們在上一章指出，更好的管理與更聰明地運用科技或能幫助利維坦減肥：即使政府堅持不減少它目前正在提供的服務，一個行動起來更像Google、而比較不像老舊的通用汽車的政府，無疑會是更聰明也可能更俐落的。但是你也需要把政府額外想做的事情給砍掉。

利維坦有三個領域可以乞求減輕負擔：第一，出售政府沒有必要持有的東西，重啟私有化，這是右派的老目標；第二，減少補貼有錢有勢的人，這是左派的老目標；以及第三，改革福利方案，確保領到的人都是需要的人，並確保制度能長期維持，這是所有關心政府健全的人的老目標。

不同的國家有不同的機會：奈及利亞打擊權貴資本主義會比斯堪地那維亞這麼做獲得更大的利益，而中國出售國有資產的利益會比英國更大。為了讓我們的處方更能聚焦，我們將把討論集中在世界上最著名的政府身上：位於華盛頓特區的美國政府。

## ❖讓其他人用銀器吧

第一個目標是私有化；這是保守黨眼中在一九八〇年代的半個革命裡最搶眼的一件未竟事業。在柴契爾夫人於一九八四年出售英國電信之後三十年，英國政府仍然擁有如此多「家族銀器」（借用一位柴契爾的貴族批評者哈洛德．麥克米蘭的用語）[8]：國有企業、建物與土地，實在非常引人注目。出售家族銀器不只是減輕債務

8 哈洛德（貴族頭銜為史托克頓伯爵）於一九八五年一次演說中批評柴契爾的私有化政策：「個人跟政府在遭遇財務困難的時候，常常就出售資產。先是賣掉喬治時代（一七一四－一八三〇）的銀器，然後賣掉長期擺在交誼大廳裡的精美傢俱，接著迦納萊托（Canaletto）的威尼斯名畫也走了。」

的絕佳辦法（你看有多少國家都被債務壓垮），還可以讓銀器得到更好的管理。

國家資本主義不是中國獨有。在二〇一二年，經濟合作暨發展組織三十四個成員國的政府一共擁有，不論是持有百分之百或者大部分股份，超過兩千家公司，員工總和超過六百萬人，總體價值為兩兆美金，相當於全世界槓桿基金的總值。政府繼續持有大部分的「網路產業」，比如運輸、電力與電信公司，[9]理由是這些公司既是公共財，也是國家戰略資產，若換成私人持有，這些公司也許會用市場力量來敲詐消費者，或把窮人排除在外；而且外國投資人或許會買下這些公司，只為了在國內搶下灘頭堡。實際上，即便這些反駁並非沒有道理，但是用監管的方式就能加以因應，不必靠國家擁有。

美國在國家控制的傾向上不像法國那樣凸顯與標榜：法國政府擁有價值六千億歐元的雷諾汽車與法國電信等公司股份。但是山姆大叔是一個隱蔽型的國家資本主義者。比如說，為什麼美國政府要擁有美國聯邦鐵路，這家公司雖然手上握有世界上獲利最豐厚的通勤路線之一、卻還是危機連連？一個答案是，歐洲第一波私有化的那種大型且明顯的資產，美國從一開始擁有的就相對不多：美國的電信公司與公用事業公司都是由私部門經營的。所以美國並未加入一九八〇與一九九〇年代、席捲其他類別資產的私有化浪潮。其他國家將他們的郵局、監獄以及機場私有化。但是美國沒有，結果很明顯：美國的機場看起來特別應該出售，因為遠比歐洲與亞洲被私有化的機場更為破爛，管理也差得多。

美國握有的土地與房產的資產部位特別龐大。根據美國政府責任署估計，美國政府擁有超過九十萬棟、總值「數千億美金」的建物。當中至少四萬五千棟是低度使用或不被需要。再加上沒必要位於昂貴地段的政府建物，比如中央華盛頓，這個資產部位就更大了：如果法國有魄力把協和廣場邊上的一棟國防部建築租出去，並把人員移到巴黎郊區不那麼豪華的辦公室裡，那麼美國同樣可以這麼做。美國內務部透過國土管理局與其他單位管理兩億六千萬英畝的土地。當中有些土地留在公部門裡是合理的：國家公園是這個國家的光榮之一。但是為什麼要持有農業土地呢？那不過是補貼與官僚主義的藉口而已。美國的頁岩天然氣革命幾乎完全在私有土地上發生，即便政府擁有大片前景最看好的地區：世界最大的頁岩石油蘊藏綠河層，就位在聯邦土地上。據美國能源研究所計算，到二〇五〇年之前，開發聯邦頁岩對美國經濟可以做出十四點四兆美金的貢獻。[5]

像這樣寶庫裡裝滿公共資產且尚未開啟的國家，美國絕不是唯一一個。曾協助

9 網路產業指具有「網路效應」，或者說具有需求方規模經濟的產業：消費者或使用者越多，該產品或服務的價值就越大（有別於生產方規模經濟：生產規模越大，平均生產成本就越低）。

瑞典推動私有化計劃的德格・迪特猜測，在許多先進經濟體當中，光是政府擁有的商業資產的市場價值就超過國家負債。整體看來，經合發展組織國的政府握有的土地與建物，其價值有可能超過九兆美金。但是特別是美國右派似乎懶得想到私有化，這不太尋常。一個原因是無知。美國政府，特別是在地方層級，不清楚自己擁有什麼東西。另一個原因是頑固不化。當歐巴馬建議出售田納西河流域管理局，這個在新政時代扮演了代表性角色的電力公司，重量級的共和黨人就提出抗議。把美國的國有地拿來跟希臘比較也許不盡公平，希臘努力清查了國有土地二十年之久卻一事無成，主要原因是有太多國有地已經在政治人物的縱容之下被違建佔據。不過共和黨國會議員、大農場業主以及內務部之間錯綜複雜的關係並不健康。雷根的後繼者應該多向他借一點幹勁來用。

## ❖波多馬克河畔[10]的權貴資本主義

如果私有化是美國右派一個很大的盲點，那麼左派的盲點就是對有錢人提供補助。撤銷對有錢有權人士的各種補助，應該被放在美國進步人士的待辦事項第一項，正如同約翰・史都華・彌爾把皇家恩庇關係視為大敵一樣。一直以來左派都致力於以重分配之名徵更多的稅。但是有一件事比徵稅要好得多，那就是把重點放在拆除對美國富人統治者的福利政策。他們可以瞄準兩個事關大筆金額的標的物。第一個是權貴資本主義：即所有那些為政商關係良好的產業所提供的補助。第二是個人所得稅制：我們已經看到，這個制度嚴重地被富人的租稅優惠所扭曲。修正這些問題，就能同時讓利維坦變瘦，也幫助它把精力集中在那些真正需要它幫忙的人身上。

權貴資本主義代表歐爾森法則最惡劣的例子。如果市場資本主義讓人把私有利益變成公共財，如亞當．斯密所認為的，那麼權貴資本主義就讓人把公共財變成私人利益，讓有權勢者中飽私囊，破壞經濟的公平競爭，並且以巨大幅度對資源進行錯誤的分配。

死咬著政府的奶頭不放最久的產業就是農業。美國農業部每年以現金補助形式分配給農民的金額在一百億到三百億美金之間（實際數字會隨著作物的市場價格與災難的頻繁程度而波動）。[6]這項補助嚴重地朝向大生產者傾斜：規模最大的前百分之十農民在二〇一〇年獲得了所有農產品補助金額的百分之六十八。[7]受益者包括美國最大的幾間公司，比如阿徹丹尼爾斯米德蘭公司，以及一些最有錢的個人，比如

10 波多馬克河流經華盛頓。這裡指位於華盛頓的美國聯邦政府。

泰德．透納，還有一些人是自己完全不務農，但是擁有被劃為農業用的土地。

我們很難判斷這些事情最嚴重的損害是什麼。農業補貼把錢從一般納稅人移轉到有錢人手上，鼓勵了過度耕種，並因此扭曲了經濟，環境遭到摧毀，讓新興國家的窮人受害，因為他們的產品被禁止進口到美國。全球貿易的展望因此破滅。農業補貼還製造了浪費與腐敗。糖業，作為美國肥胖流行病的幫兇，在國會裡有一個特別下流的不良紀錄，但是政治人物仍然不斷滿足他們派來的說客。二〇〇八年的農業法案新增了一個「糖換乙醇」補助；根據這個條款，美國政府要買下「過度」進口的砂糖（以免國內虛漲的糖價受到下修的壓力），並且把這些糖賣給乙醇生產商。那就好像穀物法從來沒有被廢除一樣。

卡托研究中心曾經詳細研究過這個問題；他們的研究引用了一九三二年時一名脾氣暴躁的國會議員所做的發言。他抨擊農業部的舉止荒謬，「一年花費數億美金來刺激農民用一切手段生產農產品，從灌溉荒地到借貸，甚至給予農夫現金，但是同時又告誡他們，市場無法消化他們的作物，請他們要限制生產」。[8]今天唯一改變的只是數億變成數百億，而且相關機構擴大到不合理的程度。美國農業部僱用超過十萬人，每年耗費大約一千五百億美金。

美國農業的遊說團體可以提出的最好辯解，是歐洲農民得到的保護甚至更多。

然而事情並不必然得如此。紐西蘭在一九八四年完全停止了農業補貼，儘管紐西蘭倚賴農業的程度是美國的四倍。這項變革起先引發了強烈的抵抗，但是農民很快就適應了，而且發展得很好：農民提高了生產力，開發了有利可圖的市場（比如奇異果），並且透過多樣化增加了非農業收入。我們真的應該相信美國農民比紐西蘭農民更缺乏獨立與創新的精神嗎？

如果農業是權貴資本主義的資深老前輩，那麼金融服務業就是光鮮亮麗的新進好手。這個產業現在僱用的說客比任何其他產業都多：每四個國會議員裡就有一個。華爾街幾乎挖了一條連接財政部的地下通道：過去七個財政部長有四個與投資銀行關係緊密。根據芝加哥大學布斯商學院的路易吉．津加萊斯的計算（他於一九八八年離開義大利，因為他覺得他的國家正在被權貴資本主義給摧毀），由那些「大到不能倒」的銀行所產生的隱性補貼每年高達三百四十億美金。[9] 11 另外兩位經濟學家湯馬斯．菲利蓬與阿利爾．雷謝夫則認為，華爾街酬勞的巨幅增長中，有三分之一到二分之一是來自租費而非生產力提升。[10] 投資私募基金的收入可以算做資本利得，是

11 由於部分銀行被認為「大到不能倒」，金主預期如果出問題政府一定得出手，這使銀行能用低於市場的利率向金主大筆借錢；這種借貸成本的降低形同政府隱性的補助。津加萊斯計算這個利差在半個百分點上下，乘以借貸總額，就得出大銀行每年獲得隱性補貼三百四十億美金。

一件特別可恥的事。而且就像農業的情況，所有這些給金融界的特殊待遇都創造了繁文縟節（陶德—法蘭克金融改革法案即為明證）也扭曲了資本主義：現在越來越多金融活動都在監管者視線之外的「黑池」中進行。[12]

這類特殊利益尋租的例子不勝枚舉。如果政府停止補貼化石燃料的生產，未來十年可以省下四百億美金。[11] 在過去十五年裡，在華盛頓進行遊說的開支成長超過兩倍。最高法院二〇一〇年的「聯合公民」訴訟案判決則讓大公司有完全的自由來花錢影響選舉。[13] 白廳也變得與各式各樣的產業過於親近。英國官員退休後返回鄉下老家玩填字遊戲度日的時代已經是遙遠的過去。在過去十年裡，有十八名前高階首長與公務員到英國三家最大的會計事務所任職，工作內容包括幫企業減稅與遊說政府。

對各路進步人士來說，這是一個他們沒能好好把握的重大契機。對抗權貴資本主義的戰鬥比美國本身更古老：波士頓茶黨的成立是為了抗議東印度公司，因為該公司利用在倫敦的政商關係來補貼他們的紅茶。民主黨如果能發動一場運動來反對權貴資本主義，不只將能為政府省下許多金錢，也能成為一個捍衛未來的政黨，就像十九世紀英國的激進人士對抗以穀物法與恩庇制度進行「上層階級的院外救濟」那樣。美國有高達百分之七十七的人相信，太多權力落到有錢人與大公司的手上。[12]

「真正的進步人士」[13]應該針對的更大標的，是政府揮霍在有錢人身上的所有支出。美國的稅制，如我們已經見到的，充滿了漏洞與豁免條款，其總值高達一點三兆美金，約當國內生產毛額的百分之八。大多數國家都有這種縱容有錢人的情況，但是美國的放縱達到一種新的高度，比如說，把房貸免稅額設在一百萬美金，或者允許人們申報特別高額的健康保險套裝產品。如果房貸免稅額降到三十萬美金，赤字就可以減少三千億美金。或者換個辦法，政府可以設定一個整體限制：讓納稅人以最高百分之十五的稅率申報減稅，這樣可以在十年的期間裡為政府省下一兆美元。

確實，所有這些繳稅減免都可以相對無痛地逐步廢除，特別是如果這些收益都用來彌補赤字以及降低稅率。這就是歐巴馬總統幾乎與共和黨國會議員達成的重大交易（連同社福方案的改革），只可惜在最後一刻兩邊都退回各自的殼裡去了。再一次強調，簡化制度是一件本身就值得肯定的事，因為有些事情太常被籠罩在黑暗裡，需要透過簡化被照亮。「稅式支出」並不列在公共支出的項目上，所以很少美國人知道他們的政府花了多少錢在富人與有權勢的人身上。

12 黑池是一種在證交所之外的私人大宗交易平台，買賣雙方互相不知身分與報價，一切成交資訊均不透露。

13 「聯合公民」訴訟案判決全文為「聯合公民訴聯邦選舉委員會案」，根據最高法院的判決，通過資助來播放批評其他候選人的競選廣告是合法的，但仍舊限制企業或組織對於候選人的直接金錢資助。

## ❖削減福利方案

政府面臨的最大問題，是福利方案的爆炸。福利支出從第二次世界大戰後就持續地上升，而且拜人口老化之賜，在未來數年內的上升還要更為劇烈。解決社福危機不只將拯救政府免於破產，也將使處於福利國家核心的社會契約得以保存。當人們不是出於自己的過錯而遭遇困難的時候，政府本來應該予以照顧；可是現在政府卻對富裕的嬰兒潮世代慷慨地大筆灑錢，即便這些人已經花了大半輩子在偉大的福利國家所提供的自助餐台上狼吞虎嚥。

美國的例子在這裡特別有趣，因為其中展現了三件事。第一，福利方案是問題的核心：二十年前社福預算只佔聯邦政府支出不到一半，到了二〇一二年則上升到約百分之六十二。第二，問題很容易在惡性循環中失控。聯邦債務在二〇一二年佔國內生產毛額百分之七十三已經太高了（政府總負債則為百分之一百〇三），但是如果現行政策不改的話，預計到二〇三五年將達到百分之九十。[14]高齡人口與高漲的醫療照護支出使得基本福利比如社會安全保險（年金）、聯邦醫療保險（老人健康照護）以及醫療援助制度（為窮人提供醫療救助）的成本節節攀高。第三是比較令人高興的：只要實施一套相對溫和的改革，就可以讓這套制度恢復有償債能力的狀態。

聯邦政府最大的法定義務是社會安全保險；這項支出在二〇一二年為八千零九十億美金，約當百分之五的國內生產毛額。受益人的數量在未來二十年裡每年將增加一百五十萬人：意味到了二〇三一年這筆支出將上升到國內生產毛額的百分之五點九。但是只要改變規則，就能修正這個問題。最大的改善，將來自把退休年齡從六十五歲往上提高。目前六十五歲退休者平均而言還有十九點五年的預期壽命，相較之下，一九四〇年時的同齡男性只有十二點七年，女性只有十四點七年（這是在社會安全保險於一九三五年通過立法之後五年）。美國預計於二〇二二年將退休年齡上修到六十七歲，並有附帶條款。這個日期應該提前，年齡門檻也應該提高到七十歲，並且與平均預期壽命連動，如瑞典人所做的那樣。根據國會預算辦公室的計算，這將使國內生產毛額增加百分之一，因為工作的人數將會變多。給付數額的提高也應該根據物價上漲而不是薪資上漲。此外，在理想狀況下，還應該加入一些社會保險（而非社會救濟）的元素，像新加坡的模式一樣，讓政府提供一個最低保障，但是允許人們投入更多積蓄。

一個更大的社福支出是聯邦醫療保險，目前佔國內生產毛額的百分之三點六，預計將於二〇三五年達到百分之五點六。這個制度也需要與人口結構連結起來：具備資格的年齡應該從六十五歲提高到六十七歲。至於醫療支出的上升，我們已經指出，有很好的理由顯示，透過醫院重整（像印度的謝蒂醫生所做的那樣）、使用節約版的設備（比如奇異公司在離謝蒂醫生不遠處生產的套件），以及讓醫生以外的醫療人員、輔助設施與技術來完成更多工作，我們就可以逆轉成本上漲的問題。然而，一個真正激進的美國應該超越混亂的歐巴馬健保，並且從新亞洲與舊歐洲擷取構想。

歐洲的構想是單一保險人制度的健康保險，大致上依照瑞典模式。對茶黨基本教義派來說，這也許聽起來像社會主義，但是這套制度能以公開透明的方式提供普遍的保險涵蓋，所需的成本也顯著低於目前令人困惑的亂局（政府的規章與私人保險公司的特殊條款被捆綁在一起）。政府在什麼項目上花多少錢應該要清楚明白，以使得納稅人不至於最後得為某些人的整型手術買單，只因為後者覺得自己長得不夠好看。單一保險人制度的健康保險需要與一個獨立運作的醫療委員會結合起來，以評估醫療方式的成本效益是否合理，類似於英國的健康與照護卓越研究院（該機構實際上只管制「照護」的部分），並且向病人酌收費用以防止濫用。亞洲的構想（再度來自新加坡）是實施某種形式的抵押稅來因應這些開支，並允許人們在其醫療儲蓄系統裡開立帳戶。再一次強調，新加坡總是堅持為每一項手術收取一點費用，也對人們進行資產審核，以決定他們在哪些療程上可以獲得多少補助。

大多數人都認同政府應該為所有居民提供一個最基本的退休金與健康保險。但是某些福利就牽涉到比較棘手的公平問題。在這一點上，歐洲比美國的問題大得多：歐洲養成了一個對所有人發放補貼的習慣，比如免費公車證與冬季燃油補助，而不論人們的負擔能力。在大多數情形下，一個解決方案是收入調查：米克爵士與艾爾頓爵士的免費公車證應該立刻被收回。另一個解答則是讓個人付多一點錢，如果他們從公共投資中獲得的利益比社會其他人更多。一個大學生在就業市場上有很大的優勢。那為什麼比較窮的納稅人應該補助他讀大學？

福利法案的核心是為窮人與失業者提供金錢與服務；就這一點來說，西方不必為了省錢而追隨李光耀那恩威並施的模式。我們有三種策略可以考慮。一個是有條件給付。拉丁美洲國家把福利給付跟良好的行為習慣掛鉤，比如讓小孩上學或者到醫療院所做健康檢查。更多富裕國家可以複製這種作法，只讓願意重視自己的技能與教育的人領取相關補助。第二個策略是失能保險的改革。在美國，納入社會安全保險當中失能保險方案的人數，從一九七〇年佔工作年齡人口的百分之一點七，到今天已經成長到百分之五點四。美國人已經愛上去登記失能保險了，如果他們的失業給付到期，或者有醫生擴張解釋了失能的定義並鼓勵他們這麼做。但是失能保險是個可怕的陷阱。美國的失能保險制度並不投注絲毫的努力來幫助人們重返工作：當初這套制度被設計的時候，是假設失能者永遠不會好。把目標設定在重新培訓，才是更好的作法。現在丹麥只在一個情況下發給失能津貼，那就是申請者的工作能力受損必須是永久性的，而且無法接受即便是有彈性的工作選項。

第三個策略是透明度。目前福利項目有許多不同的分配系統：在美國，勞動所得扣抵跟住房補貼是通過不同管道發放；後者是另外由針對家有年幼小孩的單親媽媽的協助項目支付。英國提出了單一檢查窗口的概念，以顯示一個人總共從政府領到多少，這是正確的作法。（這個制度也讓政府有設置最高限額的餘地。制度應該讓人不可能靠福利政策過舒服的生活、不可能領到比其他低薪工作者更多的收入。）如果政府對富人的各種補貼也有這種單一檢查制度，那麼誰獲得多少補貼就會一目瞭然。

福利改革必須納入某種責任感的元素：受益者應該對自己負起更多責任。公共服務應該免費，這種理念聽起來很誘人。但是過去經驗顯示，這是行不通的。人們總得為醫療服務付一點錢，哪怕是象徵性的數額都好，來彰顯天下沒有白吃的午餐這回事。人們也應該在領取津貼一段相當的時間之後，負起接受重新培訓的義務。當初在這套社會福利體系創造出來的時候，大多數人都從事重複性的生產工作：失業給付的用意是讓他們度過困難時期，直到他們能找到另一個跟原來大致一樣的工作。但是今天的經濟正在經歷一個特別動盪的階段：資訊科技讓所有產業重新洗牌，全球化也讓勞動力重新分工。勞動者需要讓自己的技術升級，如果他們想得到新的工作。

這話聽起來或許很冷酷，或者像妄下論斷。但這其實是包含在原本的福利國家精神之內。英國的威廉·貝佛里奇於一九四二年為福利國家提出他所籌劃的藍圖時曾經擔憂，這套制度如果補助懶惰的人或者容忍有人濫用，就有崩潰的可能。他給福利的領取加上了嚴格的時間限制。他設置了收入調查，以確保富人不能申請那些用意在救助窮人的給付。寧願心腸冷酷，也不要腦袋昏庸。我們應該公平對待未來世代，不能為了溺愛當前世代而花光未來世代的錢。政府在為既有的福利計劃找錢的時候，已經一再地將成本轉嫁到未來世代頭上（而他們對此根本沒有發言權）。向未來世代借錢的構想也可以是合理的，如果人口不斷成長而且人們知道他們的孩子將比自己更有錢的話。但是既然這個假設已經不成立了，這麼做的風險就大上許多，特別是山姆大叔借這些錢不是拿來支付基礎建設或興建學校：那些錢是以租稅優惠的形式進了權貴資本主義者的口袋，以及用在福利支出上。這一點都談不上進步。

## ❖醒醒，瑪姬14

這些都辦得到嗎？上面提出的東西，很少是不曾被其他政府付諸實行過的。但是如果作為美國政府整體重新再造的一部分，個別的改革才會發揮最大的功效。正面的改革，就像負面的濫用，常常會自我強化。一個準備好要處理福利政策與清理稅制的國會，才更有可能為新規範設置落日條款並且更嚴厲地審查國防計劃。改革不只是將結構重新打造，心態的改變也同樣重要。

這無可避免地引發另一個問題。雷根與柴契爾夫人都動手做過有點類似的事情，而且他們毫無疑問地改變了爭論。但是他們仍然只完成了半個革命。這次為什麼會不一樣呢？在兩個方面上，現在的機會是更大的，遠遠更類似維多利亞時代的革命。

最重要的是資訊革命。古典自由主義跟隨的潮流是工業革命。他們代表一個新階級，渴望變革也確信歷史站在他們那一邊。藉由鐵路與郵政系統的發展，巨幅改善的通訊條件突然間使一個更精實、更有效率的利維坦成為可能：你不再只能把一個官職賣給某個代理人然後祈禱一切順利；現在你只要到現場看看他在做什麼，就能監督一個公務員的績效表現。同樣地，資訊革命也使社會改頭換面：它正在創造一種新的、習慣立即滿足的消費者階級，將資訊民主化，也使得（如我們已經見到的那樣）對政府的核心功能如教育、醫療與法律和秩序進行改革更為容易。

第二個理由是關於競爭。十九世紀的自由主義者把人生視為一種血淋淋的殘酷競爭。在一九八〇年代，人們害怕蘇維埃聯盟，但是怕的只是他們的核彈，而不是他們的經濟力量。現在，如我們已經看到的，真正的威脅從東方來。亞洲的公司正在競爭中超越西方公司，不只在體力勞動上，也在腦力勞動上。而且亞洲的政治人物已經創造了一種新模式，在許多方面都比衰敗的西方模式更為精實也更有效率。競爭可以讓政治人物有勇氣對政府的運作機制進行改革。

所以我們擁有一個黃金契機來完成一九八〇年代的革命：對政府進行徹頭徹尾的改革，並把自由設定為國家與國民關係的核心。然而，民主政治能勝任這項任務嗎？數十年前西方人非常肯定地認為，如邱吉爾令人難忘的措辭所說，民主不只是「最壞的政府形式，如果你不考慮歷史上曾經先後被嘗試過的一切其他制度的話」，而且也是最好的政府形式：遠比任何其他競爭形式更能解決世界上最迫切的難題。但是今天許多人的想法已經有了改變。民主似乎得為政府肥大的問題負責。政治人物用其他人的錢來討好選民並藉此當選，選民們也不喜歡面對困難的抉擇。隨著西

14 來自洛・史都華（Rod Steward）的作品〈瑪姬・梅〉（Maggie May）開頭第一句：「醒醒，瑪姬，我有話要跟妳說。」

方遭遇匱乏的問題，民主的機制也變得越來越不正常。一個民主體制真的能面對困難的選擇嗎？民主能成功駕馭匱乏問題，就像面對富足那樣輕鬆嗎？在這場與亞洲替代模式進行的戰鬥裡，西方最大的優勢看起來越來越像一個絆腳石。

我們在結論中將主張，民主仍然是西方的一項巨大優勢：儘管有種種混亂，但是民主制度會迫使政府回應人民的憂慮，也讓政府在民間發掘長才。然而民主也需要被改革，如果它要正確運作的話：我們得阻止民主制度耽溺於其最壞的本能，並鼓勵它表達出最好的部分。之所以要縮限政府，並不只是因為要擴張自由，而也是為了要喚醒民主政治全部的潛能。

# 結論　民主的赤字
# CONCLUSION The Democratic Deficit

「民主從來不能長久維持」，美國第二任總統約翰・亞當斯說，「民主總是很快就耗損、耗竭，然後自我謀害。從來沒有一個民主不是以自殺告終的。」[1]這一段寫於一八一四年的幽暗反思，竟然出自世界第一個民主國家的開國元勳，也許會讓人感覺奇怪。但是對亞當斯以及他的世代來說，在政治這個謎團面前，民主遠遠不是一個理所當然的答案。從馬其頓人於西元前三百二十二年擊敗雅典人的那時候起，民主幾乎完全從這個世界上消失了（少少幾個瑞士的州並不代表一個重大的政治運動）。歐洲對不受拘束的人民力量所做的偉大實驗，法國大革命，很快就通往血腥與暴政。然而亞當斯的深沉憂慮，是關於人性自身：「說民主比貴族制或君主制更不自負、更不驕傲、更不自私、更不野心勃勃或者更不貪婪，是沒有意義的。事實上這樣說既不真確，歷史上也從來沒有在任何地方被證實過。在各種形式的簡單政府之下，人類的激情都是一樣的；這些激情如果不受抑制，就會產生相同的結果：欺騙、暴力以及殘酷。」[2]好政府的秘訣不在於釋放人類激情，而是在於加以抑制。

亞當斯時代的許多思想家都有這些憂慮。誠然，作為受過良好教育的紳士，他們全都讀過修習提底斯偉大的《伯羅奔尼撒戰爭史》，以及伯利克里斯在葬禮演說中所羅列的民主的長處：民主如何奉個體平等的原則為神聖、如何晉用所有市民的長才而非特權的（也常常是腐敗的）少數人、如何反覆灌輸對政治制度的尊敬以及上戰場捍衛那些制度的意願。但是他們同樣讀過柏拉圖在《理想國》裡對民主的強硬駁斥。柏拉圖擔心的是，大眾是受情緒而非理性的左右，以及受短期的私利而非長期的智慧所影響。所以民主成了一種「劇場政治」（theaterocracy）：庸俗的大眾呆頭呆腦地觀看職業政治人物在台上表演，誰的演說言詞最精美、誰的承諾最豐盛，就投他一票。

在這些古典的懷疑之上，第二次革命的總設計師又加上一個特殊的憂慮：民主有可能壓垮所有政治美德當中最重要的那一個：個體的自由。在美國，亞當斯跟其他開國元勳設置了種種機制來抵抗多數暴政。參議員六年一任，以確保他們關注長期的問題。喬治・華盛頓做過一個著名的比喻：他把參議院比作一個茶碟，咖啡太燙倒進去就可以涼下來。[1]權利法案列舉了政府不可侵犯的個體權利。在英國，約翰・

史都華・彌爾為「大眾總有凌駕個體的傾向」而苦惱。民主時代的精神特質具有一種集體性格：多數能藉由道德壓力與法律規範（以及這兩者的結合）來壓垮少數使其就範。彌爾還特別擔憂，異議者將因為害怕與群眾格格不入或丟掉工作而進行自我審查。[3]在法國，托克維爾同樣擔憂「柔性專制」，以及民主社會可能使個體的重要性淪落成微不足道——所有人都平等，但全都是一個過度強大的政府的奴隸，並且麻痺成一種盲目順從的狀態。「這個政府一點也不殘暴，但是它會阻礙、限制、削弱、扼殺一切，以至於最後每一個民族不過是一群膽怯且努力工作的綿羊，而政府成了他們的牧羊人。」[4]

對亞當斯、托克維爾與彌爾來說，民主是一個強大但不完美的機制：它需要細心的設計，才能一方面運用人類的創造力，同時又抑制人類的悖理與任性，以維持良好的運作秩序。今天很少人還會問這類關於民主秩序的長處與弱點的根本問題。少數政治理論家寫了一些好書，像是賴瑞・西登托普的《歐洲的民主》，但是關於這

1　事情的來龍去脈是這樣傳誦的。據說傑佛遜與華盛頓針對國會是否要有兩院僵持不下。傑佛遜認為設立參議院根本沒必要。某天兩人在早餐桌上碰了面，華盛頓突然問說：「你為什麼要把咖啡倒在碟子裡？」傑佛遜說：「讓咖啡變涼啊，我的喉嚨又不是銅做的。」華盛頓高興地說：「那就對啦，我們也把眾議院滾燙的咖啡倒進參議院冷卻一下吧。」

個議題絕大部分流行的言論，都是陳腐不堪。在真空中，一個危險的悖論正在興起。一方面，對於這個由民主送到他們眼前的政府，選民們的尊敬已經所剩無幾：每個人都以不同的程度憎恨他們的領導人，認為他們腐敗又無能。另一方面，他們又認為民主不可批評，是政治生活中一個恆久存在的特色。他們痛恨民主的實踐，但是從不質疑民主的理論。

這種情況不太可能持續下去。亞當斯說得對：對民主政治的威脅來自於民主內部，如果不是來自自殺的誘惑，那麼至少是來自耗損與耗盡自己的誘惑。民主在過去二十年的經濟繁榮裡已經變得過於凌亂與自我耽溺：民主承載了過多的職責，也受到特殊利益的扭曲。十九世紀時的自由主義者把政府機制的改革與代議制度的改革結合起來；他們取消了腐敗選區，把選舉權擴大到讓更多人可以投票。他們在現代的後繼者也應該採取相同的步驟：讓政府瘦身，並讓民主重新活起來。

## ❖在一千年之後，一個美好的世紀

對西方民主而言，就像對西方的福利國家整體來說一樣，二十世紀是個高唱凱歌的世紀。一九〇〇年時，沒有一個國家擁有我們今天會稱之為民主政治的體制：

一個由選舉產生的政府；每一個成年公民都能投票。在二〇〇〇年時，自由之家把世界上一百二十個國家（總共涵蓋百分之六十三的世界人口）歸類於民主政體。當一百多個國家的民意代表於二〇〇〇年在華沙的世界民主論壇上齊聚一堂，並且宣佈「人民的意志」是「政府權威的基礎」時，那是一種慶祝的氣氛。美國國務院公開表示，「民主終於獲得勝利了。」

但是這個勝利的過程並非直截了當。七十年前，共產主義與法西斯主義的聲勢也曾經一路上揚。當西班牙於一九三一年短暫地恢復議會制政府時，墨索里尼把它比作在電力時代回頭使用油燈。一九四一年小羅斯福總統也曾擔心，也許不可能讓「民主的偉大焰火免於被野蠻力量撲滅」；這樣的擔憂在冷戰時期不斷出現。但是民主終於獲勝了。二十世紀晚期的偉大英雄是民主英雄：像領導南非和平走向多數統治的尼爾森．曼德拉，或者在捷克共和國締造了天鵝絨革命的瓦茨拉夫．哈維爾。托克維爾在《民主在美國》的導論裡指出，「那些阻擋民主的努力，看起來就像一場對抗上帝本身的戰鬥。」[5]如果把「上帝」這個字換成「歷史」，那麼在二〇〇〇年時這句話已是老生常談。

然而今天事情看起來非常不一樣：民主的進展已經戛然而止。自由之家指出，今天的民主國家比二〇〇一年時還少一個。民主的進展在那些或可稱為前線之處，也就是在那些充滿動盪、歷史正被創造的國家裡，表現得特別糟糕。由於看到潛在的民主自由正不斷製造亂局（而且在被解放的伊拉克陷入燒殺擄掠之後，唐納德·倫斯斐輕率的解釋「出個狀況很正常」[2]讓人無法接受），越來越多國家令人憂慮地拒絕了民主，選擇了強人。

確實，民主的故事在二十一世紀裡成了一個希望破滅與承諾落空的故事。原本在柏林圍牆倒塌之後，所有人都相信，敗陣的一方將擁抱民主。在一九九〇年代，俄羅斯在鮑理斯·葉爾欽的領導下，往民主的方向踏出了幾個酒醉的腳步。但是葉爾欽在二十世紀的最後一天辭職了，並把大權交給弗拉基米爾·普丁，一個後現代的沙皇：他擔任過總理與總統各兩次，讓反對黨失去作用，給媒體帶上口鼻罩，恐嚇其主要對手，並把他最堅持不懈的批評者送進監獄。俄國人的失落感甚至比中東人更嚴重。二〇〇三年入侵伊拉克本來是要開創民主新局，然而不但沒有做到，反而造成了全面混亂，最終還成就了一個普丁式的強人（努里·馬利基）。二〇一一年胡斯尼·慕巴拉克政權的垮台在埃及重新燃起了把民主帶到中東的希望。但是贏得埃及選舉的並非自由派的運動人士，而是穆罕默德·穆爾西的穆斯林兄弟會；接著他們試圖操弄憲法，坐視經濟崩潰，情況如此嚴重，以至於當軍方推翻埃及首位民選總統並且殺死或囚禁穆斯林兄弟會數千名成員時，許多埃及人都歡呼了。今天阿拉伯國家聯盟的二十三個成員國當中只有三個可以宣稱是民主國家，而且就連這三個：突尼西亞、利比亞與伊拉克，也全都有嚴重的瑕疵。

同一個時間裡，新加入民主陣營的某些最重要成員正在喪失光芒。從一九九四年起統治南非的非洲民族議會腐敗的情況越來越嚴重。現任南非總統雅各布．祖馬運用他的職權累積了巨大的個人財富，包括花費兩百萬蘭特（約兩百萬美金）的公款蓋自己的住家。土耳其總理艾爾段把他的對手邊緣化，囚禁新聞記者，並輕蔑地對待他的批評者。匈牙利總理維克托．奧爾班採取了如此專橫的手段，以至於歐盟委員會一再地對他公開譴責。

這些倒退本身便值得注意。但是有兩個發展更突顯了這些事件的重要性。第一個是本書第六章的主題：北京共識的崛起，連同他們對由上而下的現代化以及對英才政治的強調。我們已經指出，這個模式比表面上看起來更為脆弱，但是這使其他國家更容易背棄民主，因為他們看到世界上成長最快速的經濟大國得意洋洋地反對民主。另一個發展是不可否認的：民主正在傳統的大本營裡遭遇嚴重的問題。

2　二〇〇三年三月美軍攻陷巴格達，全城陷入暴民搶劫的狀態，美國國防部長倫斯斐在回答記者詢問時說了這句名言。

## ❖嚴重需要翻修

不論在美國或歐盟，亞當斯所憂慮的一切虛榮、驕傲、自私、野心以及貪婪通通傾巢而出。民主的缺失正在兩個最支持民主的地方被展現出來，只是方式很不一樣。美國的問題來自示範了太多民主的惡行，歐盟的問題則來自展現出太少民主的美德。

今天美國人為數不多的共識之一是，他們的政治制度是一團混亂。而且這團混亂的成本越來越高。彼得森國際經濟研究中心計算，從二〇一〇年起，財政不確定（即政治僵局）可能已經減緩了美國國內生產毛額成長一個百分點，也阻止了兩百萬個就業機會的產生。這團混亂也在海外重創了美國的形象，當然也波及民主的形象。從前的美國政治是出了國界就團結一致。現在再也不是了。先是民主黨人使盡全力指控小布希是一個戰爭販子。現在共和黨人同樣使盡全力指控歐巴馬是個綏靖求和的傢伙。所有這些爭端令美國的盟友甚至是敵人大惑不解。看在中國一位密切關注華盛頓、也喜歡滔滔不絕地談論托克維爾的權力高層眼裡，美國最令人困惑的一點，就是政治人物會想要痛罵他們自己的外交政策。

這些事為什麼會發生？某些美國的問題來自於，他們的民主太過民主，太容易流於柏拉圖與彌爾所憂心的那種情緒。最近關於預算案的政治角力幾乎兩度使美國走到債務違約的邊緣上。這一部分是因為政治人物做了選民期待他們去做的事。許多民主黨人一點都不希望縮減支出，就像許多共和黨人不想增加哪怕是一毛錢的稅。美國是一個兩極化的國家，而華盛頓的劇場政治秀不過是反映這一事實。然而，華盛頓的問題已經因為三個結構性的毛病而加劇了。

第一個是，美國的一項優勢現在有變成弱點的危險。美國的三權分立仍然發揮其防止多數暴政的主要功能，但是在效率、甚至是正義的面向卻付出了很大的代價。開國元勳真的希望一個懷俄明州（人口五十七萬六千四百一十二人）的參議員可以如此容易地阻撓人民的意志，至少當這個意志是由代表其他三億一千五百萬人民的參議員們來展現的時候？至於說用冗長的杯葛演說以及其他拖延議事的手段可以迫使政黨與黨團達成妥協，這種說法已經過時了，因為現代的美國政治是牢牢地被意識型態狂熱所把持。在二〇一〇年，共和黨的參議院領袖米奇．麥康奈爾曾說：「我們唯一要達成的最重要的事，就是讓歐巴馬總統成為只當一屆的總統。」據《國家期刊》的計算，當前的國會是有史以來意識型態最極化的一屆，當中意識型態最傾向自由派的共和黨參議員，比起最傾向保守派的民主黨人還更保守。曾經有段時間，當政黨之間的意識型態重疊程度為零時，本來應該被當作最後手段的杯葛演說、議事拖延以及其他程序上的小手段，只需要最小的藉口就能被施展出來。在從一九四九到二〇〇八年的六十年裡，只有六十八個總統所提名的人選被參議院否決。但是在二〇〇九年一月到二〇一三年十一月之間，當民主黨終於修掉了容許杯葛演說的議事規則之後，仍然有七十九個歐巴馬提名的人選被否決，迫使總統不得不在參議院休會期間任命人事（此事本身也是某種權力濫用）。[6]歐巴馬費了很大力氣才讓共和黨參議員同意他提名查克．海格出任他的國防部長，儘管海格不但是擁有榮譽勳章的退伍軍人，而且還當過共和黨參議員。就算把二〇一三年的改革考慮進來，美國的政治體制仍繼續賦予個別政治人物特別的權力，讓他們把事情通通搞砸。美國仍然是法蘭西斯．福山所戲稱的那種「否決權政治」（vetocracy）。

權力制約與平衡的用意是在保護自由；如果要對這個機制動手腳，彌爾與托克維爾也許會感到緊張。但是另外兩個結構性的毛病，操弄選區劃分以及金錢政治，即便在憲法裡有某種程度的保護，仍然顯得跟任何自由的理念搭不上關係。事實上，這兩件事散發出舊腐敗的臭味。

操弄選區劃分不過是腐敗選區的一個現代名稱。如此少的國會席次是對手黨派可以挑戰的，再加上黨內初選的封閉性，這就使極端主義更為根深蒂固。大多數政治人物唯一需要注意的，是要討好在黨內勢力最大的利益團體。這使得特殊利益集團獲得超過比例的權力，像是加州的獄政官員，他們可以集中火力只針對一個黨；以及意識型態狂熱分子，他們可以完全忽略中間民意。但是更深一層的問題簡單說來，就是選區劃分淪為不公平的操弄。以奇怪的方式劃出來的選區給人一種印象：美國的民主其實是內幕人士為自己的利益出老千的擲骰子遊戲。只要政治人物還可以為自己的選區設定界線，這個問題就不會消失。最有效的解決辦法，就是乾脆把選區重劃的工作交給獨立的委員會負責；有些州也已經這麼做了。

第三個毛病是錢。如果美國的政治人物在意識型態上越來越分裂，那麼他們在對美鈔的追求上就是越來越統一。在二〇一二年大選裡，歐巴馬的競選經費花了十一億美金，密特．羅姆尼則花了十二億美金。總統選舉與國會選舉的費用加總起來幾乎達六十三億美金，是二〇〇〇年時的兩倍。[7]參議院與眾議院的候選人一輩子都在打電話募款，以便支付那些協助他們連任的輿論專家、形象公關以及政治顧問。華盛頓特區住了將近一萬兩千名遊說人士（每一名國會議員對應超過二十名遊說者）；這些人在二〇一二年耗費他們的客戶二十四億美金。[8]這些說客不只犯下明顯的罪過，像是為他們的客戶爭取到私下協議，而且還增加了立法的複雜性：法條越是晦澀難懂，就越容易偷渡特殊利益。如果把這種政治支出當成憲法保護的行使言論自由來加以辯護，聽起來確實冠冕堂皇。但是這種行為也造成一種印象，原來美國的民主是待價而沽，有錢人比窮人更有權力，交換恩惠就可以談成生意。不論美國的政治人物與政治獻金的金主再怎麼堅持絕無利益交換，任何對人類心理的研究，更不用說隨便一張《教父》電影的DVD，都可以告訴你，「幫個忙」會給施與受雙方帶來義務與期待。[3]

為這類行徑辯護的含糊其辭聽起來全都不堪入耳，但是美國民主真正的問題，從基本上說，是好民主變壞的問題。泰迪・羅斯福如果看到金錢與特殊利益團體有如此影響力，一定會非常震驚。但是他也一定會意識到，清理美國的「奧吉亞斯馬廄」[4]代表一個重大的政治契機。作為對比，歐盟的問題更為沉重。歐盟從一開始就沒有多少民主，而且無疑缺乏適當的機制，以產生一個泰迪・羅斯福來整頓這個體制。

歐盟是源自一個由菁英籌劃的政治工程。在看到他們的歐洲大陸幾乎被民粹的熱情摧毀之後，歐洲各國的領袖想設計出一部機器，來讓這些熱情受到控制。隨著這個聯盟穩固一點之後，他們做過幾次缺乏熱情的嘗試來修正歐洲的「民主赤字」，但是重點就在「缺乏熱情」。歐洲民主的主要象徵，歐洲議會，被各方當成混日子政客與抗議性政黨的載具來取笑。最足以說明歐洲民主病症的，是歐洲在戰後影響最深遠的決定：一九九九年所實施的歐元，是在沒有納入絲毫民意的情況下做成的。歐洲的領袖們考慮為二〇〇七年的里斯本條約[5]取得民意支持（布魯塞爾的權力由這個條約鞏固），但是當人民開始往錯誤的方向投票時，歐盟就放棄了。這個舉動讓人想起貝托爾特・布萊希特的一行詩：「解散這群人民，再另外選舉一群。」[6]在歐元危機最黑暗的日子裡，歐洲央行把它的資產負債表擴張了三兆歐元，數字幾乎與德國的國內生產毛額一樣大。這麼做大概是正確的，但是完全沒有經過磋商。布魯塞爾不久將要求取得審查各國預算的權力，必要時也可以否決。再一次強調，這看起來是合理的，但是你很難看到它的民主授權從哪裡來。

歐盟的反民主動力也正在毒害各國的國內民主。在歐元危機高峰時期，義大利

3《教父》一開場是葬儀社老闆波納塞拉在維托・柯里昂嫁女兒那一天，來拜託教父幫他受辱的女兒主持正義。根據西西里人的習俗，嫁女兒當天不可以拒絕來求助的人。教父答應波納塞拉的請求，他說：「也許哪一天我會去找你請你做點事，也許那一天永遠不會來。但是在那一天到來之前，你就把這個正義當作是我在嫁女兒當天幫你的一個忙吧。」

4 希臘神話中希臘國王奧吉亞斯三十年沒有清理過他的馬廄。指非常艱困、骯髒的工作。

5 里斯本條約是取代二〇〇四年簽署的歐盟憲法條約，但二〇〇五年遭到法國與荷蘭兩國公投的否決。二〇〇七年的里斯本條約由各國領袖簽署之後，一樣必須得到各國國內的批准，但唯一舉行公投的愛爾蘭第一輪就沒過，到了第二輪才通過。其他會員國則由國會通過批准條約。

6 一九五三年東德的一次工人暴動遭到政府鎮壓。布萊希特寫了一首詩〈解決方案〉（Die Lösung）反思這個事件。詩中敘述政府威脅民眾，需要加倍努力才能重新贏得政府信賴。最後一行則諷刺說，政府大可以解散這群人民，再另外挑選一群，那不是省事多了嗎？

與希臘遭受霸凌與羞辱，不得不把民主選出的政府換成馬理奧・蒙蒂與魯卡斯・帕帕季莫斯等技術官僚出身的領袖。歐洲聯盟正在變成孕育民粹政黨的溫床，只要高舉為「被剝削的、被欺騙的弱小民族」發聲，反對傲慢與無能的上層集團，就能獲得迴響。荷蘭的自由黨領袖海爾特・維爾德斯，對「這隻被叫作歐洲的怪獸」大加撻伐。法國民族前線黨領袖馬林・勒龐，把歐盟比做前蘇聯，認為它注定「將被自身的矛盾壓垮」。希臘的黃金黎明黨正在考驗民主國家能忍受納粹風格的政黨到什麼程度。一個在半世紀前為了馴服歐洲民粹之獸而籌劃的政治工程，實際上卻把這隻野獸給戳醒了。

## ❖從民主失靈到民主瘟

歐洲聯盟是一個極端的例子，說明了通過民族國家為媒介來運作的「代議民主制」出了哪些深層的問題。一國的選民從國內的政黨選出民意代表，來出任本國的要職，並讓他們掌握國家的權力操縱桿。現在這種運作模式看起來有一點老舊了。它同時遭遇來自上方與下方的威脅，而且常常出於正當的理由。

來自上方的威脅是，全球化正在深遠地改變國家層級的政治。國家層級的政治人物已經把越來越多的權力，比如對貿易與金融流通的控制，交給全球化資本主義（讓我們姑且鬆散地這麼稱呼它）。他們要麼把主權集中到各種高於國家層級的組織裡，像世界貿易組織或者這裡討論的歐洲聯盟，要麼他們把權力交給技術官僚，特別是中央銀行總裁，以便取得市場的信賴。這些事情背後都有不得不然的理由：一個單一的國家如何能處理像氣候變遷這種等級的問題？其間也有一些可敬的自我約束：如果你是一個國家層級的政治人物，那麼要抵禦海上妖女的印鈔票之歌（貨幣寬鬆），最好的辦法就是把自己綁在桅杆上，然後讓（聯準會主席）珍尼特・葉倫來幫你處理這件事。

來自下方的挑戰也同樣猛烈：有的來自尋求獨立的民族，比如加泰隆尼亞人與蘇格蘭人；有的來自印度各邦，來自中國各省，也有些是來自美國的市長們。他們試著重新奪回在偉大的中央集權時代交給政府的權力。還有為數可觀的「微型權力」（micro-powers）（依照莫伊塞斯・奈姆的稱呼），從非政府組織到遊說團體，都在拆除傳統政治當中的媒介層。網際網路降低了組織與發起運動的門檻；在一個人們用滑鼠鍵來選擇與投票的世界裡，每四年才選舉一次的議會民主制看起來越來越像舊世界的產物。英國國會議員道格拉斯・卡斯威爾把傳統政治比做HMV，一家破產的英國唱片連鎖店，可是現在人們已經習慣透過iTunes買音樂了。[9]

從基層來的最大挑戰，是選民本身。柏拉圖對民主的重大憂慮：民眾會「渾渾噩噩地過日子，耽溺在當前的享樂中」，已被證明是先見之明。一個概略的判準能讓我們看到美國人對長遠的問題缺乏興趣，那就是公部門的資本支出：這個數字從一九六〇年代中期佔國內生產毛額的百分之五，下跌到二〇〇〇年時的百分之三左右。在情況已經變得更糟之後，選民也只是對政治更為憤世嫉俗，也許最極端的例子來自冰島：一個意在搞笑與諷刺的「最棒黨」在二〇一〇年市議會改選中贏得了足夠的票數，得以在雷克雅未克聯合執政（差不多也等於在冰島聯合執政）。這個政黨競選承諾是：當選後一定違背競選承諾，也保證要大搖大擺地貪污。主流的全國性政黨黨員人數銳減，以英國的情況來說，從一九五〇年代佔投票人口的百分之二十萎縮到今天的百分之一。政黨越來越難贏得多數票了：在二〇一二年，經合發展組織三十四個會員國裡，只有四個政府在國會取得絕對多數。

如果人們向政府要求的東西不多，這種憤世嫉俗的心態還有可能是健康的。但是人們繼續向政府要求許多東西。結果可能是一種有害且不穩定的混合狀態：一方面倚賴政府，另一方面又鄙視政府。前者迫使政府過度擴張並被自己壓垮，後者則剝奪了政府的合法性，並讓政府每一次的挫敗都變成危機。民主失靈總是跟民主瘟密不可分。

## ❖資本主義，全球主義，以及民主

這些失敗引發一個很大的問題：民主真的是未來的潮流嗎？民主之所宣稱自己是不可避免的趨勢，是建立在兩個約翰．亞當斯絕不會草率接受的假設上。第一個，民主是普世的信念：你只需要趕走暴政，民主就會扎根。第二個，民主與資本主義是一對雙胞胎：政治上的選擇自由只能與經濟上的選擇自由一起茁壯。這些假設是福山一九八九年一篇著名的文章〈歷史的終結〉的核心。但是在過去十五年裡，這兩個假設都受到考驗，並且被發現頗有不足之處。

民主也許是一種「普世的渴望」，如東尼．布萊爾與小布希總統以及其他人所堅稱的，但它其實是一種根植於文化裡的實踐。民主是在古希臘文明裡被發明，十九世紀中期以後在西歐被重新發現。西方國家幾乎無一不是在他們已經實現了複雜的政治體系：有強大的法律制度與不可撼動的憲法權利，之後才推行普遍選舉權。而且他們是在一個珍視個體權利的文化裡完成這些事。即便如此，他們也還是為各種嚴重的問題所困擾。一九二〇與一九三〇年代中，半個歐洲曾經投向極權主義的懷抱。從這個視角看來，民主在俄羅斯與埃及凋謝得如此之快，實在不令人意外。

自由的民主制度與自由的資本主義之間的連結，遠遠不是理所當然的；經濟學家向來比政治人物更快認清這個事實。詹姆斯・布坎南跟其他「公共選擇」[7]理論家們擔憂，民主制度下的政治人物永遠會迎合他們選區的選民，並因此使赤字攀高以及使基本建設投資不足，而這個憂慮已經被證明為十分準確。丹尼・羅德理克則指出，現代國家遭遇一個三難抉擇：他們不能同時追求民主、國家自主權，以及經濟全球化。在戰後那段時期，他們以民主與國家自主權之名犧牲了全球化。從羅德理克的觀點來看，他們現在正逐漸以全球化之名犧牲民主與國家自主權。

另外還有一個資本主義無可避免會製造的問題：貧富不均。偉大的美國最高法院法官路易斯・布蘭代斯曾公開表示：「我們可以有一個民主社會。或者我們可以有大量財富被集中在少數人的手裡。但是我們不能兩者都有。」西方民主的黃金時代可以說就是戰後那一段長時間的繁榮時期，當時收入不均等的程度相對上被壓縮，國家也提供全面就業與不斷擴張的福利政策。然而當如此多的戰利品落到頂層百分之一的手裡時，民主就不那麼美妙了。如我們的同事菲利浦・柯根所指出的，這種矛盾在向上走的時代是可應付的（就像其他許多矛盾一樣）；因為那時候經濟持續成長，政府與國民都不難借到錢。但是二〇〇七年與二〇〇八年的金融危機為這個時代劃下了休止符。在一個向下走的時代，民主就承受了更多的壓力。

這不代表民主正在崩潰邊緣，更不表示中國式的威權主義正要降臨你家附近的城鎮。民主制度擁有一種超乎尋常的適應能力：當人們在二十世紀初期得到投票權時，它創造了福利國家。它現在仍然提供一個和平的辦法，讓人民把爛人踢下台，並且從各處吸收新的幹才。民主制度仍然鞏固人權，也鼓勵創新。也許最根本的是，人們就是喜歡民主制度，所以有可能中國人也會追隨台灣與南韓的腳步：隨著他們日漸富裕，就會希望享有更多自由。不過這不能當作西方拒不作為的藉口，或者對那些正在西方民主中徘徊的惡靈（及其所能造成的危害）漫不在乎。再一次強調，這裡有一個危機。西方政府如果坐視民主制度毀壞，就是辜負了他們自己的人民。但是就像談到政府本身這個更大的問題時一樣，這也是一個轉機。

## ❖重組與修訂

前面我們所做的關於修正政府機制的論述，同樣適用在民主機制上。許多實際的策略是有公共精神的民主政治人物應該想積極進行的，不論他是左派還是右派。我們已經提到幾個，像是強迫美國的政治人物接受由獨立委員會規定的限制，而不

7 公共選擇理論（public choice theory）是一種以現代經濟學分析民主立憲制政府的各種問題的學科。是現代意義下（而非馬克思意義下）的政治經濟學。

是自己去操弄選區劃分。歐洲國家也有顯然的問題需要修復。西班牙給各省太多權力；義大利的國會議員人數太多（薪水也太高），而且有兩個權力一樣大的國會。8英國把選區劃分的工作交給一個外部的委員會來執行，但是這個選舉制度仍然讓蘇格蘭人的選票效力大過〔倫敦〕西敏寺區的英國人，即便蘇格蘭人現在有了自己的議會。但是改革者必須著手進行一個更宏大的計劃。要振興民主精神，就要振興不過度治理的精神。西方的大問題不只是政府已經被賦予太多它不能承擔的義務，而且民主也已經背負了太多它無法滿足的期待。本書已經一再地論證了柏拉圖對民主的兩項重大批評都是真確的：選民會把短期的滿足置於長期的審慎之上；政治人物會為了權力而討好選民，他們總是開出福利的支票，成本卻得由未來世代來償還。一個管理範圍更窄的、特別是受各種自我克制的法規所約束的政府，將是一個更可持續的政府。

再一次強調，每當人們詳細審視民主的問題，都特別注意自我控制，並視之為解答的一部分。有限度的政府曾是美國獨立革命的主要訴求。詹姆斯．麥迪遜在《聯邦論》中指出，「在架構一個治理眾人、本身又由人來管理的政府時，最大的困難在於：你首先得使政府有能力控制被治理者；然後你又得強迫這個政府能控制它自己。」美國的開國元勳在這件事情上費了許多思量：美國的種種權力制約與平衡機制就是由此而來。有限度的政府也是第二次世界大戰後民主再出發的基本要素。對萊茵霍爾德・尼布爾、卡爾・弗里德里希以及戰後的憲法制定者們來說，政府能自我控制是極其關鍵的。聯合國憲章（一九四五）與世界人權宣言（一九四八）確立了一些權利與規範，是各個國家即使多數民意想要也不能侵害與違背的。德意志聯邦共和國的基本法（部分由弗里德里希起草）就是以美國憲法為模範。

當初這些權力制約與平衡機制，是建立在對暴政的恐懼之上，也就是防範貪婪的國王與權力瘋狂的獨裁者。但是現在民主制度所面臨的危險，至少在西方，是以三種更為細緻的形式出現。第一是，政府將繼續擴張，並逐漸縮限人的自由。第二是，政府有越來越多的權力將落到特殊利益集團的手上，而政府越是蔓延，這件事就越容易發生。第三是，政府將一直做出它無法實現的承諾：不是提出它支付不起的福利方案，就是給自己設定無法達成的目標，比如消滅恐怖主義或終結貧窮，結果只能在浮誇中失敗。在所有的這些領域，政府都在過度擴張自己，並且過度使用其民主信用額度。現在是時候該把「自由的」（liberal）這個字重新放回「自由的民主政治」（liberal democracy）了：選民跟政府都需要知道，政府這種會過度自我放縱的天

8 義大利有參議院跟眾議院，兩個議會權力相等，可以各自通過決議。

性必須加以節制。

這表示我們實際上需要什麼樣的節制措施呢？有一件事是明顯可以做的：政府用穿緊身衣的方式進行自我約束，就像瑞典人承諾在景氣循環中達成預算平衡，並宣誓福利方案要有適當的資金來源（退休金的額度要與預期壽命掛鉤）。一切限制手段當中最重要的，而且是在西方被拖延最久的，就是落日條款的實施。目前我們的法律跟規範就像吸血鬼：一旦造成了，要再殺死他們已不可能。如果有一套讓每種法律在十年後失效的制度，連同我們上面所提倡的自我克制的規範，就能迫使政府控制住它自己。

其他兩種讓政治人物自我控制的辦法，是要對兩股目前正在損害代議民主制的力量做更好的運用。由上與由下而來的壓力，一個是全球化，一個是有自我主張的選民，這兩者已經是生活中的一部分。國內的政治人物需要找到辦法讓這些力量取得均衡：他們需要把一些權力交給技術官僚，把另一些權力交給奈姆所說的「微型權力」組織。

在經濟領域裡，把一些決策權交給技術官僚（或者由重要人士組成的委員會）是合理的。把貨幣政策的控制權交給獨立的中央銀行長期以來都很成功：一九八〇年代西方的通貨膨脹都在百分之二十或更高，但是今天已經降到幾乎為零。把財政政策交給獨立的委員會可以幫助政府控制住福利支出。近年來讓美國財政恢復健全最好的機會，是辛普森與鮑爾斯委員會的成立：該委員會涵蓋兩黨的政治人物，提出稅法改革的建議包括：降低基本稅率，但也要廢除或裁減各種賦稅優惠（比如房貸利息免稅額等）。令人遺憾的是，這個委員會遭到杯葛。

也許你會說，許多這類限制措施，特別是把部分決策權委外給第三方，不就增加技術官僚統治的威脅嗎？是的，確實會。但是如果這類委任授權不被浮濫使用，只適用於少數重要的決策，而且授權的過程是公開透明的，就能降低這種威脅。選民知道中央銀行總裁制定基本利率，也能在網路上讀到央行的會議紀錄。另一個防止政府倒向技術官僚統治的辦法，是把更多的權力交給相反的方向，也就是往下交給選民，特別是交給地方政府。

一個貫穿本書的主題是：最好的政府治理，是當一個政府靠近它所負責的對象：人民（市長的施政滿意度常常是全國性政治人物的兩倍），以及當它依照科技的邏輯來運作時。英國的「媽咪網」[9]這類網路社群就會鼓勵「非政治」的民眾關心政治問題，比如食品標示與學齡前幼兒照護政策。芬蘭人也在找限制政府花太多錢的

9 媽咪網（Mumsnet），討論家庭生活與父母教養議題的網站。

辦法；他們做過很多權力下放與運用網路民主的實驗。關於退休年金的決策或許可以交給技術官僚來進行（而且需經過國會認可）。但是關於地方社區中心的決策也許可以由「流動式民主」（liquid democracy）[10]來完成。加州某些改革採用了這樣的模式，一方面找技術官僚來修正一些問題，比如選區劃分，另一方面試著把初選對所有選民開放，以擴大民主參與。托克維爾為地方民主提出了一個完美的理由：「地方機關之於自由，就像小學之於科學：它們使人們有機會接觸到這個東西，並教導他們體會它所帶來的寧靜快樂……再沒有比人與人之間的交互影響，更能召喚人類的感覺與意念，更擴大其心胸，以及讓他的心智得到更大的發展。」[10]

## ❖最後的大團結

第四次革命有許多目的。它要用科技的力量來提供更好的服務。它要從世界上的每個角落找出聰明的構想。它要廢除不合時宜的勞動待遇。但是它的核心，是要讓兩個偉大的自由主義的理念重新發揮力量。

第四次革命要振興自由的精神，方法是更加強調個體權利，而非社會權利。它也要振興民主的精神，方法是減輕政府的負擔。如果政府承諾太多，就會造成民主瘟，並且讓民眾產生依賴。只有透過減少承諾，民主才能表現出它最佳的本性：彈性、創新以及解決問題。這是一場關係重大的戰鬥。民主是基本權利與基本自由的最佳守護者。也是創新與解決問題的最佳保證者。但是與它最壞的本性搏鬥將會十分艱苦。

我們在這本書中記錄的三次革命全都經過極其艱苦的戰鬥才完成。革命者必須質疑社會長期持有的看法，想像出一個非常不同的世界，還常常需要面對來自政府核心人士的嚴厲反對。霍布斯描繪出這樣一個世界，在其中，權力的合法性不是由上帝或世系血統授予，而是來自解決公共秩序問題的能力。近現代歐洲的國家創建者必須向主教與世襲貴族挑戰；這些人不會輕易放棄自己的特權。他們也必須在一個交通困難、知識官僚短缺的世界裡，創造出一部管理機器。彌爾想像了這樣一個世界，在其中，權力會受到個體自由的約束。十八與十九世紀偉大的改革者對舊腐敗的勢力進行了漫長的鬥爭；那些人從舊秩序裡獲取了何等利益。碧亞翠斯・韋伯重新思索了自己幼時對政府干預之惡的立場。早期二十世紀的社會主義者是熱情的制度建造者；他們在各方極大的質疑下創造了現代的福利國家，學校、醫院、失業

10 又稱「委任式民主」（delegative democracy），選民就一個議題選出任務代表，而非替他決定一切的民意代表。

給付等都一應俱全。

然而每一個革命都帶來巨大的回報。近現代歐洲成為世界上發展最活躍的大陸。維多利亞時代的英國創造了一個自由主義的政府，用更低的成本提供比舊腐敗更好的服務，平順地完成了過渡到大眾民主的過程，並且以低廉的支出統治一個廣大的帝國。他們的福利政策，在一個本來可以極其嚴酷的世界裡，提供了數百萬人實質的社會安全。

第四次革命不會比較容易：雷根與柴契爾的改革只成功一半，顯示了這一點。這場革命將強迫許多西方人重新思考兩個被廣泛認為理所當然的東西：福利國家與民主實踐。只因為這兩個東西近來已經開始自我毀滅：福利國家蔓延了，而民主變得自我耽溺、令人反感，而且還常常腐敗。要說服人們，一個管轄範圍較小、提供較少福利的政府才是一個更強壯的政府，將是困難的工作，就像給民主制度套上自我節制的規範一樣困難。特殊利益團體將會有大量的機會施展他們的民眾煽動術；議員們將不願意輕易放棄他們的腐敗選區；權貴資本主義將全力捍衛他們的政府補貼。

但是改革者應該要向前挺進，堅守關於這場大業的三個不可否認的重點。第一是不作為的代價非常高：如果近現代歐洲當初拒絕打造政府機器呢，或者如果二十世紀早期的歐洲不願意為窮人提供社會福利呢？若不改革，現代的福利國家將會因為自己的重量而停滯不前：它實際上已經沒能力照顧到最需要援助的人，反而是把大筆的錢浪擲在備受寵愛的既得利益者身上。而且民主將會衰弱，就像約翰·亞當斯所預測的那樣。第二個不可否認的重點是，這也是一場轉機。繼續推動第四次革命的回饋將會非常豐厚：任何政府若是能利用社會中最具創新能力的元素，就能超前其競爭者。最後一個重點是，歷史是站在改革者這一邊的：這場革命是為了維護個體的自由與權利。這正是先後推動歐洲與美國向前走的傳統。西方向來是世界上最有創造力的地區，因為西方人一再地重新打造自己的政府。我們完全相信西方可以再做一次，即便在這個艱難的時代裡。

# 謝詞 Acknowledgments

本書對公部門的生產力做了不客氣的批評，也對少數人把其他人的工作成果當成自己的功勞表示不滿。這實在是太偽善了。因為這本相對不厚的書，耗費了兩名新聞工作者這麼長的時間，長到令人沮喪；而我們也跟以往一樣，太常仰賴其他人辛苦工作的成果，但他人唯一的回報只是在這裡被提到一下，然後如果有任何問題還會被罵。

我們最感激的是《經濟學人》，准許我們使用已出版的文章，給我們工作，並且讓我們有如此優越的制高點來檢視這個主題。我們所有的同事對我們都展現了不可置信的寬容，即便考慮到我們其中之一是他們的上司。但是我們願意對以下這些人表達特別的感謝；他們協助了我們查資料、校對、選擇圖片、設計封面，以及或許最困難的一項任務——為我們兩人拍攝作者照片：希拉·亞倫（Sheila Allen）、馬克·

多伊爾（Mark Doyle）、塞利娜・鄧洛普（Celina Dunlop）、羅伯・吉福德（Rob Gifford）、格雷姆・詹姆斯（Graeme James）、羅伯特・班伯理（Robert Banbury），以及湯姆・納托爾（Tom Nuttall）。我們也要感謝艾德・卡爾（Ed Carr）、艾瑪・鄧肯（Emma Duncan）以及查尼・明頓・貝多斯（Zanny Minton Beddoes）讀了這本書的草稿，並且顯著地改善了它的品質。我們也使用了西蒙・科克斯（Simon Cox）、西蒙・隆恩（Simon Long）、安娜・麥克艾爾沃（Anne McElvoy）、麥可・理德（Michael Reid）、艾德・麥克布賴德（Ed McBride）以及海倫・喬伊斯（Helen Joyce）的作品。而且我們也要對卡洛林・卡特（Caroline Carter）、帕齊・德萊登（Patsy Dryden）、喬治婭・格里蒙德（Georgia Grimond）、丹尼爾・佛蘭克林（Daniel Franklin）以及安娜・福萊（Anne Foley）表示歉意，我們在工作過程中太常干擾到他們的生活。

其他朋友慷慨地允諾讀這本書，並給我們提供了意見，或者忍受我們去他們那裡進行撰寫的工作；他們是潔西・諾曼（Jesse Norman）、維克多・哈伯史塔特（Victor Halberstadt）、唐妮拉・塔蘭特理（Donella Tarantelli）、查理與朱麗葉・麥克唐納夫婦（Charles and Juliet Macdonald）、安・艾普邦姆（Anne Applebaum）以及安・貝恩斯坦（Anne Bernstein）。每當我們對這個主題感到疲倦，或者受到抄近路的誘惑時，吉狄恩・拉赫曼（Gideon Rachman）親切但堅定的身形就會出現，他手上拿著鞭子，督促我們在正道上繼續前進。

我們非常幸運地能與原先的兩位編輯繼續合作：紐約的史考特・莫耶斯（Scott Moyers）以及倫敦的史都華・普羅菲特（Stuart Proffitt）。在出版社似乎越來越不注重細節的時代裡，他們兩人是非常出色的例外。我們也想要向紐約企鵝出版社的阿基夫・賽菲（Akif Saifi）、亞米爾・安格拉達（Yamil Anglada）、瑪莉・安德森（Mally Anderson）以及崔西・洛克（Tracy Locke），還有在倫敦的莎拉・華特森（Sarah Watson）表示感謝。而且再度地，如果沒有我們的經紀人，無以倫比的安德魯・威利（Andrew Wylie），這本書將不可能問世。

不過就像前面幾本書一樣，這本書主要的負擔又落在我們的家人身上：我們的妻子，斐芙（Fev）與艾米利亞（Amelia），我們的父母、叔叔與嬸嬸——他們的聖誕節、生日與節日被我們破壞了，以及我們的孩子們。在更完美的家庭裡，有可能艾拉與朵拉・伍爾得禮奇（Ella and Dora Wooldridge）以及湯姆、蓋伊與艾德華・米克斯威特（Tom and Guy and Edward Micklethwait）也會全心地支持我們寫這本書的計劃。如果他們生下來就有，比如說，希德尼與碧亞翠斯・韋伯的社會使命感與紀律，他們就不會抱怨他們的爸爸一直躲進工作室，或者太晚去學校接他們，也不會一臉失落地盯著我們的電腦螢幕，好像以為那是好玩的電視遊戲，只是被一個邪惡的目的給劫持了。儘管如此，我們非常愛我們的小孩，而且當第四次革命發生的時候，那將會發生在他們身上。所以我們決定要把這本書獻給他們。

# 譯名對照

## 導論

諾博士 Dr. No
亞歷山大・波普 Alexander Pope
《走馬看花玩尼泊爾》*The Rough Guide to Nepal*
哈佛大學甘迺迪政府學院 Harvard's Kennedy School of Government
約瑟夫・奈伊 Joseph Nye
《聯邦論》*The Federalist Papers*
亞歷山大・漢彌爾頓 Alexander Hamilton
湯馬斯・克倫威爾 Thomas Cromwell
俾斯麥 Otto von Bismarck
湯馬斯・霍布斯 Thomas Hobbes
利維坦 Leviathan
舊腐敗 Old Corruption
約翰・史都華・彌爾 John Stuart Mill
威廉・格萊斯頓 William Gladstone
碧亞翠斯・韋伯 Beatrice Webb (Beatrice Potter)
希德尼・韋伯 Sidney Webb
柴契爾夫人 Margaret Thatcher
隆納德・雷根 Ronald Reagan
米爾頓・傅利曼 Milton Friedman
費邊主義 Fabianism
華盛頓共識 Washington consensus
約翰・威廉森 John Williamson
A. J. P. 泰勒 A. J. P. Taylor
弗德里希・海耶克 Friedrich Hayek
《到奴役之路》*The Road to Serfdom*
傑瑞・布朗 Jerry Brown
限制的年代 era of limits
比爾・柯林頓 Bill Clinton
小布希 George W. Bush
林頓・詹森 Lyndon Johnson
沃爾瑪 Walmart
尼古拉・薩科吉 Nicolas Sarkozy
弗蘭索瓦・歐蘭德 François Hollande
貝培・格里羅 Beppe Grillo
貝魯斯科尼 Silvio Berluscon
梅克爾 Angela Merkel
艾爾段 Recep Tayyip Erdogan
達斯 Gurcharan Das
赫伯特・史坦恩 Herbert Stein
雷曼兄弟 Lehman Brothers

馬多夫Bernie Madoff
美國國會預算辦公室Congressional Budget Office
亨利・福特Henry Ford
國際學生能力評估計劃Programme for International Student Assessment, PISA
陶德—法蘭克金融改革法案Dodd-Frank financial reforms
英國國家統計局Office for National Statistics
鮑莫爾成本病Baumol's cost disease
威廉・鮑莫爾William Baumol
湯馬斯・潘恩Thomas Paine
凱因斯John Maynard Keynes

## 第一章

撒母爾・費納Samuel Finer
維吉尼亞・吳爾芙Virginia Woolf
馬基維利Niccolò Machiavelli
湯馬斯・阿奎那Thomas Aquinas
尚・博丹Jean Bodin
喬治・威爾George Will
火藥密謀Gunpowder Plot
希德尼・高德爾芬Sidney Godolphin
威廉・卡芬迪希William Cavendish
奧立佛・克倫威爾Oliver Cromwell
卡斯帝里歐尼Baldassare Castiglione
博德利圖書館Bodleian Library
安尼希・卡波爾Anish Kapoor
《利維坦，紀念碑二〇一一》Leviathan, Monumenta 2011
自由至上黨Libertarian Party
容恩・保羅Ron Paul
耶利米・惠特克Jeremiah Whitaker
蘇萊曼大帝Suleiman the Magnificent
約瑟夫・赫爾Joseph Hall
湯馬斯・克倫威爾Thomas Cromwell
黎胥留主教Cardinal Richelieu
奧利瓦雷斯侯爵—公爵Count-Duke Olivares
貢納爾・默達爾Gunnar Myrdal
西發里亞和約The Peace of Westphalia
查爾斯・蒂利Charles Tilly
約希亞・柴爾德爵士Sir Josiah Child
維吉尼亞公司Virginia Company
索莫斯島公司Somers Island Company
白樂日Étienne Balázs
喬治・馬戛爾尼勛爵Lord George Macartney
賽繆爾・杭廷頓Samuel Huntington
皇家科學院the Royal Society
約翰・洛克John Locke
亞當・斯密Adam Smith
大衛・休姆David Hume
湯馬斯・佩恩Thomas Paine
《常識》*Common Sense*
《人之權利》*The Rights of Man*

盧梭 Jean-Jacques Rousseau
《社會契約論》*The Social Contract*
湯馬斯・卡萊爾 Thomas Carlyle
《人民和公民權宣言》*The Declaration of the Rights of Man and the Citizen*

## 第二章

西敏寺區 Westminster
以賽亞・柏林 Isaiah Berlin
詹姆斯・彌爾 James Mill
茶黨 Tea Party
傑瑞米・邊沁 Jeremy Bentham
大衛・李嘉圖 David Ricardo
威廉・科貝特 William Cobbett
約翰・韋德 John Wade
《異常黑皮書》*The Extraordinary Black Book*
格倫維爾家族 the Grenvilles
鄧達斯家族 the Dundases
狄更斯 Charles Dickens
《荒涼山莊》*Bleak House*
《小杜麗》*Little Dorrit*
紆迴推托辦公室 the office of circumlocution
航海法案 Navigation Acts
穀物法 Corn Laws
羅伯特・皮爾爵士 Sir Robert Peel
白廳 Whitehall
腐爛選區 rotten boroughs
憲章運動者 Chartist
撙節開支者 economizer
一八六二年修訂課綱 the Revised Code of 1862
斯塔福特・諾斯科特爵士 Sir Stafford Northcote
查爾斯・特里維廉爵士 Sir Charles Trevelyan
朱塞佩・馬志尼 Giuseppe Mazinni
哈莉葉特・馬蒂諾 Harriet Martineau
實用邊沁主義 practical Benthamism
喬治・葛羅特 George Grote
萬國工業博覽會 The Great Exhibition
西敏寺模式 Westminster model
托克維爾 Alexis de Tocqueville
安德魯・傑克森 Andrew Jackson
《民主論評》*Democratic Review*
《政治經濟學原理》*Principles of Political Economy*
《論自由》*On Liberty*
李查・柯柏登 Richard Cobden
約翰・布萊特 John Bright
推圖釘 push-pin
亨利・西奇威克 Henry Sidgwick
曼徹斯特自由主義運動 Manchester liberalism
A. V. 迪西 A. V. Dicey
伊莉莎白・加斯克爾 Elisabeth Gaskell
《瑪莉・巴頓》*Mary Barton*

《艱難時世》*Hard Times*
查爾斯・金斯利Charles Kinsley
《阿爾頓・洛克》*Alton Locke*
皇家牛津與劍橋入院評議委員會The Royal Commissions into Oxford and Cambridge
弗雷德里克・坦普爾Frederick Temple
紐納姆學院Newnham College
馬修・阿諾德Matthew Arnold
威廉・福斯特William Foster
羅伯特・洛韋Robert Lowe
赫爾伯特・史賓塞Herbert Spencer
《國家權力與個人自由》*The Man Versus the State*
達爾文Charles Darwin
黑格爾G. W. F. Hegel
叔本華Arthur Schopenhauer
T. H. 葛林T. H. Green
巴利奧爾學院Balliol College
赫伯特・阿斯奎斯Herbert Asquith
R. H. 托尼R. H. Tawney
波爾戰爭Boer War
勞合・喬治Lloyd George
學校醫療服務School Medical Service
國民保健署National Health Service, NHS
國家行動主義state activism
亞伯拉罕・林肯Abraham Lincoln
公地放領法案Homestead Act
土地撥贈法案Morrill Act
卡爾・馬克思Karl Marx
芬蘭車站Finland Station

## 第三章

李查・波特Richard Potter
大西方鐵路公司Great Western Railway
勞倫希娜・波特Laurencina Potter
約瑟夫・張伯倫Joseph Chamberlain
查爾斯・布思Charles Booth
H. G. 威爾斯H. G. Wells
費邊社Fabian Society
倫敦經濟學院London School of Economics
《新政治家》*New Statesman*
馬爾科姆・馬格理奇Malcolm Muggeridge
蕭伯納George Bernard Shaw
哈洛德・拉斯基Harold Laski
約翰・甘迺迪John F. Kennedy
法蘭西斯・高爾頓Frances Galton
卡爾・皮爾森Karl Pearson
《論平等》*Equality*
哈洛德・麥克米蘭Harold Macmillan
約翰・梅納德・凱因斯John Maynard Keynes
《就業、利息與貨幣的一般理論》*The General Theory of Employment, Interest and Money*

# 譯名對照

墨索里尼 Benito Mussolini
佛朗哥 Francisco Franco Bahamonde
培隆 Juan Domingo Perón
喬治・歐威爾 George Orwell
《一九八四》*1984*
赫伯特・克羅利 Herbert Croly
《新共和》*New Republic*
泰迪・羅斯福 Teddy (Theodore) Roosevelt
公司監理局 Bureau of Corporations
證券交易委員會 Securities and Exchange Commission
肉品檢查法案 Meat Inspection Act
純淨食物與藥品法案 Pure Food and Drug Act
權貴資本主義 crony capitalism
進步黨 Progressive Party
新政 New Deal
小羅斯福 Franklin Delano Roosevelt
聯邦通訊委員會 Federal Communications Commission
國家勞動關係理事會 National Labor Relations Board
約瑟夫・甘迺迪 Joseph Kennedy
田納西河流域管理局 Tennessee Valley Authority
柳釘女工蘿西 Rosie the Riveter
T. H. 馬歇爾 T. H. Marshall
貝佛里奇報告 Beveridge Report
威廉・貝佛里奇 William Beveridge
教育法案 Education Act
國家保險法案 National Insurance Act
國民保健法案 National Health Service Act
安奈林・貝萬 Aneurin Bevan
巴特勒 Rab Butler
溫斯頓・邱吉爾 Winston Churchill
諾曼・麥克雷 Norman Macrae
休・蓋茲克爾 Hugh Gaitskell
巴茲克爾主義 Butskellism
法國電力公司 Électricité de France
義大利工業重建協會 IRI
布列敦森林會議 Bretton Woods
歐洲鋼煤共同體 European Coal and Steel Community
歐洲經濟共同體 European Economic Community
歐洲原子能共同體 European Atomic Energy Community
德懷特・艾森豪 Dwight Eisenhower
林頓・詹森 Lyndon Johnson
葛拉翰・瓦拉斯 Graham Wallas
李查・尼克森 Richard Nixon
唐納德・倫斯斐 Donald Rumsfeld
約瑟夫・克拉克 Joseph Clark
《社會主義案例》*The Socialist Case*
道格拉斯・傑伊 Douglas Jay
種族生物學研究所 Institute of Racial Biology
馬丁・路德・金 Martin Luther King

## 第四章

萊謝克・巴爾采羅維奇Leszek Balcerowicz
費南多・恩里克・卡多索Fernando Henrique Cardoso
曼莫漢・辛格Manmohan Singh
帕拉尼亞班・奇丹巴拉姆Palaniappan Chidambaram
詹姆斯・卡維爾James Carville
巴拉克・歐巴馬Barack Obama
戈登・布朗Gordon Brown

## 第五章

比爾・惠利特Bill Hewlett
大衛・普克德David Packard
厄爾・華倫Earl Warren
派特・布朗Pat Brown
凱文・斯塔爾Kevin Starr
曼柯爾・歐爾森Mancur Olson
賴瑞・薩莫斯Larry Summers
《集體行動的邏輯》*The Logic of Collective Action*
《唐人街》*Chinatown*
唐・諾維Don Novey
加州矯正治安官協會California Correctional Peace Officers Association
加州教師協會California Teachers Association
艾德・米利班Ed Miliband
美國州、郡、市政府僱員工會American Federation of State, County and Municipal Employees
英國醫療協會British Medical Association
美國全國教育協會National Education Association
威廉・佛格利William Voegeli
克萊蒙特・麥克納學院Claremont McKenna College
魯布・戈德堡機械Rub Goldberg
加州剪髮與美容理事會California Board of Barbering and Cosmetology
加州環境品質法案California Environmental Quality Act
《聯邦公報》*Federal Register*
莫里斯・克萊納Morris Kleiner
公益Common Good
菲利浦・霍華德Philip Howard
安隆Enron
加州公共政策中心California Public Policy Center
穆迪Moody's
詹姆斯・漢彌爾頓James Hamilton
勞倫斯・J・科特里科夫Laurence J. Kotlikoff
高盛公司Goldman Sachs
布魯斯・巴特利特Bruce Bartlett
蘇珊娜・梅特勒Suzanne Mettler
聯邦醫療保險Medicare

米克・傑格爵士 Sir Mick Jagger
艾爾頓・強爵士 Sir Elton John
預算與政策緩急研究中心 Center on Budget and Policy Priorities
大衛・威利茲 David Willetts
美國退休人員協會 American Association of Retired Persons
尼可拉斯・伯格魯恩 Nicolas Berggruen
內森・加德爾斯 Nathan Gardels
莫多克 Modoc
阿拉美達 Alameda
《比表象更糟》*It's Even Worse Than it Looks*
布魯金斯研究中心 Brookings Institution
美國企業研究所 American Enterprise Institute
湯馬斯・曼 Thomas Mann
諾曼・奧恩斯坦 Norman Ornstein
尚—克勞德・容克 Jean-Claude Juncker
瓦爾特・巴傑特 Walter Bagehot
貝魯斯科尼 Berlusconi
路易吉・津加萊斯 Luigi Zingales
達瑞爾・史坦伯格 Darrell Steinberg
麥可・米爾肯 Michael Milken
長期思維委員會 Think Long Committee
大衛・卡麥隆 David Cameron
亭布洛 Timbro
政策網絡 Policy Network
麥可・波特 Michael Porter
倫敦政府研究中心 Institute of Government in London
安德魯・阿多尼斯 Andrew Adonis
皮特・彼得森 Pete Peterson
黑石集團 Blackstone Group
艾萊娜・卡馬克 Elaine Kamarck
有效政府管理中心 center for effective government management
傑夫・馬爾根 Geoff Mulgan
史帝夫・希爾頓 Steve Hilton
彼得・舒克 Peter Schuck
戴安娜・法瑞爾 Diana Farrell
德勤 Deloitte
埃森哲公司 Accenture

## 第六章

內閣資政 minister mentor
亨利・季辛吉 Henry Kissinger
喬治・華盛頓 George Washington
湯馬斯・傑佛遜 Thomas Jefferson
詹姆斯・麥迪遜 James Madison
哈利・李（李光耀）Harry Lee (Lee Kuan Yew)
喬治・布朗 George Brown
路易斯・卡羅 Lewis Carroll
珍・奧斯汀 Jane Austen
《致命的自負：社會主義的謬誤》*The Fatal Conceit: Errors of Socialism*

# 譯名對照

瑪莉・包平斯 Mary Poppins
人民行動黨 People's Action Party
《理想國》*Republic*
《副總統》*Veep*
《幕後危機》*The Thick of It*
法蘭西斯・福山 Francis Fukuyama
《自由的未來》*The Future of Freedom*
法里德・扎卡里亞 Fareed Zakaria
《燃燒的世界》*World on Fire*
蔡美兒 Amy Chua
自由之家 Freedom House
貝塔斯曼基金會 Bertelsmann Foundation
穆巴拉克 Hosni Mubarak
阿拉伯之春 the Arab Spring
穆斯林兄弟會 Muslim Brotherhood
政府卓越計劃 Government Excellence Program
羅伯特・卡普蘭 Robert Kaplan
斯闊科沃 Skolkovo
弗拉基米爾・普丁 Vladimir Putin
羅莎・克勒伯 Rosa Klebb
世界經濟論壇 World Economic Forum
蘭特・普利切特 Lant Prichett
QS 世界大學排名 QS World University Rankings
國際透明組織 Transparency International
清廉印象指數 Corruption Perceptions Index
全球競爭力報告 Global Competitiveness Report
濟貧法 Poor Laws
《中國共產黨不可說的秘密》*The Party*
馬利德 Richard McGregor
俄羅斯天然氣 Gazprom
中國石油天然氣 PetroChina
俄羅斯聯邦儲備銀行 Sberbank
迪爾瑪・羅賽芙 Dilma Rousseff
塞爾焦・拉查理尼 Sergio Lazzarini
阿爾多・穆塞基奧 Aldo Musacchio
彼得森國際經濟研究中心 Peterson Institute for International Economics
天則經濟研究所 Unirule Institute of Economics
博思公司 Booz & Company
貝淡寧 Daniel A. Bell
《胡潤百富》*Hurun Report*
張大衛 David Barboza
希拉蕊・柯林頓 Hillary Clinton
皮尤全球態度調查 Pew Global Attitudes Project 2013 Survey
湯馬斯・佛里曼 Thomas Friedman
馬丁・賈克 Martin Jacques
《當中國統治世界》*When China Rules the World*
多明尼克・莫伊希 Dominique Moïsi

## 第七章

國民住宅 folkhemmet
馬奎斯・柴爾茲 Marquis Childs
《中間路線》*The Middle Way*
艾爾娃・默達爾 Alva Myrdal
兒童本位學習 child-centered learning
阿斯特麗德・林德格倫 Astrid Lindgren
《長襪子皮皮》*Pippi Longstocking*
奧洛夫・帕爾梅 Olof Palme
確定給付制 defined-benefit system
確定提撥制 defined-contribution system
國際英語學校 International English School
聖戈蘭醫院 St. Göran's Hospital
卡皮歐 Capio
北歐資本 Nordic Capital
安佰深集團 Apax Partners
波士頓顧問集團 Boston Consulting Group
國家白內障登錄系統 National Cataract Register
布麗塔・瓦爾格倫 Britta Wallgren
佛瑞塞研究所 Frazer Institute
僱主聯盟 Employers' Federation
漆黑危機 black-of-night crisis
第三路線 the third way
卡爾・比爾特 Carl Bildt
馬鈴薯危機 potato crisis
安德斯・波爾馬克 Anders Böhlmark
麥可・林達爾 Mikael Lindahl
艾伯特・傑伊・諾克 Albert Jay Nock
《我們的敵人：國家》*Our Enemy, the State*
國家統計局 Office for National Statistics
畢馬威會計事務所 KPMG
亞蘭・道尼 Alan Downey
評量公司 Measurement Incorporated
湯馬斯・愛迪生 Thomas Edison
撒爾曼・可汗 Salman Khan
可汗學院 Khan Academy
能量自主戰術機器人 Energetically Autonomous Tactical Robot, EATR
未來對策委員會 Commission on the Future
弗雷德里克・萊茵費爾特 Fredrik Reinfeldt
城市研究所 Urban Institute
雷・克洛克 Ray Kroc
哈蘭・桑德斯上校 Colonel Harland Sanders
李歐納・柯恩 Leonard Cohen
一九九七年的反貪污公約 OECD's 1997 anticorruption convention
英國航太系統 BAE Systems
莫伊塞斯・奈姆 Moisés Naím

海峽群島 Channel Islands

## 第八章

阿爾福雷德・斯隆 Alfred Sloan
三杯馬丁尼午餐 three-martini lunch
伊士曼・柯達 Eastman Kodak
克里斯・安德森 Chris Anderson
尼克・布魯姆 Nick Bloom
約翰・范・里寧 John Van Reenen
埃佛里特・迪克森 Everett Dirksen
蘭德—麥克納利 Rand-McNally
國立行政學校 École Nationale d'Administration
伏爾泰班 Voltaire year
塞戈萊娜・羅亞爾 Ségolène Royal
大學校 grandes écoles
《部長大人》*Yes, Minister*
約翰・奧德漢姆爵士 Sir John Oldham
史托爾勒—勒培爾 (Eugene) Steuerle-(Tim) Roeper
財政民主指數 fiscal democracy index
麥可・彭博 Michael Bloomberg
洋芋片先生 Mr. Chips
詹姆斯・Q・威爾森 James Q. Wilson
約瑟夫・奈伊 Joseph Nye
彼得・杜拉克 Peter Drucker
格雷斯委員會 Grace Commission
吉米・卡特 Jimmy Carter
歐巴馬健保法 Obamacare
國家審計局 National Audit Office
羅伯特・科克 Robert Kocher
尼基爾・薩尼 Nikhil Sahni
維・謝蒂 Devi Shetty
德蕾莎修女 Mother Teresa
納拉亞納・赫如達亞拉亞醫院 Narayana Hrudayalaya Hospital
蓋氏醫院 Guy's Hospital
生命之春醫院 LifeSpring Hosptials
亞拉文德眼睛照護系統 Aravind Eye Care System
視覺之春 VisionSpring
克雷頓・克里斯汀生 Clayton Christensen
詹姆斯・考利 James Cawley
國家醫學院 National Academy of Medicine (Institute of Medicine)
美國醫學會 American Medical Association
亞洲與大洋洲醫師聯盟 Confederation of Medical Associations in Asia and Oceania
L. V. 普拉薩德眼科中心 L. V. Prasad Eye Institute
耐提・帕爾 Niti Pall
家庭津貼 Bolsa Família
國民協助服務中心 Citizen Assistance Service Center
阿曼達・雷普利 Amanda Ripley
《世界上最聰明的孩子：他們怎麼辦

到的？》*The Smartest Kids in the World and How They Got That Way*
彼得．蒂爾 Peter Thiel
海上家園 seasteading
蒙蒂菲奧理醫學中心 Montefiore Medical Center
匿名戒酒會 Alcoholics Anonymous
病友連線 PatientsLikeMe
沃爾夫森預防醫學研究中心 Wolfson Institute of Preventive Medicine
曼諾實驗室 Manor Labs
文森．葛雷 Vincent Gray
馬修．泰勒 Matthew Taylor
埃里克．施密特 Eric Schmidt
杰瑞德．科恩 Jared Cohen
《新數位時代》*The New Digital Age*
唐．塔普斯科特 Don Tapscott
發現集團 Discovery Group
信佳集團 Serco Group
知識就是力量計劃 Knowledge Is Power Program, KIPP
全才政府 Government of All the Talents, GOATs
默文．戴維斯 Mervyn Davies
馬克．卡尼 Mark Carney
大衛．希金斯 David Higgins
奧運籌辦管理局 Olympic Delivery Authority
用程式改變美國 Code for America
為美國而教 Teach for America
拉姆．伊曼紐爾 Rahm Emanuel
容恩．胡爾達 Ron Huldai
鮑理斯．約翰遜 Boris Johnson
肯．利文斯通 Ken Livingstone
密特．羅姆尼 Mitt Romney
比爾．安索利斯 Bill Antholis
納倫德拉．莫迪 Narendra Modi
新美國基金會 New America Foundation
帕拉格．康納 Parag Khanna
傑拉爾德．卡力諾 Gerald Carlino
社會創新及參與辦公室 Office of Social Innovation and Participation

## 第九章

《民主在美國》*Democracy in America*
湯馬斯．巴賓頓．麥考利 Thomas Babington Macauley
尼古拉．德．孔多塞 Nicolas de Condorcet
羅伯特．索錫 Robert Southey
《關於社會的談話》*Colloquies on Society*
以賽亞．柏林 Isaiah Berlin
詹姆斯．吉爾雷 James Gillray
威廉．賀加斯 William Hogarth
喬納森．斯威夫特 Jonathan Swift
《紙牌屋》*House of Cards*
克莉絲汀．奧堂奈 Christine

O'Donnell
安東尼・魏納 Anthony Weiner
喬恩・史都華 Jon Stewart
《查理與巧克力工廠》*Charlie and the Chocolate Factory*
奧古斯塔・古魯波 Augustus Gloop
巴格達中央監獄 Abu Ghraib
布拉德雷・曼寧 Bradley Manning
愛德華・斯諾登 Edward Snowden
安格拉・梅克爾 Angela Merkel
喬納森・勞赫 Jonathan Rauch
《民主硬化症》*Demosclerosis*
阿爾弗列德・馬歇爾 Alfred Marshall
《工業與貿易》*Industry and Trade*
伯納德・巴魯克 Bernard Baruch
伍德羅・威爾遜 Woodrow Wilson
政府責任署 Government Accountability Office
國土管理局 Bureau of Land Management
綠河層 Green River Formation
能源研究所 Institute for Energy Research
德格・迪特 Dag Detter
田納西河流域管理局 Tennessee Valley Authority
阿徹丹尼爾斯米德蘭公司 Archer Daniels Midland
泰德・透納 Ted Turner
卡托研究中心 Cato Institute
布斯商學院Booth School of Business
湯馬斯・菲利蓬 Thomas Philippon
阿利爾・雷謝夫 Ariell Reshef
健康與照顧卓越研究院 National Institute for Health and Care Excellence, NICE

## 結論

約翰・亞當斯 John Adams
修習提底斯 Thucydides
《伯羅奔尼撒戰爭史》*History of the Peloponnesian War*
伯利克里斯 Pericles
賴瑞・西登托普 Larry Siedentop
《歐洲的民主》*Democracy in Europe*
尼爾森・曼德拉 Nelson Mandela
瓦茨拉夫・哈維爾 Václav Havel
鮑理斯・葉爾欽 Boris Yeltsin
穆罕默德・穆爾西 Mohamed Morsi
雅各布・祖馬 Jacob Zuma
維克托・奧爾班 Viktor Orban
米奇・麥康奈爾 Mitch McConnell
《國家期刊》*National Journal*
查克・海格 Chuck Hagel
奧吉亞斯馬廄 Augean stables
里斯本條約 Lisbon Treaty
貝托爾特・布萊希特 Bertolt Brecht
馬理奧・蒙蒂 Mario Monti
魯卡斯・帕帕季莫斯 Lucas Papademos
海爾特・維爾德斯 Geert Wilders

馬林・勒龐Marine Le Pen
法國民族前線黨France's National Front
黃金黎明黨Golden Dawn
珍尼特・葉倫Janet Yellen
道格拉斯・卡斯威爾Douglas Carswell
最棒黨Best Party
〈歷史的終結〉The End of History
丹尼・羅德理克Dani Rodrik
路易斯・布蘭代斯Louis Brandeis
菲利浦・柯根Philip Coggan
萊茵霍爾德・尼布爾Reinhold Niebuhr
卡爾・弗里德里希Carl Friedrich
辛普森與鮑爾斯委員會 (Alan) Simpson and (Erskine) Bowles commission
媽咪網Mumsnet

# 注釋
# Notes

## 導論

1 "Politics and the Purse," Daily Chart, *The Economist*, September 19, 2013.
2 Alexander Hamilton, "The Federalist Number One," in *The Federalist Papers*, Clinton Rossiter, ed. (New York: New American Library, 1961), p. 1.
3 Boyd Hilton, *A Mad, Bad, and Dangerous People? England 1783–1846* (Oxford: Oxford University Press, 2006), p. 558.
4 Vito Tanzi and Ludger Schuknecht, *Public Spending in the 20th Century: A Global Perspective* (New York: Cambridge University Press, 2000), p. 6, and "Economic Outlook," OECD, January 2013.
5 Neil King and Rebecca Ballhaus, "Approval of Obama, Congress Falls in New Poll," *Wall Street Journal*, July 24, 2013. Based on a *Wall Street Journal*/NBC poll in July 2013.
6 Francis Fukuyama, "The Middle-Class Revolution," *Wall Street Journal*, June 28, 2013.
7 Gurcharan Das, *India Grows at Night: A Liberal Case for a Strong State* (New York: Allen Lane, 2012).
8 國內未清償債券價值為七十兆美金；政府債券在其中佔百分之六十一。"Bond Markets," Financial Markets Series published by TheCityUK, London, October 2012.
9 "Working-Age Shift," *The Economist*, January 26, 2013.
10 這兩位精明老練的樂觀主義者是 Martin Wolf ("The Reality of America's Fiscal Future," *Financial Times*, October 22, 2013) and Lawrence Summers ("The Battle over the US Budget Is the Wrong Fight," *Financial*

*Times*, October 13, 2013).
11 Ezra Klein, "The U.S. Government: An Insurance Conglomerate Protected by a Large, Standing Army," *Ezra Klein: Economic and Domestic Policy, and Lots of It* (blog), WashingtonPost.com, February 14, 2011.notes
12 梅克爾在二〇一三年一月世界經濟論壇的談話中使用了這些數字。
13 John Maynard Keynes, *The End of Laissez-Faire* (London: Hogarth Press, 1927). 最早以演說的形式於一九二四年在牛津發表。

## 第 1 章　湯馬斯・霍布斯與民族國家的興起 ……………………………

1 當費納在寫書的時候，我們當中的一位（伍爾得禮奇）是他的同事，而且仍滿懷敬畏地記得，這位身形矮小的男人是以何等的決心攀爬著他所追求的巨大高山，並且是多麼熱切地與他人在午餐、午茶、晚餐以及深夜飲酒時間討論他的發現。
2 Virginia Woolf, "Mr Bennett and Mrs Brown," in *The Hogarth Essays* (London: Hogarth Press, 1924).
3《利維坦》出版的時間是四月末還是五月初，不得而知。但是到了五月才有人開始在書店裡注意到這本書。
4 George Will, *Statecraft as Soulcraft: What Government Does* (New York: Touchstone, 1983), p. 30.
5 A. P. Martinich, *Hobbes: A Biography* (New York: Cambridge University Press, 1999), p. 2.
6 Noel Malcolm, *Aspects of Hobbes* (Oxford: Clarendon Press, 2002), pp. 2–3.
7 O. L. Dick, ed., *Brief Lives* (Oxford: Oxford University Press, 1960), p. 604.
8 Ibid., p. 12.
9 Alan Ryan, *On Politics: A History of Political Thought from Herodotus to the Present* (London: Allen Lane, 2012), pp. 445–46.
10 Geoffrey Parker, *Global Crisis: War, Climate Change and Catastrophe in the Seventeenth Century* (New Haven, CT: Yale University Press, 2013), p. xix.
11 Ibid., p. 64.
12 Niall Ferguson, *Civilization: The Six Killer Apps of Western Power* (New

York: Penguin Books, 2012).

13「請想一下，基督教世界曾經多麼廣闊，而今天有多少地方已經淪落到無戰不勝的土耳其人手裡；他們現在握有北非、巴爾幹半島，還圍困了維也納」，一位法國哲學家路易・勒・羅伊（Louis Le Roy）於一五五九年如此寫道。「同時，就好像是回應穆罕默德子民們的祈禱一樣，歐洲浸泡在它自己的鮮血裡。」John Hale, *The Civilization of Europe in the Renaissance* (New York: Athenaeum, 1993), pp. 6–7.

14 Ibid., p. 42.

15 Rondo Cameron, *A Concise Economic History of the World: From Paleolithic Times to the Present* (New York: Oxford University Press, 1997), p. 86.

16 Ferguson, *Civilization*, pp. 73–74.

17 Francis Fukuyama, *The Origins of Political Order: From Prehuman Times to the French Revolution* (London: Profile Books, 2011), p. 124.

18 Charles Tilly, "Reflections on the History of European State Making," in Charles Tilly, ed., *The Formation of National States in Western Europe* (Princeton, NJ: Princeton University Press, 1975), p. 42.

19 Charles Wilson, *Profit and Power* (New York: Springer, 1978), p. 2.

20 Malcolm, *Aspects of Hobbes*, p. 8.

21 Daron Acemoglu and James Robinson, *Why Nations Fail: The Origins of Power, Prosperity and Poverty* (New York: Crown, 2012), p. 233.

22 Étienne Balázs, *La bureaucratie celeste: Reserches sure l'economie et la societe de la Chine traditionelle* (Paris: 1968), quoted in David Landes, *The Wealth and Poverty of Nations: Why Some Are So Rich and Some So Poor* (New York: W. W. Norton: 1998), p. 57.

23 Jonathan Spence, *The Search for Modern China* (New York: W. W. Norton, 1999), pp. 122–23.

24 Samuel Huntington, *The Clash of Civilizations and the Remaking of World Order* (New York: Simon & Schuster, 1996), p. 70.

25 Jonathan Israel, *Radical Enlightenment: Philosophy and the Making of Modernity* (Oxford: Oxford University Press, 2001), pp. 2–3.

26 John Locke, Second Treatise on Civil Government, 1690.

27 Steve Pincus, *1688: The First Modern Revolution* (New Haven, CT: Yale University Press, 2009), p. 371.
28 Ibid., p. 8 and passim.
29 Thomas Paine, *Common Sense*, 1776, Project Gutenberg e-book.
30 Ryan, *On Politics*, p. 534.
31 Paine, *Common Sense*.

## 第 2 章　約翰・彌爾與自由主義國家……………………………………

1 John Stuart Mill, *Autobiography* (Project Gutenberg e-book, 2003), p. 5.
2 Ibid., p. 34.
3 Ibid., p. 52.
4 Ibid., p. 156.
5 W. D. Rubinstein, "The End of 'Old Corruption' in Britain 1780–1960," *Past and Present* 101, no. 1 (November 1983): p. 73.
6 Peter G. Richards, *Patronage in British Government* (London: George Allen & Unwin, 1963), p. 23.
7 Boyd Hilton, *A Mad, Bad, and Dangerous People? England 1783–1846* (Oxford: Oxford University Press, 2006), p. 558.
8 Martin Daunton, *State and Market in Victorian Britain: War, Welfare and Capitalism* (Woodbridge: Boydell Press, 2008), pp. 73-74.
9 The Northcote-Trevelyan Report of the Organization of the Permanent Civil Service, vol. 1, November 23, 1854. Reprinted in Report of the Committee on the Civil Service, 1966–68 (chaired by Lord Fulton).
10 Ibid., p. 108.
11 Ibid., p. 109.
12 John Stuart Mill, "Reform of the Civil Service," *Collected Works of John Stuart Mill* vol. 18 (Toronto, 1977), p. 207.
13 David Vincent, *The Culture of Secrecy: Britain 1832–1998* (Oxford: Oxford University Press, 1998).
14 Michael Sandel, *Democracy's Discontent: America in Search of a Public*

*Philosophy* (Cambridge, MA: Belknap Press, 1998), p. 156.
15 *Democratic Review*, 1838, vol. 1, issue 1, p. 6.
16 Alan Ryan, *On Politics: A History of Political Thought from Herodotus to the Present* (London: Allen Lane, 2012), p. 695.
17 Mill, *Autobiography*, p. 97.
18 A. V. Dicey, *Lectures on the Relation Between Law and Opinion in England During the Nineteenth Century* (London: Macmillan, 1920), pp. 430–31.
19 Oxford University Commission: Report of Her Majesty's Commissioners Appointed to Inquire into the State, Discipline, Studies and Revenues of the University and Colleges of Oxford (London, 1852), p. 149.
20 Quoted in Simon Heffer, *High Minds: The Victorians and the Birth of Modern Britain* (London: Random House, 2013), p. 445.
21 Gladstone speech at Saltney, Cheshire, October 26, 1889.
22 Michael Dintenfass and Jean-Pierre Dormois, *The British Industrial Decline* (London: Routledge, 1999), p. 14.
23 Bentley B. Gilbert, *The Evolution of National Insurance in Great Britain: The Origins of the Welfare State* (London: M. Joseph, 1966), p. 61.
24 From a speech in July 1854, quoted in G. S. Boritt, *Lincoln on Democracy* (New York: Fordham University Press, 2004), p. 64.

## 第 3 章　碧亞翠斯・韋伯與福利國家 ………………………………

1 Bertrand Russell, *The Autobiography of Bertrand Russell, 1872–1914*, vol. 1 (London: Allen & Unwin, 1967), p. 107.
2 Quoted in W.H.G. Armytage, *Four Hundred Years of English Education* (Cambridge: Cambridge University Press, 1970), p. 174.
3 Norman and Jeanne MacKenzie, eds., *The Diary of Beatrice Webb*, vol. 2, *1892–1905: All the Good Things of Life* (Cambridge, MA: Harvard University Press, 1984), p. 63.
4 George Bernard Shaw, *Man and Superman*, quoted in A. E. Dyson and Julian Lovelock, *Education and Democracy* (London: Routledge & Kegan

Paul, 1975), p. 270.

5 Granville Eastwood, *Harold Laski* (London: Mowbray, 1977), p. 4.

6 Vito Tanzi, *Government Versus Markets: The Changing Economic Role of the State* (Cambridge: Cambridge University Press, 2011), p. 126.

7 Quoted in Robert Skidelsky, *Keynes: A Very Short Introduction* (Oxford: Oxford University Press, 2010), p. 46.

8 Nicholas Timmins, *The Five Giants: A Biography of the Welfare State* (London: HarperCollins, 1995), p. 25.

9 Christian Caryl, *Strange Rebels: 1979 and the Birth of the 21st Century* (New York: Basic Books, 2013), p. 54.

10 Martin van Creveld, *The Rise and Decline of the State* (Cambridge: Cambridge University Press, 1999), p. 361.

11 Quoted in John Samples, *The Struggle to Limit Government* (Washington, D.C.: Cato Institute, 2010), p. 24.

12 Jim Sidanius and Felicia Pratto, *Social Dominance: An Intergroup Theory of Social Hierarchy and Oppression* (Cambridge: Cambridge University Press, 1999), p. 196.

13 R. H. Tawney Papers, "The Finance and Economics of Public Education," London School of Economics, a lecture given in Cambridge, February 1935, p. 5.

14 Barry Goldwater, *The Conscience of a Conservative* (Portland, OR: Victor Publishing, 1960), p. 15.

15 John Micklethwait and Adrian Wooldridge, *The Right Nation: Conservative Power in America* (New York: Penguin, 2004), p. 63.

## 第 4 章　米爾頓・傅利曼的失樂園 ……………………………………

1 John Micklethwait.

2 作者必須聲明，他不是百分之百確定這場對話在三溫暖中進行。那兩名男孩當時確實住在費雪家，確實遇到米爾頓・傅利曼，而且他們確實一起做了三溫暖。然而是不是同一時間發生，已經不很清楚。他記得是在三溫暖裡。他

當時的旅伴，今天是一位少將，確認真的有這一場談話，但不記得是在三溫暖裡。那真是很久以前的事了。

3 Daniel Stedman Jones, *Masters of the Universe: Hayek, Friedman, and the Birth of Neoliberal Politics* (Princeton, NJ: Princeton University Press, 2012), p. 55.

4 布坎南與圖洛克並沒有在芝大任教，但他們兩位都是芝大畢業生。

5 Angus Burgin, *The Great Persuasion: Reinventing Free Markets Since the Depression* (Cambridge, MA: Harvard University Press, 2012), p. 192.

6 Ibid., pp. 90–91.

7 Ibid.

8 Daniel Yergin and Joseph Stanislaw, *The Commanding Heights: The Battle Between Government and the Marketplace That Is Remaking the Modern World* (New York: Simon & Schuster, 1998), p. 147.

9 Burgin, *Great Persuasion*, pp. 206–7.

10 Ibid., p. 207.

11 Ibid., p. 154.

12 Jones, *Masters of the Universe*, p. 180.

13 R. H. Tawney, *Equality* (New York: Capricorn Books, 1961), p. 163.

14 Brian Watkin, *The National Health Service: The First Phase and After: 1948–1974* (London: Allen & Unwin, 1978), p. 155.

15 Paul Addison, *No Turning Back: The Peacetime Revolutions of Post-War Britain* (Oxford: Oxford University Press, 2010), p. 38.

16 Quoted in John Samples, *The Struggle to Limit Government* (Washington, D.C.: Cato Institute, 2010), p. 54.

17 Richard Sander and Stuart Taylor, *Mismatch: How Affirmative Action Hurts Students It's Intended to Help, and Why Universities Won't Admit It* (New York: Basic Books, 2012).

18 A. H. Halsey, ed., Department of Education and Science, *Education Priority*, vol. 1, *Problems and Policies* (London: HMSO, 1972), p. 6. Cf. A. H. Halsey, "Sociology and the Equality Debate," *Oxford Review of Education* 1, no. 1 (1975), pp. 9–26.

19 這個用詞來自建築史家雷納・班納姆（Reyner Banham）。
20 Christian Caryl, *Strange Rebels: 1979 and the Birth of the 21st Century* (New York: Basic Books, 2013), p. 183.
21 Charles Moore, *Margaret Thatcher: The Authorized Biography*, vol. 1, *Not for Turning* (London: Allen Lane, 2013), p. 315.
22 Caryl, *Strange Rebels*, p. 160.
23 Yergin and Stanislaw, *Commanding Heights*, p. 107.
24 Moore, *Margaret Thatcher*, p. 245.
25 Ibid.
26 Ibid., p. 352.
27 Charles Moore, "The Invincible Mrs. Thatcher," *Vanity Fair*, November 2011.
28 Yergin and Stanislaw, *Commanding Heights*, p. 123.
29 "Bruges Revisited," the text of the speech delivered in Bruges by Margaret Thatcher on September 20, 1988 (London: Bruges Group, 1999).
30 Hendrik Hertzberg, "Walking the Walk," Talk of the Town, *New Yorker*, February 4, 2013.
31 Manmohan Singh, quoted in Patrick French, *India: An Intimate Biography of 1.2 Billion People* (London: Allen Lane, 2011), p. 164.
32 Caryl, Strange Rebels, p. 326.
33 Clive Crook, "Special Report on the Future of the State," *The Economist*, September 20, 1997. 本篇報導駁斥了「利維坦正在衰頹」的看法。
34 "Taming Leviathan," *The Economist*, March 17, 2011, p. 5.
35 Milton Friedman, "The Euro: Monetary Unity to Political Disunity?" Economists Club, *Project Syndicate*, August 28, 1997.
36 Richard Carter, "Friedman: 'Strong Possibility' of Euro Zone Collapse," *EUObserver*, May 17, 2004.
37 Stephen D. King, *When the Money Runs Out: The End of Western Affluence* (New Haven, CT, and London: Yale University Press, 2012), pp. 49–50.
38 Burgin, *The Great Persuasion*, p. 223.

## 第 5 章　加州政府的七宗罪與一美德

1 本章某些資料來自 "Taming Leviathan," a special report in *The Economist*.
2 Troy Senik, "The Radical Reform That California Needs," *The Beholden State: California's Lost Promise and How to Recapture It*, Brian Anderson, ed. (Boulder, CO: Rowman and Littlefield, 2013), p. 77.
3 "Taming Leviathan," *The Economist*, p. 5.
4 Jon Ungoed-Thomas and Sarah-Kate Templeton, "Scandal of NHS Deaths at Weekends," *Sunday Times*, July 14, 2013.
5 William Baumol and William Bowen, *Performing Arts: The Economic Dilemma* (Cambridge, MA: MIT Press, 1966).
6 Regents of the University of California, Budget for Current Operations, 2012–13. For the 1990–91 figure see "UC Budget Myths and Facts," Chart on Per Student Average Expenditures of Education, http://budget.universityofcalifornia.edu/files/2011/11/2012-13_budget.pdf/?page_id=5.
7 Mancur Olson, *The Logic of Collective Action: Public Goods and the Theory of Groups* (Cambridge, MA: Harvard Economics Studies, 1965), p. 36.
8 讓這個用詞流行起來的人是 Angela Davis: see "The Prison Industrial Complex": CD-ROM, Ak Press, 1999.
9 "Fading Are the Peacemakers," *The Economist*, February 25, 2010.
10 Troy Senik, "The Worst Union in America," in Anderson, *Beholden State*, p. 199.
11 "Enemies of Progress," *The Economist*, March 17, 2011.
12 Senik, "The Worst Union in America," pp. 203–5.
13 Mark Niquette, Michael B. Marois, and Rodney Yap, "$822,000 Worker Shows California Leads U.S. Pay Giveaway," Bloomberg, December 10, 2012.
14 Michael Marois and Rodney Yap, "Californian's $609,000 Check Shows True Retirement Cost," Bloomberg, December 13, 2012.
15 Perry Anderson, "An Entire Order Converted into What It Was Intended to End," *London Review of Books*, February 26, 2009.

16 William Voegeli, "The Big-Spending, High-Taxing, Lousy-Services Paradigm," in Anderson, *Beholden State*, p. 27.
17 "California Reelin' " *The Economist*, March 17, 2011.
18 Joel Stein, "How Jerry Brown Scared California Straight," *Bloomberg Businessweek*, April 25, 2013.
19 Edward McBride, "Cheer Up" (special report on American competiveness), *The Economist*, March 16, 2013.
20 James D. Hamilton, "Off-Balance-Sheet Federal Liabilities" (working paper no. 19253, National Bureau of Economic Research, July 2013).
21 National Center for Policy Analysis, "America's True Debt: The Fiscal Gap" (issue brief no. 101, September 7, 2011), available at http://www.ncpa.org/pub/ib101.
22 Interview with Micklethwait, Buenos Aires, October 9, 2013.
23 "Boundary Problems," *The Economist*, August 3, 2013.
24 這個段落裡所有數據都來自 "For Richer, for Poorer," Zanny Minton Beddoes's special report on the world economy in *The Economist*, October 13, 2012, especially from "Makers and Takers."
25 Beddoes, "Makers and Takers" *The Economist*, October 12, 2012.
26 Richard Reeves, " 'The Pinch': How the Baby Boomers Stole Their Children's Future by David Willetts," *Guardian*, February 6, 2010.
27 Dennis Jacobe, "One in Three Young U.S. Workers Are Underemployed," *Gallup*, May 9, 2012.
28 Don Peck, "How a New Jobless Era Will Transform America," *Atlantic*, March 1, 2010.
29 Nicolas Berggruen and Nathan Gardels, *Intelligent Governance for the 21st Century: A Middle Way Between West and East* (Cambridge: Polity, 2013), p. 26.
30 Gavin Newsom, *Citizenville: How to Take the Town Square Digital and Reinvent Government* (New York: Penguin Press, 2013), pp. 80–81.
31 Dennis Kavanagh and Philip Cowley, *The British General Election of 2010* (New York: Palgrave Macmillan, 2010), p. 327.

32 Quoted in "Staring into the Abyss," *The Economist*, July 8, 2010.

33 Luigi Zingales, *A Capitalism for the People: Recapturing the Lost Genius of American Prosperity* (New York: Basic Books, 2012), p. xiii.

34 Joel Stein, "How Jerry Brown Scared California Straight," *Bloomberg Businessweek*, April 25, 2013.

## 第 6 章　亞洲的替代模式 ……………………………………

1 Graham Allison and Robert D. Blackwill, with Ali Wyne, *Lee Kuan Yew: The Grand Master's Insights on China, the United Sates and the World* (Cambridge, MA: MIT Press, 2013), p. xv.

2 Ibid., p. vii.

3 Quoted in Michael Barr, "Lee Kuan Yew's Fabian Phase," *Australian Journal of Politics & History*, March 2000.

4 Ibid., p. 128.

5 "Taming Leviathan," *The Economist*, March 19, 2011, p. 9.

6 Joshua Kurlantzik, *Democracy in Retreat: The Revolt of the Middle Class and the Worldwide Decline of Representative Government* (New Haven, CT: Yale University Press, 2013), p. 79.

7 Allison and Blackwill, *Lee Kuan Yew*, p. 27.

8 Ibid., p. 32.

9 Ibid., p. 120.

10 Ibid., p. 113.

11 Ibid., p. 34.

12 Ibid., p. 25.

13 "New Cradles to Graves," *The Economist*, September 8, 2012.

14 "Asia's Next Revolution," ibid.

15 "Widefare," *The Economist*, July 6, 2013.

16 Francis Fukuyama, "The End of History," *National Interest*, Summer 1989.

17 Joint news conference in Washington, D.C., October 29, 1997.

18 Fukuyama, "The End of History."

19 Kurlantzik, *Democracy in Retreat*, p. 201.
20 Ibid., p. 7.
21 Bertelsmann Foundation, "All Over the World, the Quality of Democratic Governance Is Declining" (press release), November 29, 2009.
22 Jim Krane, *Dubai: The Story of the World's Fastest City* (London: Atlantic Books, 2009), pp. 137–38.
23 "Taming Leviathan," *The Economist*, p. 8.
24 Interview with John Micklethwait, Davos, January 2013.
25 Kurlantzik, *Democracy in Retreat*, p. 142.
26 Lant Pritchett, "Is India a Flailing State: Detours on the Four-Lane Highway to Modernization," Kennedy School of Government, working paper, May 2009.
27 Allison and Blackwill, *Lee Kuan Yew*, p. 15.
28 Interview with John Micklethwait, March 5, 2013.
29 Dexter Roberts, "Is Land Reform Finally Coming to China?," *Bloomberg Businessweek*, November 20, 2013.
30 Jiang Xueqin, "Christmas Comes Early," *Diplomat*, November 24, 2010.
31 Timothy Beardson, *Stumbling Giant: The Threats to China's Future* (New Haven, CT: Yale University Press, 2013), p. 73.
32 David Shambaugh, *China Goes Global: The Partial Power* (Oxford: Oxford University Press, 2013), p. 188.
33 Paul Mozur, "China Mobile's Profit Growth Eases," *Wall Street Journal*, April 22, 2013.
34 Richard McGregor, *The Party: The Secret World of China's Communist Rulers* (New York, HarperCollins, 2010).
35 Shambaugh, *China Goes Global*, p. 69.
36 Kurlantzik, *Democracy in Retreat*, p. 128.
37 "Leviathan as a Minority Shareholder: A Study of Equity Purchases" by the Brazilian National Development Bank (BNDES) 1995–2003, Harvard Business School, working paper.
38 Adrian Wooldridge, "The Visible Hand: A Special Report on State Capital-

ism," *The Economist*, January 21, 2012. 二〇〇五年一篇OECD的論文指出，私人公司的總體生產力是國營公司的兩倍。麥肯錫全球研究中心（McKinsey Global Institute）同年的一篇論文發現，政府持有少數股份的公司，生產力比百分之百被政府持有的公司高出百分之七十。

39 Shambaugh, *China Goes Global*, p. 254.

40 Beardson, *Stumbling Giant*, p. 99.

41 Jagdish Bhagwati and Arvind Panagariya, *Why Growth Matters: How Economic Growth in India Reduced Poverty and the Lessons for Other Developing Countries* (New York: Public Affairs, 2013), p. xvii.

42 Off-the-record interview with Adrian Wooldridge, November 2011.

43 "Social Security with Chinese Characteristics," *The Economist*, August 11, 2012.

44 Nicolas Berggruen and Nathan Gardels, *Intelligent Governance for the 21st Century: A Middle Way Between West and East* (Cambridge: Polity Press, 2013), p. 45.

45 Richard McGregor, *The Party: The Secret World of China's Communist Rulers* (New York: HarperCollins, 2010), p. 31.

46 Daniel A. Bell, "Political Meritocracy Is a Good Thing (Part 1): The Case of China," *Huffington Post*, August 21, 2012.

47 Ibid.

48 Tom Doctoroff, *What Chinese Want: Culture, Communism, and China's Modern Consumer* (New York: Palgrave Macmillan, 2012), pp. 105 and 127.

49 He Dan and Huang Yuli, "NGOS Get Boost from Shenzhen Register Reforms," *China Daily*, August 21, 2012.

50 "Taming Leviathan," *The Economist*, March 17, 2011, p. 1.

51 Ibid., p. 11.

52 Ivan Zhai and Echo Hui, "Beijing Steps Up Centralisation of Power to Control Provincial Leaders," *South China Morning Post*, July 5, 2013.

53 Pranab Bardhan, "The Slowing of Two Economic Giants," *New York Times*, July 14, 2013.

54 David Barboza, "Billions in Hidden Riches for Family of Chinese Leader,"

*New York Times*, October 25, 2013.
55 Beardson, *Stumbling Giant*, p. 194.
56 McGregor, *The Party*, p. 140.
57 Andrew Jacobs and Dan Levin, "Son's Parties and Privilege Aggravate Fall of Elite Chinese Family," *New York Times*, April 16, 2012.
58 Rupa Subramanya, "Economics Journal: Why Do We Accept Political Dynasties?" *Wall Street Journal*, February 15, 2012.
59 Thomas Friedman, "Our One-Party Democracy," *New York Times*, September 8, 2009.
60 Martin Jacques, *When China Rules the World* (London: Penguin, 2010), p. 168.
61 Interview with Wang Jisi, Asahi Shumbun, June 12, 2010.
62 Zhang Weiwei, "Meritocracy Versus Democracy," *New York Times*, November 9, 2012; Zhang Weiwei, "China and the End of History," *Globalist*, March 5, 2013.
63 Bhagwati and Panagariya, *Why Growth Matters*, p. 207.
64 "Asia's Next Revolution," *The Economist*, September 8, 2012.
65 OECD (2013), "Education at a Glance 2013: OECD Indicator," OECD Publishing, http://dx.doi.org/10.1787/eag-2013-en.
66 Interview with Dominique Moïsi with John Micklethwait, January 18, 2013.

## 第 7 章　未來最早發生的地方

1 Jo Blanden, Paul Gregg, and Stephen Manchin, "Intergenerational Mobility in Europe and North America," Centre for Economic Performance, London School of Economics, April 2005.
2 Anders Böhlmark and Mikael Lindahl, "Independent Schools and Long-Run Educational Outcomes: Evidence from Sweden's Large Scale Voucher Reform" (CESifo Working Paper Series No. 3866, Institute for the Study of Labor, Bonn, June 29, 2012).

3 Alan Downey, "Mind the Gap," in *Reform: The Next Ten Years*, Nick Seddon, ed. (London: Reform Research Trust, 2012), p. 125.
4 James Manyika et al., "Disruptive Technologies: Advances That Will Transform Life, Business, and the Global Economy," McKinsey Global Institute, May 2013, p. 42.
5 "Where Have All the Burglars Gone?" *The Economist*, July 20, 2013.
6 "The Curious Case of the Fall in Crime," ibid.
7 "Age Shall Not Wither Them," *The Economist*, April 7, 2011.
8 Lynn Hicks, "Older Entrepreneurs Find New Niche in Startups," *USA Today*, March 11, 2012.

## 第 8 章　修正利維坦

1 Gerald F. Davis, "The Rise and Fall of Finance and the End of the Society of Organizations," *Academy of Management Perspectives*, August 2009, p. 30.
2 Ludwig Siegele, "Special Report on Start-ups," *The Economist*, January 18, 2014, p. 13.
3 Ken Auletta, *Googled: The End of the World as We Know It* (New York: Penguin Press, 2009), p. 15.
4 Don Tapscott and Anthony D. Williams, *Macrowikinomics: Rebooting Business and the World* (New York: Portfolio / Penguin, 2012), p. 253.
5 Chris Anderson, *The Long Tail: Why the Future of Business Is Selling Less of More* (New York: Hyperion, 2006), p. 5.
6 Nicholas Bloom and John Van Reenen, "Measuring and Explaining Management Practices Across Firms and Countries," *Quarterly Journal of Economics* 122, no. 4 (November 2007).
7 Gavin Newsom, *Citizenville: How to Take the Town Square Digital and Reinvent Government* (New York: Penguin Press, 2013), p. 9.
8 Bruce Katz and Jennifer Bradley, *The Metropolitan Revolution: How Cities and Metros Are Fixing Our Broken Politics and Fragile Economy* (Washing-

ton, D.C.: Brookings Institution Press, 2013), pp. 176–77.

9 “Old School Ties,” *The Economist*, March 10, 2012.

10 Ibid.

11 McKinsey & Company, “The Economic Impact of the Achievement Gap in America’s Schools,” April 2009, available at http://mckinseyonsociety.com/downloads/reports/Education/achievement_gap_report.pdf.

12 Philip K. Howard, “Fixing Broken Government” (seminar for the Long Now Foundation, San Francisco, January 18, 2011).

13 以美金計算，扣除物價變動，從二〇〇〇年算起。

14 James Q. Wilson, *Bureaucracy: What Government Agencies Do and Why They Do It* (New York: Basic Books, 1989), p. 326.

15 “Taming Leviathan,” *The Economist*, March 17, 2011.

16 “Whoops,” *The Economist*, November 2, 2013.

17 “Squeezing Out the Doctor,” *The Economist*, June 2, 2012.

18 Ibid.

19 “How to Sell the NHS,” *The Economist*, August 3, 2013.

20 當地的經濟學家馬切羅・奈里（Marcelo Neri）告訴我們，自二〇〇一年以來「家庭津貼」成功地使貧富不均的差距少了百分之十七。

21 TaxPayers’ Alliance, “New Research: The Cost of Collecting Tax Has Barely Fallen in over 50 Years,” May 20, 2012, available at http://www.taxpayersalliance.com/home/2012/05/cost-collecting-tax-barely-fallen-50-years.html.

22 Interview with John Micklethwait, quoted in “Taming Leviathan,” *The Economist*, March 19, 2011, p. 11.

23 John D. Donahue and Richard J. Zeckhauser, *Collaborative Governance: Private Roles for Pubic Goals in Turbulent Times* (Princeton, NJ: Princeton University Press, 2011), p. 9.

24 Bernard Marr and James Creelman, *More with Less: Maximizing Value in the Public Sector* (London: Palgrave Macmillan, 2011), p. 18.

25 Ibid., p. 55.

26 Anders Böhlmark and Mikael Lindahl, “The Impact of School Choice on

Pupil Achievement, Segregation and Costs: Swedish Evidence" (IZA Discussion Paper no. 2786, May 2007), available at http://ftp.iza.org/dp2786.pdf.

27 Stephen Machin and James Vernoit, "Changing School Autonomy: Academy Schools and Their Introduction to England's Education" (Centre for the Economics of Education discussion paper no. 123, April 2011), available at http://cee.lse.ac.uk/ceedps/ceedp123.pdf.

28 Benjamin R. Barber, *If Mayors Ruled the World: Dysfunctional Nations, Rising Cities* (New York: Yale University Press, 2013), pp. 84–85.

29 William D. Eggers and Paul Macmillan, *The Solution Revolution: How Business, Government, and Social Enterprises Are Teaming Up to Solve Society's Toughest Problems* (Boston: Harvard Business Review Press, 2013), p. 15.

30 Marr and Creelman, *More with Less*, p. 3.

## 第 9 章　國家的目的何在

1 John Stuart Mill, *On Liberty* (1859) (Oxford: Oxford World's Classics series, 1998), p. 17.

2 Figures are from the Director of National Intelligence's report to Congress on Security Clearance Determinations for Fiscal Year 2010, September 2011.

3 Jonathan Rauch, "Demosclerosis Returns," *Wall Street Journal*, April 14, 1998. Note that the quote does not appear in *Democsclerosis* the book.

4 Christopher DeMuth, "Debt and Democracy" (working paper presented at the Legatum Institute, May 21, 2012).

5 Joseph R. Mason, "Beyond the Congressional Budget Office: The Additional Economic Effects of Immediately Opening Federal Lands to Oil and Gas Leasing," Institute for Energy Research, February 2013, available at http://www .instituteforenergyresearch.org/wp-content/uploads/2013/02/IER_Mason_Report_NoEMB.pdf.

6 Chris Edwards, "Agricultural Subsidies" (Washington, D.C.: Cato Institute,

June 2009), available at http://www.downsizinggovernment.org/agriculture/subsidies.
7 "The Agriculture Reform Act of 2012 Creates Jobs and Cuts Subsidies," Democratic Policy and Communications Center, June 13, 2012, available at http://www.dpcc.senate.gov/?p=issue&id=163.
8 Edwards, "Agricultural Subsidies."
9 Luigi Zingales, "How Political Clout Made Banks Too Big to Fail," *Bloomberg View*, May 29, 2012.
10 Thomas Philippon and Ariell Reshef, "Wages and Human Capital in the U.S. Financial Industry: 1906–2006," *Quarterly Journal of Economics* 127, no. 4 (November 2012).
11 Hamilton Project, *15 Ways to Rethink the Federal Budget* (Washington, D.C.: Hamilton Project, 2013).
12 "Public Views of Inequality, Fairness and Wall Street," Pew Research Center, January 5, 2012, available at http://www.pewresearch.org/daily-number/public-views-of-inequality-fairness-and-wall-street/.
13 "True Progressivism" was a creed put forward in *The Economist*, October 13, 2012.
14 Statistics come from the Congressional Budget Office, "The 2013 Long-Term Budget Outlook," September 17, 2013.

## 結論　民主的赤字⋯⋯⋯⋯⋯⋯⋯⋯⋯⋯⋯⋯⋯⋯⋯⋯⋯⋯⋯⋯⋯⋯⋯⋯⋯⋯⋯⋯

1 "Letter to John Taylor of Carolina, Virginia," in George W. Covey, ed., *The Political Writings of John Adams* (Washington, D.C.: Regency Publishing, 2000), p. 406.
2 Ibid.
3 "Civilization," (1836) in John Stuart Mill, *Dissertations and Discussions* (New York: Cosimo, 2008), p. 172.
4 Alexis de Tocqueville, *Democracy in America* vol. II, 1840, George Lawrence, tr., J. P. Mayer, ed. (London: Fontana Press, 1994), p. 692.

5 Ibid., p. 12.

6 "Dropping the Bomb," *The Economist*, November 30, 2013.

7 The Center for Responsive Politics, http://www.opensecrets.org/bigpicture/.

8 Ibid.

9 Douglas Carswell, "iDemocracy and a New Model Party," The Spectator.com, July 15, 2013.

10 Tocqueville, *Democracy in America*, p. 63.

左岸政治　241

# 第四次國家革命
## 重新打造利維坦的全球競賽
# THE Fourth Revolution
## THE GLOBAL RACE TO REINVENT THE STATE

作　　者　約翰・米克斯威特（John Micklethwaite）
　　　　　亞德里安・伍爾得禮奇（Adrian Wooldridge）
譯　　者　區立遠
總 編 輯　黃秀如
特約編輯　王湘瑋

社　　長　郭重興
發行人暨出版總監　曾大福
出　　版　左岸文化
發　　行　遠足文化事業股份有限公司
　　　　　231新北市新店區民權路108-2號9樓
電　　話　（02）2218-1417
傳　　真　（02）2218-8057
客服專線　0800-221-029
E-Mail　service@bookrep.com.tw
左岸臉書　facebook.com/RiveGauchePublishingHouse
法律顧問　華洋法律事務所　蘇文生律師
印　　刷　成陽印刷股份有限公司
初版一刷　2016年9月

定　　價　400元
ISBN　978-986-5727-43-7


第四次國家革命：重新打造利維坦的全球競賽／
約翰・米克斯威特（John Micklethwaite）；
亞德里安・伍爾得禮奇（Adrian Wooldridge）作；區立遠譯
. －初版.－新北市：左岸文化：遠足文化發行，2016.09
　面；　公分.－（左岸政治；241）
譯自：The fourth revolution : the global race to reinvent the state
ISBN 978-986-5727-43-7(平裝)
1.國際政治 2.政治制度
578　　　　105013507